LE
GOUVERNEMENT
REPRÉSENTATIF

PAR

JOHN-STUART MILL

TRADUIT ET PRÉCÉDÉ D'UNE INTRODUCTION

PAR

M. DUPONT-WHITE

TROISIÈME ÉDITION

PARIS
GUILLAUMIN ET Cie, ÉDITEURS

De la Collection des principaux Économistes, du Journal des Économistes, du Dictionnaire
de l'Économie politique,
du Dictionnaire universel du Commerce et de la Navigation, etc.
Rue Richelieu, 14

LE

GOUVERNEMENT

REPRÉSENTATIF

2238-76. — CORBEIL. Typ. de CRÉTÉ FILS

BIBLIOTHÈQUE DES SCIENCES MORALES ET POLITIQUES

LE
GOUVERNEMENT
REPRÉSENTATIF

PAR

JOHN-STUART MILL

TRADUIT ET PRÉCÉDÉ D'UNE INTRODUCTION

PAR

M. DUPONT-WHITE

—

TROISIÈME ÉDITION

—

PARIS

GUILLAUMIN ET Cⁱᵉ, ÉDITEURS

la Collection des principaux Économistes, du Journal des Économistes, du Dictionnaire
de l'Économie politique,
du Dictionnaire universel du Commerce et de la Navigation, etc.
Rue Richelieu, 14

—

1877

INTRODUCTION

Qui a jamais lu un traité sur le gouvernement représentatif? L'exemple ou l'étiquette de la chose est partout, la théorie nulle part. Ce n'est pas que les aperçus et même les doctrines fassent défaut en ce sujet : on a dit les choses les plus piquantes sur la souveraineté de la raison et sur le gouvernement de la bourgeoisie : tout a été occasion aux chefs de parti, de cabinet, de journaux, pour commenter ou professer le régime sous lequel ils vivaient. Malgré tout, on ne peut pas dire que ce régime ait suggéré à tant d'habiles interprètes une œuvre méthodique et magistrale, quelque chose comme celle de Montesquieu sur l'*Esprit des Lois*, d'Adam Smith sur la *Richesse des Nations*, de Tocqueville sur la *Démocratie américaine* : il manque ici le poids d'un livre, et ce n'est pas peu de chose que cette lacune.

C'est fort bien fait à une institution d'être historique, immémoriale et de remonter aux brumes du moyen âge, sans offrir nulle part le moindre vestige de raison théorique. Peut-être faut-il la classer pour cela parmi ces idées innées comme en ont quelquefois les peuples, parmi ces choses nécessaires et vitales qu'une providence judicieuse ne confiera jamais à la sagesse humaine.

Mais ce qui n'a pas commencé par la science doit au moins finir par là. Quand on a été trouvé dans les bois, ce qui est l'origine assignée par Montesquieu au système représentatif, ce n'est pas une raison pour vivre éternellement d'instinct : *se connaître soi-même* est la sagesse des lois, quand ces lois ne sont pas uniquement pour des castors et des abeilles. Cela revient à dire qu'il faut savoir ce que l'on fait, ne fût-ce que pour le mieux faire, que l'âge de la réflexion arrive pour les peuples comme pour les individus, et qu'une nation doit posséder une théorie de ses lois, aussi bien que de son langage et de sa production.

On peut trouver étrange que ce pays, avec tant de traités sur les participes et sur le libre échange, n'en ait pas un sur le gouvernement représentatif. Mais après tout ce n'est pas la France qui pouvait faire cela, tandis qu'elle était à l'œuvre pour créer chez elle ce gouvernement, à travers tant d'émotions et de conflits.

Quand on est sous l'influence des passions, dit lord Byron dans une de ses lettres, *on ne fait que sentir et agir : on ne peut pas décrire, pas plus qu'en agissant vous ne pouvez vous tourner vers votre voisin et lui conter l'aventure.*

Parmi les Anglais, l'aventure est à terme ; ils ont franchi les angoisses et les défilés de cet enfantement, depuis qu'ils ont eu pour roi George III, un fou, dont le règne a été sans contredit le plus brillant de leur histoire. Permis aux précurseurs de se faire apôtres : il leur appartient d'annoncer cette bonne nouvelle d'un peuple décidément libre, de raconter leur expérience, et d'exposer

comment ils administrent, comment ils vont améliorer le bien qui leur est acquis.

C'est dans cette idée que M. Mill vient de prendre la parole: un esprit presque aussi connu de
l'Europe que M. de Humboldt, dont on suit les
opérations avec un rare plaisir, parce qu'il est
exempt de lieux communs, ce qui est peut-être la
garantie des plus saines qualités aussi bien que
des plus hautes. Vous ne lui voyez de déclamation
nulle part pour tenir lieu de faits observés à nouveau, de nuances saisies, d'opinions indépendantes et réfléchies. Rien ne lui arrache des
phrases : ni la liberté, parce qu'il la possède d'une
antique possession, comme un patrimoine; ni
les maux qui semblent inhérents à l'essor et à
l'avenir de la liberté, parce que cette menace est
purement logique, et qu'il est d'un esprit comme
d'un pays trop sage pour être conséquent.

Tant de calme en pareil sujet me semble digne
d'admiration et d'envie.

Il est naturel en effet de se porter tout d'abord
avec élan et sympathie vers une forme de gouvernement, qui est la forme et le nom de la liberté parmi les nations modernes. Pour ma part,
cette acclamation me fait l'effet d'une solution.
Ce qui fait battre les cœurs porte en soi un mérite
moral : gagner ainsi, sans autrement d'explication,
les parties lucides et élevées de notre nature, est
un trait et une partie de la vérité. Tout ce qui est
grand et nécessaire est article de foi, affaire d'instinct, nous pénètre et nous gouverne, quoi que
nous en ayons. La liberté aussi bien que la religion peut revendiquer *ces jugements du cœur,*

comme dit Pascal. Où en serait l'espèce humaine,
inculte et irréfléchie comme elle l'est, si ce dont
elle a besoin lui devait venir par voie de syllogisme
seulement, si elle n'était pourvue de certains dons
spontanés, de quelque intuition pour découvrir
ses fins, sa discipline, et surtout ses droits? tous
les préjugés n'ont pas tort : ils sont en nous et ne
sont pas de nous, une révélation peut-être.... On
peut les suivre jusqu'à un certain point, les consulter au moins, par la même raison que les
Orientaux honorent les fous, conduits par Dieu
puisqu'ils ne se conduisent pas eux-mêmes.

Toutefois, il y a en nous d'autres principes de
conviction et de conduite que le sentiment, quand
ce ne serait que la Raison; une faculté à double
impulsion — tantôt découvrant des faits dont
l'ensemble constitue une preuve, une loi —
tantôt prenant au plus haut de nous-mêmes quelque principe, quelque axiome qui à lui seul fait
règle et autorité.

Cela fait deux jugements de la raison, deux
manières de conclure. Or, pour prendre tout d'a-
bord une haute idée du gouvernement représentatif, il faut le considérer dans ses produits historiques, plutôt que dans ses sources logiques : il
est plus sûr de le juger au point de vue des faits
et des résultats qu'en théorie pure. Cela peut sembler étrange, mais la voie synthétique, l'allure *à
priori* n'est pas celle où l'on comprend le mieux
tout ce qu'il vaut. En revanche ses mérites écla-
tent, pour peu qu'on y applique l'analyse et qu'on
le regarde pour ainsi dire avec les yeux de la tête.

A la lumière et à la chaleur de ce régime, vous

apercevez les plus riches efflorescences de bien-
être universel, de richesse concentrée, de territoire, de puissance au loin, de forces productives.
Que l'on compare entre elles deux nations ou deux
époques de la même nation, ce jugement est infaillible : la plus forte en œuvres, c'est la plus
représentée, la plus libre, si vous aimez mieux.

Remontez seulement au siècle dernier et regar-
dez ces deux peuples qui bordent la Manche : l'un
laissant déchoir ses armes, dépérir ses manufactures, échapper ses colonies, payant de la Bastille
ou de l'échafaud ses plus hardis proconsuls, sans
voix et sans compensation au partage de la Pologne dégénérant en marine secondaire, congédiant
le dernier des Stuarts, réduit pour toute alliance
à l'Espagne, l'impuissante Espagne, qui fut la première alliée du Comité de salut public ... tandis
que l'autre prend le Canada, les Indes, les mers,
créant le droit maritime que bon lui semble, et
cela sans se détourner un instant des affaires de
l'Europe, mêlé à tout ce qui s'y passe bien moins
par le Hanovre que par la plus vigilante ambition ;
y choisissant ses alliances, du droit qu'on a quand
on paye ses alliés ; dépensant trois milliards dans
la guerre de la succession d'Autriche, et quatre
milliards dans la guerre de sept ans ; laissant dire
ses économistes qui se mettent jusqu'à vingt-deux
(sir John Sinclair en a fait le compte dans son
Histoire de l'Impôt) pour lui prédire la banqueroute ; descendant à tout propos sur le continent,
non-seulement sous forme de subsides, mais
avec le poids de Malborough, de Cumberland,
de Wellington, etc.

Ces destinées si diverses ont une explication
bien simple : c'est qu'en France le gouvernement
se faisait absolu et irresponsable, tandis que parmi
les Anglais il passait à la nation, de plus en plus
libre, maîtresse d'elle-même, représentée enfin.

Jusqu'à la fin du XVIIe siècle, tout s'était balancé
entre les deux pays, richesses, colonies, manufactures, grandeur militaire et navale ; on peut
même dire qu'à ce dernier égard l'avantage était
du côté de la France. Mais, à partir de cette époque, la fortune des deux peuples fut comme leur
liberté. La Grande-Bretagne, purgée des Stuarts,
ne cesse de grandir ; mais la France, visiblement
maléficiée, semble perdue de langueur et d'épuisement, à subir l'aggravation de sa monarchie et
la ruine totale des libertés qui n'étaient pas étrangères à sa tradition. Tandis que la Grande-Bretagne, restituée à elle-même, se redressait dans
ses proportions naturelles, la France, identifiée à
ses rois, n'eut désormais que leur taille, celle de
Louis XIV sur ses fins, du régent, de Louis XV.
Laissons là leurs vices qui leur ont été reprochés
de reste. Ce n'est pas que leur cynisme, outre
leur immoralité, ne soit infiniment répréhensible :
il me semble qu'ils auraient bien pu faire quelques façons avec les apparences qui veulent être
sauvées, avec le monde qui *veut être trompé*,
comme dit le cardinal de Retz. Mais après tout
un polygame tel que Salomon, un veuf comme
Henry VIII, peuvent être de grands rois, bâtir
des temples, changer la religion, laisser un renom
de sagesse et non moins de proverbes que Michel
Cervantès. Tout autres furent les souverains aux-

quels on faisait allusion en premier lieu: d'affreux égoïstes, de vrais Mérovingiens, de purs Orientaux pour la fainéantise et le fatalisme ; de telle façon qu'au lieu du Titan qui eût été nécessaire pour porter le poids de la monarchie alors qu'elle se faisait absolue, la France eut simplement un reste de grand roi et la fin des Bourbons, aussi défaillants, aussi propres à tout perdre que l'étaient les Valois deux siècles auparavant.

La France, douée comme on sait, est le dernier pays qui devrait abdiquer au profit d'un monarque. Comment pourrait-elle trouver l'équivalent d'elle-même dans un homme, ne l'ayant pas trouvé dans une classe, je veux dire dans la noblesse subie à bon droit partout ailleurs comme classe gouvernante? L'instinct démocratique n'est pas pure envie : il tient aux supériorités naturelles répandues chez un peuple, qui par cela même supporte mal les supériorités factices établies par la loi. Tel fut l'instinct de l'Italie au moyen âge : on sait ce qu'elle fit de la noblesse. Par là, une démocratie comme la France doit être encore plus hostile à la monarchie absolue qu'à l'aristocratie : car un grand monarque, *cet accident heureux*, comme disait un Czar, est encore plus accidentel dans une famille, que le génie de gouvernement dans une classe.

Nous avons parlé de traditions interrompues en ce pays par le despotisme qu'y établit Louis XIV. C'est beaucoup dire, et ce langage n'est pas sans jactance. Il y a eu chez nous des apparitions plutôt que des traditions de liberté, et l'on sait qu'en 88 il fallut faire appel aux érudits pour re-trouver une loi électorale. Le fait est que notre histoire ne nous enseignait nullement la liberté. Le jour où la France voulut être libre, elle eut tout à créer, tout à inventer dans cet ordre de faits ; ce qui est une situation violente dans un monde où la loi de continuité n'est pas moins certaine que la loi du progrès. Cependant, il faut marcher, l'avenir appelle les peuples. Quand on n'a pas pour cela l'impulsion du passé, il faut bien se confier à la Raison : à moins de marquer le pas éternellement, ce qui est une solution maussade et non moins chimérique que le pur essor dans les espaces de la théorie.

Il vaut mieux échouer à l'œuvre de progrès que d'en désespérer : car l'effort est un précédent, l'insuccès lui-même est un premier pas. Ce que tout un peuple a voulu, l'eût-il voulu trop tôt, est un bien qui mûrira pour lui, qui récompensera un jour ses grandes et dispendieuses aspirations.

Telle fut en 89 l'audace de la France. Il y avait en ce temps-là une croyance universelle aux droits humains, une confiance non moins universelle dans la raison comme capable de les conquérir et de les rédiger. *Les droits des hommes réunis en société*, disait Turgot, *ne sont pas fondés sur leur histoire, mais sur leur nature.*

Jamais il ne fut tant question de la nature et de la raison qu'au dix-huitième siècle. C'était ce qui manquait le plus : l'avantage de la société sur ses gouvernements fut d'être la première à sentir par où elle péchait, et de le proclamer par tous ses tribuns. Écoutez Mirabeau : *Il n'y a d'immuable*

*que la raison... elle finira par dompter; ou, ce
qui vaut mieux, par modérer l'espèce humaine
et gouverner tous les gouvernements de la terre :
Mars est le tyran, mais la Raison est le souverain
du monde...* Et quand la Bretagne redemande
ses *États*, comme il lui fait la leçon ! *Ce n'est pas
dans de vieilles chartes qu'il faut chercher les
droits de la nation, c'est dans la raison : ses droits
sont anciens comme le temps et sacrés comme la
nature.* A la longue, cela devient insoutenable. Il
n'y a pas jusqu'au roi qui, dans la séance royale
du 4 février 1790, ne félicite *au nom de la Raison*
les départements substitués aux provinces !

Encore quelques années, et ce peuple élèvera
des autels à cette déesse. Pour le moment, il a
cent coudées, il touche aux nues, cherchant un
nouveau monde comme Christophe Colomb, sur
la foi d'une idée : et cela, je vous prie bien
de le remarquer, sans que l'idée nuise au reste.
Si l'Europe n'est pas contente, vous verrez ces
idéologues mettre pied à terre et s'expliquer
avec les coalitions : une foi qui prend les armes,
une forte infanterie, toutes réflexions faites. C'est
là qu'est le Gallicisme ! La postérité le dira quelque jour : le grand courant de l'esprit humain a
passé par la France ; de Grèce et de Judée, le
Verbe est venu en ce pays où l'attiraient les
éclairs d'une langue et d'une épée incompara-
bles : il s'est fait nation, drapeau, victoire... et
l'on peut placer ici une des foudres de Bossuet :
*Glaive du Seigneur, quel coup vous venez de
frapper ! toute la terre en est émue.*

Parmi ces idées triomphantes dont elle tient

école, la France eut tout d'abord l'idée d'être libre : elle l'eut en 89, avant les orages, et quand elle avait encore la sérénité de son jugement. Qui est-ce qui a donc voulu nous persuader que nous avons, pour toute passion politique, celle de l'égalité ! Hérésie, sophisme d'antichambre. On calomnie la France en la comprenant ainsi : ces interprètes n'y voient pas plus haut qu'eux-mêmes. Là-dessus nous savons désormais à quoi nous en tenir : on y a regardé, on est remonté aux cahiers de 89, et l'on y a trouvé (dernier éclat, dernier service d'un penseur éminent) que la France tout entière, bourgeoise, sacerdotale, nobiliaire, avait donné mandat à ses députés de fonder le gouvernement représentatif. Non, sur l'âme et l'honneur de nos pères, il ne s'agissait pas seulement alors d'abaisser des priviléges, de dégrader des supériorités ! ce que voulait la France, c'était de se constituer et de s'élever tout entière, de se niveler dans l'exaltation de tous, et non autrement. S'il faut un passé aux choses, une tradition aux idées, un précédent aux institutions, ce titre ne manque pas aux inspirations libérales de la France, il est écrit dans le mandat unanime et impératif émané d'elle en 89.

Depuis cette époque il n'est venu à l'esprit de personne que la France pût appartenir à un homme et se retrouver aux pieds d'une dynastie. Quand la dictature a reparu, avec l'excuse de quelque grand homme, de quelque grande alarme, il s'est passé quelque chose de très-significatif. Il a fallu qu'elle revêtit les formes et prît les couleurs de la liberté : un aveu des droits de la France.

Que la France et la liberté soient faites l'une pour l'autre, c'est le jugement de tous à certaines heures clairvoyantes comme la mort ou comme l'adversité.

On a vu tel souverain revenir de l'île d'Elbe, telle dynastie rappelée de l'exil, telle coalition à force de défaites entrer dans Paris : ce qu'ils ont appris les uns et les autres, à travers tant de fortunes, c'est le droit de la France sur elle-même. *A l'île d'Elbe*, disait Napoléon, *j'ai entendu comme dans un tombeau la voix de la postérité*. Ce fut alors une effusion d'actes additionnels, de chartres octroyées, de constitutions sénatoriales : un retour et un empressement de tous vers la liberté. Remarquez, s'il vous plaît, que tous en leur temps l'avaient, ou détruite, ou sacrifiée, ou combattue : mais il n'y eut personne à ce moment lucide, qui ne l'appelât comme le salut commun, comme le seul régime où la France pût vivre en paix avec elle-même et avec l'Europe ; l'acclamation fut universelle : nul n'y manqua, ni les vieux conventionnels fortement déguisés qui remplissaient le sénat, ni les intérêts et les opinions qui siégaient à l'Hôtel de Ville, ni cet intelligent émigré qui revenait d'Hartwell et datait du dix-huitième siècle, ni l'autocrate illuminé de toutes les Russies, ni la froide raison des représentants de la Grande-Bretagne, ni l'évêque d'Autun et ses amis dont l'expérience ramassée à tant de sources, dont la tolérance fameuse devint croyance à ce moment : une croyance où se fixa leur vie et leur fidélité. Grand spectacle devant lequel on peut bien s'arrêter ! Il y a apparence que ces chefs d'armée ou de légation, que tous ces souverains, tant vainqueurs que vaincus ou restaurés, savaient les affaires, l'histoire, l'esprit et le poids de la France. Ils avaient été à terrible école! Plus on était grand, plus on avait tremblé! Or, on fut unanime à ces hauteurs illuminées par la foudre, et peu hantées d'utopie ou de démagogie, on fut, dis-je, unanime et impérieux à vouloir cette clôture des batailles et des catastrophes : le gouvernement de la France par elle-même.

On voit comment est née chez nous la liberté : hier ou avant-hier, toujours en bon lieu, sans tradition de longue date, mais non sans combinaison et sans Providence. Jamais peut-être on ne vit au berceau d'une institution cette maturité de conseils, tant de sagesse délibérée, tant de raison y compris la raison d'État. Le traité de Westphalie n'est qu'une convention postale, comparé à ces négociations sans bornes qui s'exerçaient sur la mappemonde, sur le sort des dynastie, qui touchaient même aux droits intimes et pour ainsi dire à l'âme de la France.

Le fait est que l'Europe, après vingt-cinq ans d'épreuves, prononçait sur le gouvernement de la France tout comme la France l'avait fait elle-même en 89, au début des épreuves : et les deux choses réunies ne sont peut-être pas dépourvues de sens, d'autorité.

I

Personne ne se trompait en voulant la France libre : il faut dire aussi que la liberté ne trompa personne.

Je vais tout d'abord à son plus grand titre, au progrès moral qu'elle répandit soit dans le public, soit dans le gouvernement, sous forme de droiture, d'humanité, de modération, de sentiment des convenances et de l'honneur. Les rapports entre gouvernements et gouvernés devinrent alors ce qu'ils n'avaient jamais été, — l'État cessa d'être le faux monnayeur, le banqueroutier, le Dracon qu'il était si volontiers autrefois. Il fit cet effort de payer toutes ses dettes. Il tempéra la terreur qu'il avait mise dans ses codes, à l'article des complots et même un peu partout. Les cruautés disparurent : la peine de mort, qui n'en est pas une, devint elle-même plus rare dans nos lois, plus rare même dans la pratique ; il serait malséant de ne pas rappeler ici que le droit de grâce s'exerça quelquefois d'une manière magnanime, héroïque. La justice soupçonna qu'un accusé n'est pas nécessairement un coupable, et ses arrêts, comme ses procédés, s'en ressentirent. La police même et la prison eurent leurs accommodements, leur douceur.

On serait désolé de faire des phrases. Cependant il faut bien dire qu'on se fit alors une idée assez haute du traitement qui convient aux hommes, en cette simple qualité, fussent-ils nègres, malfaiteurs, insolvables, écoliers, soldats, fous à lier, population d'hôpital. Je ne sais quoi d'humain et de sensé pénétra partout. On abolit la traite des noirs, les loteries, les maisons de jeu. On établit de toutes parts des écoles primaires et des caisses d'épargne. Mais surtout on inventa, on pratiqua même jusqu'à un certain point une vertu nouvelle, c'est-à-dire l'honneur politique, la fidélité des hommes et des partis à leurs engagements, à leur passé et même à leurs erreurs. C'est qu'en effet le respect de nos erreurs fait partie du respect de nous-mêmes : une expiation quelquefois. Si vous changez de conduite politique (je ne parle pas du changement d'idées : sommes-nous maître de nos idées ?) sous prétexte de la lumière qui s'est faite en vous, de l'ancienne erreur qui vous a quitté, vous tenez le langage des acrobates, je vous préviens de cela ; et il vous reste à prouver que vous n'en avez pas les sentiments.

Enfin ce pays, qui n'avait encore eu, comme dit M. Thiers, que l'éducation peu morale du despotisme et des révolutions, prit des mœurs nouvelles en s'adonnant aux pratiques viriles de la liberté : une émancipation qui est surtout discipline et responsabilité. Il parut, il s'établit parmi nous, grâce aux influences parlementaires, un adoucissement et une élévation générales qui leur ont survécu, s'imposant et profitant à tout ce qui les a suivies. Je supprime les détails : je rappelle seulement que telles révolutions éclatèrent, sans échafaud ni banqueroute : que tel intérim de tous les pouvoirs publics dont nous avons été témoins ne fut pas le déchaînement de tous les méfaits.

C'est que la liberté est un cours permanent de morale publique. Comme l'égoïsme des castes et des dynasties a cessé d'être un droit et n'oserait s'avouer, comme les partis se perdraient à penser tout haut... On ne peut user de la faculté de tout dire que pour professer le bien public, ce qui est d'une certaine conséquence. Au fond des cœurs, il reste toujours des motifs bas, des passions cupides ; mais il n'en peut sortir qu'un *exposé de prétextes* éminemment propre à cultiver le sens moral des peuples, à fortifier les principes patents de la constitution, à lier les conduites par le langage et peut-être même la conscience de l'hypocrite par ses propres déclamations.

En même temps qu'elle était l'école des mœurs, la liberté fut une explosion des capacités politiques répandues dans le pays, jusque-là inertes et peut-être ignorées d'elles-mêmes. A l'appel des élections, aux épreuves de la tribune et du gouvernement, on vit sous un aspect nouveau ce que c'est que la France et ce que vaut la liberté. D'où venaient-ils donc ces ministres, ces orateurs, cette assemblée qui durait encore en 1820, et dont l'éloquence était le moindre mérite ? D'où tombaient-ils ces inconnus, étrangers jusque-là aux affaires publiques et qui parurent tout à coup avec tant d'éclat et de services ? Il est certain que la France eût beaucoup perdu à laisser dans l'ombre cette partie d'elle-même : et l'on peut douter qu'un monarque absolu eût été découvrir et mettre en lumière ces précieux serviteurs dont l'un osa bien dire qu'*il fallait planter le drapeau royal au milieu du pays :* forte parole que l'on n'eut garde de comprendre.

Outre l'occasion politique offerte aux esprits, la liberté portait en elle un principe de vie qui éclata dans la renaissance des arts et des lettres. En quel abîme était tombée la France ! l'école de David, les romans de Pigault-Lebrun, d'infiniment

petites comédies étaient toute la joie de nos
pères. Au sortir de cette indigence, nous eûmes
des poëtes d'une lyre inouïe, des érudits à sens
pittoresque, des critiques faits comme des historiens, tandis que les historiens eux-mêmes touchaient à l'art et à la philosophie. Chaque genre
s'élevait au-dessus de lui-même, manié par des
esprits puissants et créateurs. Nous eûmes surtout des philosophes de l'histoire. Il n'est pas
besoin de dire que ces grands esprits firent école
et rallumèrent tout ce qui s'éteignait, les études,
les goûts, les œuvres : on peut être bref là-dessus,
jamais génération n'ayant fait son propre éloge
comme celle à laquelle on a l'honneur d'appartenir.

En revanche, on pourrait être prolixe sur les
bienfaits économiques de la liberté ; mais cela est
sujet à certaines distinctions.

Il n'est pas clair que tout ici appartienne uniquement et nécessairement à la liberté. Quelquefois un peuple se rue en fabrique et se livre éper-
dument à ses facultés productives, parce qu'il a
longtemps pâti et qu'il rencontre, après mainte
angoisse, une liberté ou une sécurité relative.
Telle fut la France, soit sous Henri IV, soit sous
la Régence ; et l'on pourrait attribuer à la même
cause cette reprise, cette ferveur des affaires qui
se montra dès les premières années de la Restauration. Pour peu qu'une nation respire, tout
d'abord elle se met à vivre : cela est si naturel !
et elle y porte ce besoin de réfection qui succède
à l'épuisement des longs efforts, une ardeur et
une vitalité de convalescent. — Toutefois, dans
le progrès économique de la France, deux choses

tiennent visiblement à la liberté ; je veux parler du crédit public et des développements de la Banque de France.

Payer toutes les dettes de l'État, même les dettes contractées par le prédécesseur, par l'*usurpateur*, c'est ce que fit le gouvernement de la Restauration, et cela sent tout d'abord un gouvernement responsable.

Le bénéfice en fut immédiat ; on revit des emprunts, ce que la France avait eu le temps d'oublier depuis M. Necker. Je trouve dans un écrit de l'abbé de Pradt un fait peu connu, je crois, l'histoire d'une tentative d'emprunt sous l'Empire, la seule qu'on ait vu à cette époque. Il s'agissait de douze millions demandés par le roi de Saxe à la place de Paris, à dix pour cent, avec l'hypothèque des mines de sel de Viczica, avec la garantie du gouvernement français : or, sept millions seulement s'offrirent sur toutes ces sûretés, et encore la bonne moitié en était faite par l'Empereur. Tel était à cette époque l'état du crédit. Grâce à la liberté, la France envahie put emprunter, faire honneur à tous ses engagements et fermer, non pas précisément l'abîme des révolutions, mais celui des banqueroutes. Qui osera faire désormais ce qui ne se fit pas après vingt-cinq ans de guerre, dans l'épuisement des défaites et de l'invasion ?

Quant à la Banque de France, elle prit le caractère d'un établissement privé, indépendant, surveillé sans doute par l'État pour le bien du public, mais non exploité par l'État pour son propre bien, au gré de ses besoins. Notez que ce caractère

est le seul où cet établissement puisse servir le
public et l'État, surtout l'État. Est-il dans la dépendance du Trésor? il passe pour manufacture
d'assignats, et tout est perdu : il ne faut plus
compter du moins sur ces *avances de Banque,*
qui sont le salut des États modernes, quand l'aggravation de l'impôt est impossible, et que les
emprunts sont à bout : avances qui s'élevèrent en
deux années, après la révolution de 1830, à cinq
cent cinquante millions. Une banque d'État n'a-
vance en pareil cas qu'un papier suspect, décrié,
qui représente les besoins de l'État et rien de
plus ; tandis que le papier d'une banque privée
représente les produits industriels dont il est la
contre-valeur. Or, le prêt, l'avance de ce papier
signifie la confiance inspirée par l'État aux classes
productives dont la Banque est l'organe et le foyer.
Mais, pour créer une banque à caractère privé,
pour la fonder avec des garanties contre l'*assi-
gnat* capables d'inspirer confiance, il faut un ensemble d'institutions où tous les droits privés
aient leurs garanties publiques, où personne ne
puisse être violenté dans son industrie sous aucun prétexte, même quand cette industrie est
d'émettre du papier au porteur, même quand le
prétexte serait une raison, celle des besoins de
l'État. C'est ainsi que la Banque de France a
connu ses plus hautes prospérités, a rendu ses
plus éminents services : presque tout le bien
qu'elle a fait dans nos crises est imputable à cette
base de droit et de liberté qu'elle acquit sous le
régime constitutionnel.

Voilà ce que devint la France, une fois maîtresse d'elle-même par ses institutions. L'ascension fut rapide : on la revit tout à coup, avec le poids qui appartient, dans les équilibres européens et dans le mouvement des affaires ou des esprits.

S'il y a des ombres à ce tableau, et il y en a, on ne veut pas les dire : on ne laisse pas que d'être dans le vrai, ayant montré les aspects lumineux qui remplissent presque tout.

Mais en attribuant tout cela à la liberté, aurait-on commis par hasard certain sophisme qui est de prendre la suite des choses pour leur conséquence, et de dire : *Post hoc ergo propter hoc ?* Aurait-on pris pour l'effet de certaines institutions une grandeur qui n'était que leur contemporaine? Je ne crois pas. Dire que les nations sont grandes, parce que les hommes sont grands, parce qu'ils ont des droits et des garanties, c'est-à-dire de l'orgueil et de la sécurité, il me semble que c'est rapporter l'effet à sa cause.

Vous me direz qu'un pays peut être grand dans l'obéissance, s'il croit aux dynasties ou aux castes qui le gouvernent sans qu'il s'en mêle. — Cela est vrai ; mais ce peuple ne saurait monter aussi haut que celui qui croit en lui-même, qui se gouverne lui-même, où l'esprit, qui est la force humaine pour conduire les affaires de ce monde, ne se borne pas *proprio motu* et ne se refuse nulle occasion, nulle gymnastique.

Ainsi le gouvernement représentatif a pour lui le témoignage imposant de l'expérience la plus décisive, expérience nationale, expérience voisine, partout couronnée d'ordre, de richesse et de tous les succès où peut prétendre un peuple.

Bien lui en prend d'être aussi solidement assis dans les faits et de pouvoir montrer ce qu'il sait faire d'une nation. Car au point de vue théorique, envisagé *à priori*, il ne fait pas une grande figure : c'est du moins une des notions qui ont le plus besoin d'être expliquées, et qui comportent le plus de cas réservés à des temps meilleurs, ou même exceptés absolument. On ne voit pas que le gouvernement représentatif réponde tout d'abord à quelque grand idéal, ou de liberté, ou de vertu, ou d'universalité.

En premier lieu, la plus haute manière d'être libre, ce n'est pas d'être représenté ; c'est d'être souverain en personne sur la place publique, c'est d'exécuter directement à ciel ouvert (quand le ciel le permet comme en Grèce) ces grands exercices politiques qui consistent à légiférer, à juger, à élire les magistrats, à décréter la paix ou la guerre.

En second lieu, on peut dire, comme a fait Montesquieu, que le principe de la république est la vertu. Mais à l'égard du représentatif, en est-il de même ? Ici tout dépend de ce qui sera représenté. L'ignorance, l'ineptie, les vices, l'égoïsme ont un droit douteux à se faire gouvernement ou inspiration de gouvernement. Richesse et noblesse, prises en cette qualité seulement, ont un titre politique qui ne vaut guère mieux : leur égoïsme a laissé certains souvenirs. Ainsi, on ne peut pas dire que *représentation* soit le nom d'une chose essentiellement bonne et désirable, comme la tolérance religieuse, l'impôt proportionnel, la publicité judiciaire, etc., etc., la chose ne vaut que par une infinité de conditions qui ne tiennent pas

dans son nom, et qu'il faut ajouter à son essence.
En troisième lieu, il est clair que ce gouvernement n'est pas applicable partout. Exceptons d'a-
bord les peuples ou les tribus qui ne supportent
aucun gouvernement, tels que les sauvages de
l'Amérique du Nord : ils ont au préalable quelque
chose à apprendre, une façon, une contrainte à
opérer sur eux-mêmes, qui est de savoir obéir.
Cela ne vient pas aux hommes aussi facilement
que nous pourrions le croire : et pour peu qu'on
y pense, on s'aperçoit que ce progrès est peut-
être moralement supérieur à celui par lequel ils
veulent être libres. Comprendre le droit des autres
est encore mieux que de comprendre son droit.
Telle est la difficulté de ce progrès, qu'il n'y en
a guère d'exemples. Tel est l'attrait de la sauvagerie qu'on la voit plutôt conquérir des civilisés,
que se convertir en civilisation. Il est fort imaginaire de dire avec Condorcet que les hommes
commencent par composer simplement des tribus
de chasseurs, qu'ils s'élèvent ensuite à l'état no-
made, pour se fixer enfin dans des champs ou
dans des manufactures. Cet itinéraire du progrès
est de pure fantaisie : et le progrès lui-même n'est
pas partout. Les nomades surtout tiennent prodi-
gieusement à leur manière d'être : les Tartares et
les Arabes mènent encore la vie d'Abraham. Le
degré inférieur à cette civilisation, la sauvagerie
pure, est peut-être plus maniable, plus susceptible d'avancement. Quelques récits du moins le
donneraient à croire.
Un voyageur croit avoir vu une armée de quarante mille Cafres, sous un roi dont le bon plaisir

est de se faire apporter tout vifs des éléphants sauvages par ses sujets vêtus et armés seulement de javelots. Voilà un peuple qui est arrivé à la phase d'obéissance, qui pourrait être Européen, continental, représenté. Ce peuple porte en lui un principe de cohésion et de centralisation. S'il existe, il me semble promis au plus bel avenir, et pourra incommoder les Anglais du Cap.

Classons encore comme incapables de *représentation* ces nomades dont nous parlions tout à l'heure, cette population errante des steppes, attachée à des troupeaux : une civilisation où suffisent l'herbe et la famille patriarcale. Ce n'est pas que ces pasteurs aient l'aversion de tout gouvernement, mais à cet égard leurs besoins sont bornés : il leur suffit de cette loi tartare, observée par un missionnaire, laquelle prépose chacun à la garde du voisin et rend chacun responsable du bétail volé. Quand on a l'espace, on a l'ordre et la paix. L'espace manque-t-il aux nomades ? le pâturage trop étroit est-il disputé ? Ils ne s'en gouvernent pas plus : il arrive seulement que les plus faibles émigrent comme une avalanche, se répandent, débordent sur l'Europe, sur l'Inde, sur la Chine, font en passant la fortune de quelque Attila, de quelque Gengiskan, et finissent, faute d'esprit (lequel ne se cultive guère à la suite des troupeaux), par s'assimiler à leurs vaincus, Latins, Indous ou même simplement Chinois, qui ont l'avantage d'une éducation plus avancée.

Il est telle espèce de civilisés supérieure aux nomades, qui ne se prête pas mieux au gouvernement représentatif : je veux parler des peuples orientaux, lesquels s'adonnent à la théocratie et vivent de religion. Comme toutes choses au monde leur semblent réglées par un décret d'en haut, par une préordination divine, ils n'auraient garde d'y toucher. Pourquoi nommeraient-ils des représentants, des législateurs? leur loi est toute faite, c'est le dogme ; et les prêtres sont leurs représentants tout trouvés.

En avons-nous fini avec ces exclusions, ces incapacités? pas encore : il nous reste à noter un cas éclatant entre tous, je dirais presque une supériorité. Il s'agit de ces fortes races qui ont la révolte dans le sang, où circulent la sève et le feu de l'individualisme, où chaque homme s'érige en souverain. Ce ne sont pas elles qui vont déléguer leurs pouvoirs et régner par procureur. D'ailleurs ces races ignorent l'unité de la loi parmi des populations nombreuses et sur des territoires étendus. Elles ne connaissent pas ce grand accord pour obéir qui fait les nations et les troupeaux. A ce compte, elles n'ont que faire d'être représentées pour être libres; leur mode de liberté est individuel, leur gouvernement est direct. Vous les voyez se camper çà et là en petits groupes indépendants, comme les cités de la Grèce antique, comme les républiques d'Italie au moyen âge. — Ne les jugez pas au nombre et à l'espace. Il n'y a rien de si grand sous le soleil qu'un homme libre, et ces peuples, dans la folie de la liberté, ont fait et ont dit des choses dont nous vivons encore. Bref, ils sont trop grands, trop fiers, pour être représentés : l'humanité perdrait à ce qu'ils ne fussent pas souverains eux-mêmes.

Par ce qui lui manque de ce côté, par ce qu'elle possède d'ailleurs, l'Europe convient de tout point au gouvernement représentatif. Un certain fond d'obéissance, nulle obsession de l'idée religieuse, des espaces et des nombres qui ne peuvent songer au gouvernement direct : voilà nos titres, quelques-uns très-négatifs, pour nous gouverner par voie de représentants.

Mais encore que l'Europe soit au point voulu pour ce degré de liberté, n'en voulant pas moins et n'en pouvant pas plus, il s'en faut de tout que le gouvernement représentatif y soit compris partout de la même façon. *Beaucoup prennent le thyrse, mais peu sont inspirés du dieu*, disait Orphée. Le fait est qu'il y a plus d'une race, plus d'un courant d'esprit à travers l'Europe, et cette diversité paraît dans la chose que tous appellent du même nom et croient peut-être pratiquer à l'unisson.

Il n'est pas bien surprenant qu'il y ait plusieurs manières d'entendre la politique, puisqu'il y en a plusieurs d'entendre la métaphysique et la morale, c'est-à-dire l'esprit et le devoir humain. Quand il y a diverses notions de l'homme, de l'individu, comment n'y en aurait-il qu'une du gouvernement des sociétés humaines? surtout si nous cherchons ce gouvernement en elles-mêmes et non plus à l'extérieur en quelque sorte, au hasard, à genoux, parmi des dynasties ou des théocraties absolues. *Le gouvernement*, s'écriait un jour M. Guizot, *est le plus grand emploi des facultés humaines!* Oui, à coup sûr; mais quelles facultés avons-nous au juste? Il me semble que cela est à considérer dans le problème du meilleur gouvernement.

Y a-t-il en nous une faculté (la Raison, je suppose) pour saisir spontanément la vérité absolue? cette vérité n'a-t-elle pas un rayon qui s'appelle la Justice et qui s'impose à notre volonté comme règle, comme discipline, comme devoir enfin? Ce devoir n'est-il pas pour les gouvernements comme pour les individus?

A toutes ces questions, si vous répondez oui, vous conclurez d'abord au gouvernement de la nation par elle-même, vu que rien ne garantit une corrélation intime entre ce qui naît sur le trône et ce grand devoir de justice; — puis au gouvernement de la nation par les *meilleurs*; toujours en vue de la justice, qui n'est pas plus le fait de tous que du premier-né d'une reine; — enfin, à des procédés pour reconnaître et instituer cette élite politique, cette souvaineté des *meilleurs*.

Cela veut dire, mis en œuvre et traduit en lois, que certains auront le droit, en vertu de leur mérite présumé, d'élire le législateur ou même d'être élus législateurs. Il faut bien que la garantie des choix se rencontre quelque part : il est même spécieux de dire qu'elle doit être partout, c'est-à-dire chez le mandataire comme chez le mandant. En deux mots, suffrage restreint, cens électoral, cens d'éligibilité, tel est le mécanisme qui découle des principes ci-dessus. Ceci ne représente pas moins que le gouvernement et les élections que nous avons vu fonctionner en France de 1814 à 1848.

On va me dire que j'oublie la royauté, en parlant du mécanisme électoral comme si tout le gouvernement sortait de là. Oui, je fais volontiers abstraction de la royauté; mais les pays libres n'en font pas d'autres, obligeant la couronne à user de ses droits comme l'entendent les représentants de la nation, par exemple en ce qui touche le choix des ministres et des chambellans, la politique extérieure, le droit de grâce, etc., etc. Cela ne s'écrit pas, mais cela se fait : de telle façon qu'on n'est pas coupable d'oublier le fond des choses, à parler des électeurs et des élus comme décernant ou exerçant le pouvoir souverain.

Peut-être rejetez-vous les données qu'on exposait tout à l'heure : raison, idées absolues, justice, devoir? vous arrivez alors par une métaphysique et par une morale toute différente à une manière non moins différente de comprendre le *représentatif*.

Si vous réduisez l'homme aux sensations, voici son programme et ses limites : il aura, comme être sensible, des impressions de peine et de plaisir : il aura, comme être intelligent, l'idée qu'il faut fuir l'une et chercher l'autre ; il aura enfin, comme être moral et actif, le mobile contenu dans cette idée, l'impulsion des intérêts. N'ayant pas autre chose dans toute sa substance individuelle, il ne saurait fournir une autre base aux constructions politiques et sociales.

Je sais tous les efforts, toutes les contorsions de l'utile, pour s'élever et se raffiner... *Il y a des peines et des plaisirs de l'ordre moral; il y a des intérêts comme celui de la patrie, celui du salut; il y a une rencontre, une fusion incessante de l'utile avec le juste.*

Tout cela ne me rassure pas sur la politique qui peut naître de ce principe, quand je vois Hobbes, un esprit fameux pour sa droiture et sa rigueur logique, dont on n'a jamais, que je sache, critiqué les déductions, tirer de l'*utile* le pouvoir absolu d'un seul. Supposé qu'on en tirât aussi bien le règne du nombre, l'alternative est médiocre, si le pouvoir absolu persiste. Il y a cela de certain, que la justice est absente de ces solutions. Au fait, comment y serait-elle, quand elle n'est pas dans leurs éléments, ni dans la sensation, ni dans les idées d'origine sensible, ni dans l'impulsion qui sort de ces idées?

Vous allez me dire que les mœurs sont là, dont le propre est de borner les principes dans l'excès de leur développement rectiligne et de faire entendre raison à la logique. Peut-être : mais, en tout cas, j'ai une bien autre objection contre le principe de l'utile, une objection prise justement de ce qu'en certaines occurrences il choque les mœurs elles-mêmes, le sens national, l'histoire.

Il me semble que fonder la loi politique de certaines sociétés sur le principe des intérêts, c'est mettre en oubli celui qui se montre à leur formation, et qu'on leur donne là pour vivre un autre élément que celui dont elles sont nées.En général, les nations ne se forment et ne prennent de cohésion que par les idées morales, un *fondant* qui groupe, qui cimente les individus : quant aux intérêts, ils auraient plutôt une puissance d'isolement et de dissolution.

Si l'intérêt était l'âme des nations, si chaque intérêt constituait un droit, est-ce qu'on verrait abdiqués et fondus sous la même loi des intérêts naturellement ennemis, comme le nord et le midi, l'élément foncier et l'élément capitaliste, l'inté-

rieur des terres et le littoral..... le spectacle
enfin que nous avons en France. Par cela même
que de grands États se composent d'intérêts di-
vergents et antipathiques, ils expriment ou plutôt
ils impliquent le sacrifice de ces intérêts à quelque idée, à quelque besoin de l'ordre moral : indépendance, grandeur collective, religion, langue,
équité des lois.

Une objection est toute prête, — « ces diver-
« sités d'intérêt n'ont pas été consultées sur l'opé-
« ration qui les a groupées en un seul peuple : c'est
« la force qui a tout fait, et cette violence ne prouve
« rien. » — Mais depuis quand est-il donné à la
force toute seule de faire œuvre qui dure, de prévaloir et de s'établir contre les conditions naturelles où le vœu des peuples est bien quelque
chose? Avons-nous gardé la Navarre? l'Espagne
a-t-elle gardé le Roussillon? M. Augustin Thierry
nous apprend que la Guyenne trouvait son compte
à la domination des Anglais, à ces vaisseaux qui
venaient chaque année emporter les vins du pays;
que cependant elle prêta fortement les mains à
l'expulsion des Anglais. Il faut bien croire ici à
quelque attrait, à quelque convenance morale plus
écoutée qu'un besoin de commerce, qu'un intérêt.
De là, on peut conclure que la représentation politique d'un peuple doit être arrangée de façon à
satisfaire les besoins moraux qui le constituent,
plutôt que les intérêts qui le divisent et qui le dis-
soudraient, s'ils étaient puissants comme ils sont
égoïstes.

Cependant nous ne pouvons nous en tenir à
cette conjecture sur les effets politiques que doit

produire en général le principe de l'utile, ni même à l'autorité de Hobbes. Il faut préciser et borner la question. — Étant donné un peuple où l'appétit de l'utile est l'impulsion capitale, où l'idée de l'utile est la philosophie dominante, que va-t-il sortir politiquement de ces mœurs et de ces doctrines ? Comment par exemple vont-elles marquer leur présence dans l'appareil représentatif ?

La réponse n'est pas douteuse. Si les intérêts sont des droits, tous les intérêts doivent être représentés. M. Mill n'y résiste nullement : *Oui, dit-il, la souveraineté appartient à l'agrégation tout entière... la raison en est que chacun est le meilleur gardien de ses droits et de ses intérêts.* Soit : mais il y a des esprits chagrins et ombrageux : ils vont vous dire que ceci est le règne du nombre, c'est-à-dire la souveraineté du pauvre et finalement la spoliation du riche. — Voilà, pensez-vous, une prévision bien outrée, bien violente ! Peut-être... il me semble qu'il y a une attraction invincible entre ces deux termes : souveraineté et propriété. Je ne sais pourquoi ce vers de Corneille me revient à l'esprit :

Il est des nœuds secrets, de douces sympathies...

N'y a-t-il pas quelque chose comme cela pour entraîner le pouvoir vers la richesse ? cette annexion semble écrite. Ce qu'on voit en général dans l'histoire, c'est le riche, le propriétaire se faisant souverain : Thucydide nous apprend qu'Agamemnon était le plus riche des Grecs. Mais ce qu'on pourrait aussi bien voir, c'est le souverain se faisant propriétaire. Le peuple, le nombre, pour en venir là, n'a besoin que de deux choses : 1° de n'être pas propriétaire ; 2° d'être le plus fort en vertu des institutions, comme il l'est déjà physiquement.

Cela fait, l'événement n'est pas douteux : on peut s'en rapporter à ce double et énorme pouvoir, mis en mouvement par l'*acquisivité*, une protubérance des plus saillantes et des plus répandues, à ce que racontent les phrénologistes. On ne voit pas clairement quels obstacles pourraient arrêter ce pouvoir. Ce n'est pas l'opinion, puisqu'il la fait, ni la conscience, puisqu'il peut toujours lui montrer à l'appui de ce qu'il fait les formes et les apparences sacrées du juste, c'est-à-dire une loi.

L'instinct divin, le guide immortel, c'est ainsi que Rousseau appelle la conscience, est capable de s'y tromper. Une majorité, maîtresse des lois, va peut-être croire avec une certaine candeur qu'elle l'est du droit. L'illusion, il faut en convenir, est facile non moins que tentante et profitable, puisqu'en certains cas bien connus, celui par exemple de l'expropriation ou celui du régime protecteur, l'intérêt du plus grand nombre est admis à prévaloir sur tout autre intérêt, et de l'aveu de tous constitue un droit. Vous me direz que ces cas sont exceptionnels, et que faire de l'exception la règle, c'est faire acte de bouleversement, violer le droit..... Allez donc dire cela au plus fort ! qui porte en lui — comme législateur, l'organe du droit — comme nombre, un commencement de droit.

Les masses, dans leur idée de progrès, pourraient en concevoir un qui serait un simple déplacement de l'oppression, infligée désormais aux

minorités, tandis qu'elle l'était autrefois aux majorités. Chose nouvelle assurément, et même d'apparence progressive ; mais c'est la justice que
nous cherchons. Le nombre a cela de terrible qu'il
peut se prendre avec une certaine bonne foi pour
la justice même ; ce qui est une dépravation inconnue au règne des anciennes monarchies et
oligarchies. Tel bon plaisir tenait lieu de loi,
mais après tout n'en était pas une : on brûlait
Rome, sans ériger l'incendie en droit impérial ; ce
qui importe au salut de la conscience humaine, et lui
épargne non-seulement un outrage, mais une ruine.

Je conviens qu'aux États-Unis le nombre est
seigneur et maître sans avoir commis de spoliation ; mais attendons la fin. On croit avoir donné
déjà quelque explication de ce phénomène.

« Il y a des peuples que la nature a magnifi-
« quement traités, les répandant sur une patrie
« immense et fertile où les individus naissent en
« quelque sorte propriétaires. *Suum cuique*, leur
« dit la nature : voilà une équité qui dispose mer-
« veilleusement les hommes à être libres et jus-
« tes... La propriété, diffuse comme elle l'est aux
« États-Unis, y tranche péremptoirement certai-
« nes grandes difficultés qui troublent le conti-
« nent. Elle y est entre toutes les mains aussi
« bien que le droit politique, et cela est inesti-
« mable. Car souveraineté et propriété sont faites
« l'une pour l'autre. Le souverain devient pro-
« priétaire, quand le propriétaire n'est pas le sou-
« verain : cette attraction est le fond de toutes les
« discordes sociales. Aux États-Unis où le souve-
« rain, c'est-à-dire le peuple, le nombre, est pro-

« priétaire par la force et la faveur des circon-
« stances, il est clair qu'il n'ira pas abuser de la loi
« pour conquérir la propriété. Cette république
« a l'une des bases que Platon voulait pour la
« sienne : l'universalité, si ce n'est la communauté
« de biens. Les abeilles vivent en société, et cette
« société est une paix inaltérable, — la raison en
« est simple : il y a des fleurs pour toutes. »

Un historien illustre, tout en tenant compte
de ces raisons, ne leur attribue qu'une valeur
transitoire : aux yeux de Macaulay, ce qui fait la
modération et le salut de la démocratie américaine, est un pur accident, qui va s'évanouir au
premier jour, laissant paraître et agir dans toute
sa crudité, dans toute sa terreur, le principe démocratique. Il prédit certaines catastrophes aux
États-Unis, telles que la ruine de leur liberté ou
de leur civilisation, peut-être même de l'une et
de l'autre : et dans une lettre au sujet de Jefferson, adressée à un citoyen de ce pays, il s'en explique avec une véritable franchise (1).

« Votre destinée est écrite, quoique conjurée
« pour le moment par des causes toutes physiques.
« Tant que vous aurez une immense étendue de
« terre fertile et inoccupée, vos travailleurs se-
« ront infiniment plus à l'aise que ceux du vieux
« monde, — et, sous l'empire de cette circon-
« stance, la politique de Jefferson sera peut-être
« sans désastre. Mais le temps viendra où la
« nouvelle Angleterre sera aussi drument peuplée
« que la vieille Angleterre. Chez vous, le salaire

_____

(1) Lettre du 23 mars 1857, publiée par le *Times* le 7 avril
1860.

« baissera et prendra les mêmes fluctuations, la
« même précarité que chez nous. Vous aurez vos
« Manchester et vos Birmingham, où les ouvriers
« par centaines de mille auront assurément leurs
« jours de chômage. Alors se lèvera pour vos
« institutions le grand jour de l'épreuve. La dé-
« tresse rend partout le travailleur mécontent et
« mutin, la proie naturelle de l'agitateur qui lui
« représente combien est injuste cette répartition
« où l'un possède des millions de dollars, tandis
« que l'autre est en peine de son repas. Chez nous,
« dans les mauvaises années, il y a beaucoup de
« murmures et même quelque émeute. Mais chez
« nous peu importe : car la classe souffrante n'est
« pas la classe gouvernante. Ce suprême pouvoir
« est dans les mains d'une classe nombreuse, il
« est vrai, mais choisie, cultivée d'esprit, qui est
« et s'estime profondément intéressée au main-
« tien de l'ordre, à la garde des propriétés. Il
« s'ensuit que les mécontents sont réprimés avec
« mesure, mais avec fermeté : et l'on franchit les
« temps désastreux sans voler le riche pour assis-
« ter le pauvre ; et les sources de la prospérité
« nationale ne tardent pas à se rouvrir : l'ouvrage
« est abondant, les salaires s'élèvent, tout rede-
« vient tranquillité et allégresse. J'ai vu trois ou
« quatre fois l'Angleterre traverser de ces épreu-
« ves ; et les États-Unis auront à en affronter de
« toutes pareilles, dans le courant du siècle pro-
« chain, peut-être même dans le siècle où nous
« vivons. Comment vous en tirerez-vous ? Je vous
« souhaite de tout cœur une heureuse délivrance.
« Mais ma raison et mes souhaits ont peine à s'en-

« tendre, et je ne puis m'empêcher de prévoir ce
« qu'il y a de pire. Il est clair comme le jour que
« votre gouvernement ne sera jamais capable de
« contenir une majorité souffrante et irritée. Car
« chez vous la majorité est le gouvernement, et
« les riches qui sont en minorité sont absolument
« à sa merci. Un jour viendra, dans l'État de
« New-York, où la multitude, entre une moitié de
« déjeuner et la perspective d'une moitié de dîner,
« nommera les législateurs. Est-il possible de
« concevoir un doute sur le genre de législateurs
« qui sera nommé? — d'un côté un homme d'État
« prêchant la patience, le respect des droits ac-
« quis, l'observance de la foi publique; — d'un
« autre côté un démagogue déclamant contre la
« tyrannie des capitalistes et des usuriers; et se
« demandant pourquoi les uns boivent du vin de
« Champagne et se promènent en voiture, tandis
« que tant d'honnêtes gens manquent du néces-
« saire. Lequel de ces candidats, pensez-vous,
« aura la préférence de l'ouvrier qui vient d'en-
« tendre ses enfants lui demander plus de pain?
« J'en ai bien peur : vous ferez alors de ces choses
« après lesquelles la prospérité ne peut reparaî-
« tre. Alors — ou quelque César, quelque Napo-
« léon prendra d'une main puissante les rênes du
« gouvernement — ou votre république sera aussi
« affreusement pillée et ravagée au xx° siècle,
« que l'a été l'empire romain par les barbares
« du v° siècle : avec cette différence que les dé-
« vastateurs de l'empire romain, les Huns et les
« Vandales, venaient du dehors, tandis que vos
« barbares seront les enfants de votre pays et

« l'œuvre de vos institutions. Avec cette manière
« de voir, je ne puis véritablement regarder Jeffer-
« son comme un des bienfaiteurs de l'humanité... »

M. Mill a fortement prévu ce péril, cette infir-
mité du gouvernement représentatif ; ce sont les
expressions dont il se sert tout le premier. Il y
met ordre : 1° en excluant du suffrage quiconque
ne sait ni lire, ni écrire, ni compter ; 2° en accordant plusieurs suffrages à certaines catégories de
personnes, pour leur intelligence présumée ; de
telle façon que l'équilibre se trouve rétabli à ses
yeux entre les intérêts du nombre et les intérêts
de la propriété. C'est le suffrage universel, mais
inégal : il y a des exemples de cette inégalité dans
les élections paroissiales de la Grande-Bretagne,
où la même personne peut voter jusqu'à six fois.
Ce que vaudrait ce système dans la région politique ; s'il s'abstiendrait de porter le débat aux
racines même de la société et de conclure à une
nouvelle répartition des richesses ; si des intérêts
ennemis et armés pour la lutte aimeraient mieux
une transaction (ce qui pourrait bien être une pure
hypothèse) qu'un conflit à outrance, que des lois
exclusives et passionnées au profit du plus fort (il
faut bien qu'il y en ait un)..., nul ne peut le prédire.
Je vois bien que dans ce système on fait grand
état de l'esprit pour tenir le nombre en échec : et
j'avoue que l'esprit est une force qui peut être
morale et résister aux immoralités, aux violences
du nombre. Mais pourquoi n'en serait-il pas complice ? l'esprit n'implique pas nécessairement le
sens moral, n'exclut pas nécessairement la pas-

sion. L'homme le plus intelligent peut trouver son compte d'argent ou de vanité à servir les masses, à les mener partout où elles tendent. Il peut même s'y porter de toute sa conscience, soit que les masses aient la justice pour elles, soit qu'elles en fassent l'illusion à un esprit droit et perçant, mais emmanché de tempérament, d'indignations, de sympathies furieuses.

J'avoue encore que les classes admises au droit politique y prendront un développement marqué d'intelligence et d'expérience : cet avantage est capital, pas moins qu'une création. Mais aussi bien il y a là une carrière ouverte aux sentiments les plus équivoques. Des gens qu'on y appelle au nom de leur intérêt pourraient bien y faire acte d'égoïsme, acte constant et systématique. On peut soupçonner que ce qu'ils apprendront le plus vite, c'est le profit à tirer de leur souveraineté. Vous me dites bien comment l'esprit vient aux peuples ; mais d'où leur viendra l'empire sur soi-même, la mesure dans le triomphe ?

A d'autres égards encore on pourrait douter de ce que vaut l'utile comme principe politique : voyez plutôt les excès où il mène le plus logiquement du monde !

Il veut le gouvernement direct comme la plus haute certitude que puissent avoir les intérêts de se faire compter selon leur taille et leur nombre : il vous dira que la représentation est une trahison.

A défaut de gouvernement direct, il veut au moins le fédéralisme où les intérêts gardent tout près d'eux la juridiction, la fiscalité, les lois civiles et criminelles, les travaux publics.

Il veut enfin, à défaut de fédéralisme, le mandat impératif, sans quoi les intérêts du représenté pourraient être omis, interceptés par le représentant.

Ces objections s'adressent au principe de l'utile, mais non à l'auteur des *Considérations sur le Gouvernement représentatif*, qui est Anglais, partisan de la doctrine des intérêts, fort imbu des idées de Bentham, mais qui est surtout lui-même, et qui, dans ce livre, n'a nulle part professé ce principe. Il y incline visiblement, il y adhère plus d'une fois; mais il ne s'y livre jamais tout entier, ni dans ses déclarations théoriques, ni dans le choix de ses expédients, de ses procédés. M. Mill n'est pas homme à s'incommoder, en pareil sujet, d'un principe absolu. On voit là l'idée naturelle d'un esprit supérieur tout comme la première leçon de la science et de la vie, c'est que nul principe, si grand qu'il soit, ne peut contenir et résoudre à lui seul une question politique, je dirais volontiers une question humaine.

M. Mill croit à d'autres forces, à d'autres légitimités, que les intérêts seulement : c'est par là qu'il espère l'heureuse issue du duel représentatif entre riches et pauvres, c'est-à-dire par l'intervention et par le poids des *meilleurs* qui se trouvent dans toutes les classes et au-dessus de tous les intérêts de classe ; un petit nombre sans doute, une minorité partout, mais capable peut-être de tout décider en se réunissant aux fractions dont l'*intérêt* se rencontre avec la *justice*.

II

Ici quelque hésitation est permise. On peut se

demander s'il ne vaudrait pas mieux, dans l'organisation d'une société libre, aller tout d'abord à
ce petit nombre et lui confier le gouvernement, au
lieu de ce rôle hasardeux d'appoint et de renfort.

C'est ainsi qu'étaient conçues et intentionnées
les lois électorales qui fonctionnaient avant 1848.

Mais, d'un autre côté, que d'objections contre la
théorie française, doctrinaire au moins, de *la souveraineté de la raison*, qui est le fond plus au moins
reconnaissable de ces lois !

Ah ! vous tenez la raison pour souveraine ! mais
il lui faut des organes, des interprètes apparemment. Il va sans dire que les meilleurs seront
appelés à cet office : c'est de l'aristocratie, mais
passons sur le mot ; la chose prise étymologiquement est saine et irrécusable. Seulement voici où
la difficulté commence : le moyen, s'il vous plaît,
de reconnaître les meilleurs ? Les supériorités
d'esprit, de naissance, de fortune, sont les unes
fort apparentes, les autres visibles jusqu'à un
certain point. Mais nous cherchons les supériorités de vertu... trouvez donc ce qui se cache !
fiez-vous donc à ce qui se montre ! Quand les hypocrites sont en peine du meilleur masque, vous
pensez, vous, simple législateur, trouver un signalement exact, complet, infaillible !

Convenons d'une chose : le plus solennel des
utilitaires pourrait se moquer fort agréablement
de notre principe, et de nos règles pour le mettre
en œuvre.

Toutefois, ce principe a ses champions, ses docteurs qu'il n'est pas aisé de réduire, et j'entends
d'ici ce que ces règles vont dire pour leur défense :

« Nous avons du béotisme dans le détail, c'est
« vrai ; mais, si nous n'étions là pour fonder et
« pour limiter tant bien que mal le droit politique,
« ce droit ne serait nulle part ou serait partout....
« Que vous en semble ? cela cesse d'être plaisant. »

D'ailleurs, ces règles ne sont pas plus fantas-
ques que tout autre combinaison où il s'agit, soit
de peser un homme en sa capacité, soit de parquer
un droit dans la limite d'un délai. D'où vient que
je suis majeur et la proie légitime des usuriers,
aujourd'hui qu'a sonné ma vingt et unième année;
tandis que je ne l'étais pas hier ? Que s'est-il donc
passé en moi depuis vingt-quatre heures pour
m'élever à cette dignité ? On ne peut s'enrôler
avant dix-huit ans révolus, ni tester avant seize
ans révolus, ni se marier de son seul aveu avant
vingt-cinq ans révolus : êtes-vous donc sûr que la
valeur et le discernement aient attendu cet âge
précis, et que leur saison commence à jour fixe ?
— et les délais ! c'est chose indispensable pour
en finir avec les droits auxquels il plaît de s'oublier, de sommeiller, et qui éclateraient comme
une perturbation le jour où il leur plairait de reparaître : les délais, dis-je, sont nécessaires ; mais
qui pourrait donner une raison nécessaire de
leurs dimensions ? Pourquoi la prescription s'ob-
tient-elle par trente ans plutôt que par vingt-neuf
ou par trente et un ? Il n'est pas plus déraisonnable, dans l'assiette des droits politiques, d'user
d'approximation pour apprécier la valeur morale
des hommes. Le fait est qu'il faut des règles en
certains cas, et leur vice inévitable vaut mieux
que leur absence.

Ces explications sont plausibles. Mais il reste à savoir si le suffrage restreint n'a pas un travers odieux qui est de laisser au dépourvu les intérêts populaires, en les tenant à l'écart du droit électoral. Les lois étant faites par les élus du petit nombre ne seront-elles pas uniquement à son profit... Non pas peut-être avec un oubli volontaire, mais avec une insouciance toute naturelle des classes les plus nombreuses, de ces existences précaires, de ces humbles destinées, qui font les frais et qui portent les ombres de la prospérité publique ?

Toute loi devrait être un allégement de leur condition. Le socialisme est une vérité quand il signifie application spéciale de la politique au bien des masses. Or, jamais la politique n'aura cette vertu, jamais le législateur ne prendra cette tutelle, si le mandat populaire ne leur en fait une nécessité.

Cette conclusion est excessive, diront les partisans du suffrage restreint. N'oubliez pas que nous attribuons le droit politique à l'élite du pays, d'après des règles qui ne sont pas infaillibles, mais qui produiront toujours quelque défense et même quelques triomphes de l'intérêt populaire. La garantie ne semble pas riche ni assurée. Cependant quelques indices feraient croire qu'elle est efficace. L'abolition des lois céréales a été votée en Angleterre par les pouvoirs, par les classes qui avaient le plus d'intérêt à leur maintien. Le même pays fait à ses pauvres, encore qu'ils ne soient pas souverains, une liste civile de 200 millions. En France, quelques faits sont à noter, de moindre importance, mais de même nature : telles sont les écoles primaires et les caisses d'épargne où l'État s'est fait, principalement depuis 1830, l'instituteur et le banquier des masses, à grands frais et surtout à grands risques : instituteur presque toujours gratuit, banquier comme on n'en voit pas, restituant à toute réquisition les dépôts dont il sert les intérêts au cours légal.

Ainsi une garantie de bien public et même de bien populaire peut se rencontrer dans certaines lois constitutives d'une élite politique, d'*un pays légal*, comme on disait, il y a vingt ans. Est-ce que M. de Maistre aurait raison de dire qu'il peut y avoir des représentants qui ne soient pas des mandataires ? Peut-être bien que oui, mais en tout cas à une condition qu'il néglige, qui est la liberté de la presse. Dans des pays où la publicité se lève tous les matins comme le soleil, où l'opinion est une puissance, où les raisons de bien public sont les seules qui puissent s'avouer, il n'y a pas d'intérêt qui, soit pour sa propre valeur, soit pour la force qu'il prête à ses partisans, n'obtienne un jour ou l'autre audience et justice.

En accordant cette part à l'opinion, nous ne faisons que répéter le dire de M. Mill, qui a traité d'une façon méthodique et complète toute cette matière du gouvernement représentatif. Il fait mieux encore que d'embrasser le sujet ; il le domine. C'est esprit est d'une autorité souveraine, d'un calme inaltérable : dans ce livre, comme dans celui de la *Liberté*, il juge tout sans pitié et sans colère — les assemblées qui ne doivent pas toucher de leurs mains brouillonnes aux projets de lois élaborés par des mains fortes et savantes, —

les religions, sans excepter le christianisme, qui
élèvent le monde, mais en le fixant au point où
elles l'ont élevé, — les masses populaires ou bour-
geoises qu'il traite de médiocrités d'où ne sortira
jamais qu'un gouvernement médiocre.

On voit que M. Mill est un excentrique, on le
voit à l'indépendance de ses idées comme à la manière dont il parle des excentriques, les appelant
quelque part le sel de la terre. Toute sa complai-
sance, toute son admiration est pour eux. Qui est-
ce qui voudrait l'en blâmer? Oui, parlez-nous de
ces hommes nés debout, que rien ne courbe, ni
amis ni ennemis, qui osent être eux-mêmes, qui
excellent à dire non, qui regarderaient le soleil en
face, qui ont retenu cette fameuse devise d'autrefois : *Etiam si omnes ego non ;* des monstres d'orgueil, mais la plus haute taille où parvienne l'humanité. Rare en est l'espèce, si rare qu'elle touche
à l'idéal, et que la plus belle note des lyriques,
c'est l'apothéose des obstinés. *Justum et tena-
cem...,* chantait Horace. Quant au *Paradis perdu,*
son héros n'est pas Satan, quoique cet archange
ait un assez grand air : c'est le poëte lui-même,
c'est Milton, vieux, pauvre, aveugle, dont les derniers regards ont vu tomber la république, fou-
droyé lui aussi, mais inflexible comme tout un
Pandémonium.

III

En résumé, la question du système représentatif, tel que l'entend M. Mill, est celle du gouvernement par les gouvernés. Les hommes sauront-ils
s'imposer eux-mêmes la discipline que veut la so-

ciété ? Peuvent-ils se confier les uns aux autres
la conduite de tant de choses qui les intéressent,
et, pour parler net, la garde de ce qui leur appartient? ou bien, nous faudra-t-il toujours de ces
pouvoirs extérieurs à la société et supérieurs au
droit, dont le monde a eu tout le temps de se fa-
tiguer, mais qui ne laissaient pas que de régler la
société, d'y entretenir le droit au-dessous d'eux,
d'y souffrir même le Progrès? Certes, leurs services n'étaient pas pour rien : ils vendaient cher
la *paix du roi ;* ils abusaient de la société en propriétaires absolus, en pasteurs dévorants. Toutefois la question est grave.

Regardez-moi ce portefaix sans idée, ce fat
perdu d'égoïsme : deux misères qui ne représentent pas mal notre condition et notre nature.
Voilà les souverains qu'on vous propose! *Souverains* est le mot, car il ne s'agit plus de les sous-
traire aux avanies, aux monopoles, aux intolé-
rances d'autrefois. Cela est fait : ces nègres ont
été émancipés en 89. Tout autre est le problème
actuel, où il est question non plus de ce que mérite l'homme ; mais de ce qu'il vaut, non plus des
droits dont il est digne, mais des pouvoirs dont il
est capable. L'homme ayant été retrouvé et res-
tauré, on se demande s'il faut le créer citoyen,
c'est-à-dire souverain, lui donnant sur les pouvoirs publics un droit d'élection et de contrôle, dont il finira par sentir la portée, par apprendre l'usage irrésistible , par concevoir et
revendiquer le profit.

Vous trouvez peut-être qu'il est imprudent de
confier à l'homme en cette seule qualité les ger-

mes d'une telle puissance ; que pour lui reconnaître
un tel empire sur autrui, il faut au préalable l'a-
voir élevé au-dessus de lui-même.

M. Mill est pleinement de cet avis ! *Éducation
universelle d'abord, ensuite suffrage universel.*
Pour plus de sûreté, non content de cette condition où le nombre se fait intelligence, il en ajoute
une autre déjà remarquée, celle de *suffrage plural*, par où l'intelligence se fait nombre. Tel est
l'esprit de ce livre, et la solution qu'il confie à
l'avenir. Nous avons dit quel est l'esprit d'une autre
législation qui a vécu sous nos yeux, celle du *suffrage restreint*, qui a fourni une carrière agitée,
mais brillante et salutaire : nous n'éprouvons pas
autrement le besoin de conclure.

Peut-on amender la démocratie par l'adjonction
d'éléments intellectuels, à tel point que la démocratie ne viole pas la justice contre les minorités ?
Peut-on amender une aristocratie par le contrôle
de l'opinion à tel point qu'elle ne viole pas la justice contre les majorités ? telles sont les questions,
telle est l'alternative assez délicate, qui se trouvent
au bout de ces réflexions. Nous laissons à de plus
habiles, à de plus affirmatifs, le soin de prononcer
et d'opter.

PRÉFACE

Ceux qui m'ont fait l'honneur de lire mes écrits précédents ne recevront pas sans doute du volume que voici une forte impression de nouveauté. Car les principes sont ceux auxquels j'ai travaillé pendant la plus grande partie de ma vie, et la plupart des vues pratiques ont été développées par d'autres ou par moi-même. Cependant, il y a nouveauté à les déployer dans leur enchaînement; et ce que j'avance à leur appui offre souvent aussi, je crois, quelque chose de neuf. Dans tous les cas, plusieurs de ces opinions, si elles ne sont pas neuves, ont pour le moment aussi peu de chance de rencontrer un assentiment général que si elles l'étaient.

Il me semble cependant, d'après divers indices et surtout d'après les débats récents sur la réforme du Parlement, que les conservateurs et les libéraux (si je puis continuer à les appeler comme ils s'appellent encore eux-mêmes) ont perdu confiance dans les doctrines politiques qu'ils professent nominalement; tandis que des deux côtés personne ne paraît avoir fait un pas pour trouver quelque chose de mieux. Pourtant, ce mieux doit être possible ; non pas un simple compromis qui partagerait le différend entre les deux doctrines, mais quelque chose de plus vaste, de plus compréhensif que l'une ou l'autre, et qui, en vertu de cette supériorité, pourrait être adopté et par les conservateurs et par les libéraux, sans éliminer pour cela tout ce qui, selon eux, a réellement quelque valeur dans leurs croyances respectives. Lorsque tant d'hommes sentent vaguement le besoin d'une pareille doctrine et lorsqu'un si petit nombre se flatte de l'avoir rencontrée, chacun peut sans présomption offrir ce qui dans ses propres idées (et dans ce qu'il connaît de meilleur parmi les idées d'autrui), est capable de concourir à la formation de cette doctrine.

LE
GOUVERNEMENT
REPRÉSENTATIF

CHAPITRE PREMIER

JUSQU'A QUEL POINT LES FORMES DE GOUVERNEMENT SONT-ELLES UNE AFFAIRE DE CHOIX ?

Toutes les spéculations relatives aux formes de gouvernement portent l'empreinte] plus ou moins exclusive (de deux théories opposées) en matière d'institutions politiques, ou, pour parler avec plus de propriété, de (deux manières différentes de concevoir ce que sont les institutions politiques.]

Pour quelques esprits, le gouvernement est un art strictement pratique, d'où naissent uniquement des questions de fin et de moyen] Les formes de gouvernement, telles qu'ils les conçoivent, sont des expédients comme d'autres pour atteindre un de

ces objets que les hommes peuvent se proposer :
une pure affaire d'invention et de combinaison.
Étant faites par l'homme, on affirme que l'homme
est libre ou de les faire, ou de ne pas les faire, et de
décider comment et d'après quel modèle elles seront faites. Le gouvernement, suivant cette conception, est un problème à traiter comme toute autre
question d'affaires. Le premier pas vers une solution
est de reconnaître quelle est la tâche imposée aux
gouvernements ; le second est de rechercher quelle
forme de gouvernement est la plus propre à l'accomplissement de cette tâche.

Étant édifiés sur ces deux points, et ayant reconnu
quelle est la forme de gouvernement qui renferme
la plus grande somme de bien avec la moindre
somme de mal, ce qui nous reste à faire est d'obtenir pour l'opinion que nous nous sommes formée
à nous seuls, l'assentiment de nos compatriotes ou
de ceux auxquels les institutions sont destinées.
Trouver la meilleure forme de gouvernement, persuader aux autres que c'est la meilleure, et, l'ayant
fait, les exciter à la demander, voilà l'ordre des
idées dans l'esprit de ceux qui adoptent cette vue
de la philosophie politique.

Ils regardent une constitution (à part l'importance respective des choses) du même œil qu'ils regardent une charrue à vapeur ou une machine à
battre le grain.

Mais cette doctrine est vivement contredite. D'autres logiciens politiques sont si loin d'assimiler une forme de gouvernement à une machine, qu'ils la regardent comme une espèce de produit spontané, et que, selon eux, la science du gouvernement est une branche pour ainsi dire de l'histoire naturelle. Non, disent-ils, les formes de gouvernement ne sont pas une affaire de choix. Nous devons les prendre, pour la plupart, comme nous les trouvons. Les gouvernements ne peuvent pas être établis par un dessein prémédité. « *Ils ne se font pas : ils poussent.* » Notre affaire avec eux, comme avec les autres faits de l'univers, c'est de connaître leurs propriétés naturelles et de nous y adapter.

Les institutions politiques fondamentales d'un peuple sont regardées par cette école comme une sorte de production organique de la nature et de la vie de ce peuple ; c'est un produit de ses habitudes, de ses instincts, de ses besoins et de ses désirs inconscients, et ce n'est presque pas le fruit de ses desseins délibérés. La volonté du peuple n'a eu d'autre part dans l'affaire que celle de répondre à des nécessités temporaires par des combinaisons également temporaires. Il est donné à ces combinaisons de subsister, lorsqu'elles sont en conformité suffisante avec le caractère et les sentiments nationaux ; et par une aggrégation successive, elles constituent un gouvernement adapté au peuple qui le possède, mais qu'on s'efforcerait vainement d'imposer à tout peuple chez lequel la nature et les circonstances ne l'auraient pas produit spontanément.

Il est difficile de décider laquelle de ces doctrines serait la plus absurde, si l'on pouvait supposer l'une ou l'autre soutenue comme une théorie exclusive. Mais les principes que les hommes professent sur tout sujet discuté, sont une marque très-imparfaite des opinions qu'ils ont réellement. Personne ne croit que tout peuple soit capable de manier toute espèce d'institution. Poussez aussi loin que vous le voudrez l'analogie des combinaisons mécaniques, un homme ne choisit pas même un simple outil de bois et de fer, par ce seul motif que c'est en soi ce qu'il y a de mieux. Il se demande s'il possède les conditions qui doivent s'ajouter à cet instrument pour en rendre l'emploi avantageux, et particulièrement si ceux qui doivent s'en servir possèdent le savoir et l'habileté nécessaires pour en tirer parti.

D'un autre côté, ceux qui parlent des institutions comme si elles étaient une sorte d'organismes vivants, ne sont pas non plus en réalité les fatalistes politiques pour lesquels ils se donnent. Ils ne prétendent pas que l'humanité n'ait absolument aucune liberté de choisir le gouvernement sous lequel elle doit vivre ; que la considération des conséquences qui découlent des différentes formes de gouvernement ne soit d'aucun poids dans la détermination de celle qui doit être préférée. Mais quoique les deux écoles, dans leur opposition mutuelle, exagèrent grandement leurs théories respectives et quoique personne ne soutienne ces théories sans modification, les deux doctrines correspondent à une différence très-profonde entre deux manières de penser. Bien qu'évidemment aucune d'elles ne soit tout à fait dans le vrai, néanmoins, comme il est également évident qu'aucune d'elles n'est tout à fait dans le faux, nous devons nous efforcer de pénétrer jusqu'à leurs racines, et faire notre profit de la somme de vérité qui existe dans chacune.

Rappelons-nous donc, en premier lieu que les institutions politiques (quoique cette proposition puisse être quelquefois ignorée) sont l'œuvre des hommes, qu'elles doivent leur origine et toute leur existence à la volonté humaine. Les hommes ne les ont pas trouvées toutes poussées, en s'éveillant un beau matin d'été. Elles ne ressemblent pas davantage aux arbres, qui, une fois plantés, « *croissent toujours* » tandis que les hommes « *dorment.* » Dans chaque période de leur existence, l'action volontaire de l'homme les fait ce qu'elles sont. Donc, comme toutes les choses qui sont faites par les hommes, elles peuvent être ou bien faites ou mal faites; on peut avoir déployé, en les créant, du jugement et de l'habileté ou bien tout le contraire.

Et de plus, si un peuple a omis ou si une oppression extérieure l'a empêché de se donner une constitution par ce procédé expérimental qui est d'appliquer un correctif à tous les maux à mesure qu'ils paraissent, ou bien à mesure que ceux qui en souffrent acquièrent la force d'y résister, ce retard du progrès politique est sans aucun doute un grand désavantage pour le peuple en question ; mais cela ne prouve pas que ce qui a été trouvé bon pour d'autres peuples, ne l'aurait pas été aussi pour lui, et ne le sera pas encore, quand il lui conviendra de l'adopter.

D'un autre côté il faut également se rappeler que le mécanisme politique n'agit pas de lui-même. Tout comme il fut à son origine fait par les hommes, il doit aussi être manié par des hommes, et même par des hommes ordinaires. Il a besoin, non de leur simple acquiescement, mais de leur participation active, et doit être ajusté aux capacités et aux qualités des hommes tels qu'on les trouve. Ceci implique trois conditions : 1° Le peuple auquel on destine une forme de gouvernement doit consentir à l'accepter, ou du moins il ne doit pas s'y refuser, de façon à opposer un obstacle insurmontable à son établissement ; 2° il doit avoir la volonté et la capacité de faire ce qui est nécessaire pour en maintenir l'existence ; 3° il doit avoir la volonté et la capacité de faire ce que cette forme de gouvernement exige de lui et sans quoi elle ne pourrait atteindre son but. [Ici le mot « *faire* » signifie abstention aussi bien qu'action.] Ce peuple doit être capable de remplir les conditions d'action et les conditions de contrainte morale qui sont nécessaires, soit pour maintenir l'existence du gouvernement établi] soit pour lui fournir les moyens d'accomplir ses fins ; l'aptitude d'un gouvernement à cet égard constituant son mérite.

Faute d'une de ces conditions, une forme de gouvernement, quelques belles espérances qu'elle puisse donner d'ailleurs, ne saurait convenir au cas où se rencontre cette lacune.

Le premier obstacle] la répugnance d'un peuple pour une forme particulière de gouvernement, n'a guère besoin d'*illustration*] parce qu'on ne peut jamais l'avoir négligé en théorie. C'est un cas qu'on rencontre tous les jours. La force étrangère pourrait seule décider une tribu d'Indiens de l'Amérique du Nord à se soumettre aux contraintes d'un gouvernement régulier et civilisé. On pourrait dire la même chose, quoique d'une façon moins absolue, des Barbares qui ont parcouru l'empire romain. Il a fallu des siècles entiers et un changement complet de circonstances, pour les former à l'obéissance envers leurs propres chefs eux-mêmes, en dehors du service militaire. Il y a des nations qui ne se soumettront pas de leur plein gré à un autre

gouvernement que celui de certaines familles, qui
ont eu de temps immémorial le privilége de leur
fournir des chefs. Certaines nations ne pourraient,
sans une conquête étrangère, s'accoutumer à supporter une monarchie; d'autres ont la même aversion pour une république; l'obstacle s'élève souvent, pour le temps actuel, jusqu'à l'impraticabilité.

Mais il y a)aussi(des cas dans lesquels, quoique
n'ayant pas d'aversion pour une forme de gouvernement — peut-être même la désirant — un peuple
peut ne pas avoir la volonté ou la capacité d'en
remplir les conditions. Il peut être incapable de
remplir telles de ces conditions qui sont nécessaires
pour maintenir l'existence même nominale de ce
gouvernement. Ainsi, un peuple peut préférer un
gouvernement libre; mais si par indolence, ou par
insouciance, ou par poltronnerie, ou par manque
d'esprit public; il est incapable de faire les efforts
nécessaires pour le garder; s'il ne veut pas se battre
pour son gouvernement, quand celui-ci est directement attaqué; s'il peut être la dupe des artifices
mis en œuvre pour l'en dépouiller; si, dans un moment de découragement, ou dans une panique
temporaire, ou dans un accès d'enthousiasme pour
un individu, il peut être amené à déposer ses libertés aux pieds d'un grand homme, ou bien à lui
confier des pouvoirs qui le rendent capable de renverser les institutions; dans tous les cas que voilà,

ce peuple est plus ou moins impropre à la liberté;
et quoique de l'avoir possédée, même pour peu de
temps, puisse lui avoir fait du bien, il tardera
extraordinairement à en jouir]

[De même, un peuple peut ne pas vouloir ou ne
pas pouvoir accomplir les obligations qu'une forme
particulière de gouvernement lui impose. Un peu-
ple] grossier[bien que sensible jusqu'à un certain
point aux bienfaits d'une société civilisée, peut être
incapable des contraintes qu'elle demande; ses
passions peuvent être trop violentes, ou son orgueil
personnel trop tyrannique pour renoncer aux luttes
privées, et pour abandonner aux lois la vengeance
de ses torts réels ou supposés. En pareil cas, un
gouvernement]civilisé,[pour être réellement avantageux, devra] se montrer despotique à un degré
considérable, ne subir aucun contrôle de la part du
peuple et lui imposer en toute occasion une grande
somme de contrainte légale.

Tel autre peuple, dirons-nous encore, n'est fait
que pour une liberté limitée et partielle, puisqu'il
ne veut pas concourir activement, avec la loi et les
autorités, à la répression des malfaiteurs. Un peuple qui est plus disposé à cacher un criminel qu'à
l'arrêter]; un peuple qui, comme les Hindous, com-
mettra un parjure pour sauver l'homme qui l'a volé,
plutôt que de prendre la peine de déposer contre
lui et de s'attirer par là une vengeance; un peuple

[chez lequel] (comme chez quelques nations de l'Europe et de l'Europe moderne) on passe de l'autre côté de la rue, quand on voit un homme en poignarder un autre sur la voie publique, parce que c'est l'affaire de la police de s'en occuper, et qu'il est plus sûr de ne pas se mêler de ce qui ne vous regarde pas; un peuple enfin qui est révolté par une exécution, mais qui n'est pas choqué par un assassinat, — ce peuple-là a besoin d'autorités répressives, [mieux armées] que partout ailleurs, puisque les premières et les plus indispensables conditions d'une vie civilisée n'ont pas d'autres garanties.

Ce déplorable état de sentiments chez un peuple qui a laissé derrière lui la vie sauvage, est sans aucun doute la conséquence ordinaire d'un mauvais gouvernement antérieur qui a enseigné aux hommes à regarder la loi comme faite pour un autre objet que leur bien, et ses interprètes comme de pires ennemis que ceux qui la violent ouvertement. Mais si peu de blâme que méritent ceux chez lesquels ces manières de penser ont pris naissance, et bien qu'en fin de compte elles [puissent être déracinées par un meilleur gouvernement, néanmoins, tandis qu'elles existent, un peuple ainsi disposé ne saurait être gouverné avec aussi peu de contrainte qu'un peuple dont les sympathies sont du côté de la loi, et qui prêtera volontiers son assistance active à l'exécution de cette loi.]

De même les institutions représentatives sont de peu de valeur et peuvent être un simple instrument de tyrannie ou d'intrigue, lorsque la masse des électeurs ne s'intéresse pas assez à son gouvernement pour voter, ou bien lorsque la plupart des électeurs, au lieu de voter d'après des motifs de bien public, vendent leur voix ou votent à l'instigation de quelque personne influente qu'ils désirent, pour des raisons particulières, se rendre favorable. Ainsi pratiquée, l'élection populaire, au lieu d'être une sécurité contre un mauvais gouvernement, n'est qu'une roue de plus dans sa mécanique.

Outre ces obstacles moraux, les difficultés matérielles sont souvent un empêchement insurmontable aux formes de gouvernement. Dans le monde ancien, quoiqu'il ait pu y avoir et qu'il y ait eu souvent une grande indépendance individuelle, il ne pouvait rien exister comme un gouvernement populaire régulier en dehors des murs d'une ville, d'une cité, parce que les conditions physiques pour la formation et la propagation d'une opinion publique ne se rencontraient que chez ceux qui pouvaient se réunir pour discuter les affaires publiques dans la même *agora*. On croit généralement que cet obstacle a disparu lors de l'adoption du système représentatif. Mais pour le surmonter complétement, il a fallu la presse, et même la presse des journaux, équivalent réel quoique incomplet sous plusieurs rapports, du *Pnyx* et du *Forum*.

Il y a eu des états de sociétés où une monarchie elle-même ne pouvait· subsister sur une grande étendue de territoire, sans se fragmenter inévitablement en petites principautés respectivement indépendantes ou unies par un lien aussi lâche que celui de la féodalité; et cela parce que le mécanisme de l'autorité n'était pas assez parfait pour faire obéir les ordres du gouvernant à une grande distance de sa personne. Le gouvernant n'avait d'autre garantie d'obéissance, même de la part de son armée, que la fidélité volontaire, et le moyen n'existait pas de faire payer au peuple une somme d'impôts, suffisant à entretenir la force nécessaire pour contraindre à l'obéissance tout un vaste territoire. Dans ces divers cas et dans tous les cas semblables, il faut bien comprendre que le force de l'obstacle peut être plus ou moins grande : l'obstacle peut être assez grand pour rendre très-défectueuse l'opération d'un gouvernement, sans en exclure absolument l'existence, ou sans l'empêcher d'être préférable en pratique à tout autre. Cette dernière question repose principalement sur une donnée à laquelle nous ne sommes point arrivés encore : — la tendance des différentes formes de gouvernement à favoriser le progrès.

Nous venons d'examiner les trois conditions fon-

damentales auxquelles les formes de gouvernement
s'adaptent à un peuple. Si les partisans de ce qu'on
peut appeler la théorie politique naturaliste ne veulent qu'insister sur la nécessité de ces trois conditions; s'ils prétendent seulement que nul gouvernement ne peut exister d'une façon permanente, qui
ne remplit pas les deux premières conditions et
même en grande partie la troisième, leur doctrine
ainsi limitée est incontestable. Prétendre en quoi
que ce soit à plus que cela me paraît inadmissible.
Tout ce qu'on nous dit de la nécessité d'institutions
à base historique, en harmonie avec le caractère et
les usages nationaux, etc., signifie ou cela ou rien
du tout. Dans de pareilles phrases, il y a, outre la
somme de sens rationnel qu'elles contiennent, un
mélange considérable de pure sentimentalité. Mais,
au point de vue pratique, ces prétendues qualités
indispensables des institutions politiques, sont simplement autant de facilités pour réaliser les trois
conditions. Quand une institution ou un ensemble
d'institutions a ses voies préparées par les opinions,
les goûts et les habitudes d'un peuple, non-seulement ce peuple sera amené plus aisément à l'accepter, mais, dès le début, il apprendra plus facilement,
et se portera plus volontiers à faire ce qui lui est
demandé, tant pour le salut de l'institution que
pour son développement et sa fécondité la plus
avantageuse. Ce serait une grande faute à un légis-

lateur de ne pas prendre ses mesures de façon à
tirer parti, quand il le peut, d'habitudes et de sentiments préexistants.

D'un autre côté, il y a exagération à transformer
en conditions nécessaires ces choses qui sont simplement un secours et une facilité. Un peuple est
plus aisément amené à faire et fait plus aisément ce
à quoi il est déjà accoutumé ; mais un peuple apprend aussi à faire des choses qui lui sont nouvelles. Être familiarisé avec les choses est d'une grande
assistance ; mais une idée sur laquelle on s'appe-
santit fortement deviendra familière, même quand
elle commence par étonner. Il y a de nombreux
exemples de peuples entiers ardemment portés vers
des choses nouvelles. La dose d'aptitude que possède un peuple à faire de nouvelles choses et à
entrer dans de nouvelles circonstances, est en soi
un des éléments de la question. C'est une qualité
que les différentes nations et les différents âges de
la civilisation n'ont pas, à beaucoup près, au même
degré.

Il n'y a pas de règle absolue pour prononcer sur
l'aptitude d'un peuple donné à remplir les conditions d'une forme donnée de gouvernement. Le
degré de culture du peuple dont il s'agit, la somme
de jugement et de sagacité pratique répandue chez
lui doivent servir de guide. Il y a aussi une autre
considération qu'il ne faut pas perdre de vue : un

peuple peut n!être pas préparé à de bonnes institutions; mais en allumer chez lui le désir, est une
partie nécessaire de la préparation. Recommander
et défendre une institution ou une forme de gouvernement particulière, en montrer les avantages dans
tout leur jour, est un des modes, souvent le seul
mode d'éducation possible pour l'esprit national
qui apprend ainsi, non-seulement à accepter et à
revendiquer, mais encore à manier l'institution.
Quels moyens avaient les patriotes italiens, pendant
la génération actuelle et la précédente, de préparer
le peuple italien à la liberté dans l'unité, si ce n'est
de le pousser à cette revendication. Cependant
ceux qui entreprennent une pareille tâche doivent
être fortement pénétrés, non-seulement des avantages de l'institution ou de la politique qu'ils recom-
mandent, mais aussi des capacités morales, intellectuelles et actives, nécessaires pour la pratiquer,
afin d'éviter, autant que possible, d'éveiller chez un
peuple un désir trop supérieur à ses aptitudes.
Il résulte de ce qu'on vient de dire que, dans les
limites posées par les trois conditions auxquelles on
a si souvent fait allusion, les institutions et les formes de gouvernement sont une affaire de choix.
Rechercher en thèse générale (comme on dit), quelle
est la meilleure forme de gouvernement n'est pas
une chimère, mais un emploi hautement pratique
de l'intelligence scientifique; et introduire dans un

pays les meilleures institutions qui puissent, dans l'état actuel du pays, remplir tolérablement les trois conditions, voilà une des fins les plus rationnelles dont soit susceptible l'effort pratique.

Tout ce qu'on peut dire pour déprécier l'efficacité de la volonté et des vues humaines en matière de gouvernement, on peut le dire aussi bien partout où s'exercent cette volonté et ces vues. En toutes choses, le pouvoir humain est étroitement borné] Il ne peut agir qu'en maniant une ou plusieurs des forces de la nature. Des forces applicables à l'usage désiré doivent donc exister, et elles n'agiront que suivant leurs propres lois. Nous ne pouvons pas faire remonter la rivière vers sa source; mais pour cela nous ne disons pas que les moulins à eau « *ne se font pas, qu'ils poussent.* »[En politique comme en mécanique, il faut chercher *en dehors* du mécanisme la force qui doit faire marcher l'engin, et si cette force ne se rencontre pas ou si elle est insuffisante pour surmonter les obstacles auxquels on peut raisonnablement s'attendre, la combinaison manquera.]

Ceci n'est point une particularité de l'art politique, et revient seulement à dire qu'il est soumis aux mêmes limitations et aux mêmes conditions que tous les autres arts.]

[Ici nous rencontrons une autre]objection[sous la forme nouvelle]que voici : « Les forces dont dépen-

« dent les plus grands phénomènes politiques ne
« sont pas soumises à la direction des hommes d'É-
« tat ou des philosophes. En substance, le gouver-
« nement d'un pays est fixé et déterminé d'avance
« par l'état du pays, quant à la distribution des élé-
« ments du pouvoir social. Le pouvoir le plus fort
« dans une société obtiendra, quel qu'il soit, l'auto-
« rité gouvernante, et un changement dans la cons-
« titution politique ne peut être durable s'il n'est
« précédé ou accompagné d'une nouvelle distribu-
« tion du pouvoir dans la société elle-même. Une
« nation ne peut donc choisir sa forme de gouverne-
« ment. Les purs détails, l'organisation pratique,
« elle peut les choisir ; mais quant à l'essence du
« tout, quant au siége du pouvoir suprême, ce sont
« les circonstances sociales qui en décident pour
« elle. »

Qu'il y ait une portion de vérité dans cette doctrine, je le reconnais tout d'abord ; mais pour en tirer quelque parti, il faut la ramener à une expression distincte et à des limites convenables. Quand
on dit que le pouvoir le plus fort dans une société
deviendra le plus fort dans le gouvernement, que
signifie le mot *pouvoir*? Ce n'est pas la force des
nerfs et des muscles ; autrement la démocratie pure
serait le seul gouvernement qui pût exister.

Ajoutez à la force purement musculaire deux
autres éléments, la richesse et l'intelligence, et

nous sommes plus près de la vérité, mais loin encore
d'y être arrivé. Non-seulement une majorité est
souvent maîtrisée par une minorité, mais encore
la majorité peut être supérieure par la richesse, par
l'intelligence individuelle, et néanmoins obéir de
force ou autrement à une minorité qui lui est inférieure sous ces deux rapports. Pour que ces divers
éléments de pouvoir aient une influence politique,
il faut qu'ils soient organisés; et l'avantage en fait
d'organisation est nécessairement à ceux qui sont
en possession du gouvernement. Un parti bien plus
faible, quant aux autres éléments du pouvoir, peut
l'emporter de beaucoup lorsque les pouvoirs de gouvernement sont jetés dans la balance, et il peut par
cela seul garder longtemps sa prédominance; quoique à vrai dire un gouvernement ainsi basé soit
dans la condition qu'on appelle en mécanique équilibre non stable, comme une chose qui se balance
vers sa plus petite extrémité, et qui, une fois déran-
gée, tend de plus en plus à s'éloigner de son premier
état, au lieu d'y revenir.

Mais il y a des objections plus fortes encore contre cette théorie de gouvernement, dans les termes
où on la présente d'ordinaire. Tout pouvoir qui,
dans une société, tend à se convertir en pouvoir politique, n'est pas un pouvoir à l'état de repos, un
pouvoir purement passif, mais bien un pouvoir
actif; en d'autres termes, un pouvoir qui s'exerce

réellement, c'est-à-dire par cela même une très-petite portion de tout le pouvoir qui existe. En effet,
politiquement parlant, une grande partie de tout
pouvoir consiste dans la volonté. Comment est-il
possible alors de supputer les éléments du pouvoir
politique, tandis que nous omettons dans notre
calcul un élément qui agit sur la volonté. Parce que
ceux qui possèdent le pouvoir dans une société
possèdent le pouvoir politique, il ne faut pas croire
qu'il soit inutile de chercher à influencer la constitution du gouvernement, en agissant sur l'opinion;
ce serait oublier que l'opinion est en elle-même une
des plus grandes forces sociales actives. Une personne avec une croyance est une force sociale égale
à quatre-vingt-dix-neuf autres personnes qui n'ont
que des intérêts. Ceux qui ont réussi à persuader
au public que certaine forme de gouvernement (ou
n'importe quel fait social) mérite d'être préférée,
ceux-là ont presque fait la plus grande chose qu'on
puisse faire, pour gagner à cette forme de gouvernement les pouvoirs de la société. Le jour où le
premier martyr fut lapidé à Jérusalem, tandis que
celui qui devait être l'apôtre des Gentils assistait au
supplice, « *consentant à sa mort,* » quelqu'un aurait-il
supposé que le parti de cet homme lapidé était alors,
et là, le pouvoir le plus considérable dans la société ? L'événement ne l'a-t-il pas démontré ? Et
cela parce que ses croyances étaient les plus puis-

santes de toutes les croyances existant alors. Le
même élément fit d'un moine de Wittemberg, à la
diète de Worms, une force sociale plus puissante
que l'empereur Charles-Quint et que tous les princes
réunis en ce lieu. Mais on nous dira peut-être que
ce sont là des cas où la religion était en jeu, et que
les convictions religieuses ont quelque chose de particulier dans leur force. Prenons alors un cas purement
politique, où la religion, en la supposant le moins
du monde engagée, était surtout du côté perdant.

Si quelqu'un veut être convaincu que la pensée
spéculative est un des principaux éléments du pouvoir social, qu'il se reporte au siècle précédent,
alors qu'il y avait à peine un trône en Europe où
ne fût assis un roi libéral et réformateur, un empereur libéral et réformateur, et, chose plus étrange
que tout le reste, un pape libéral et réformateur :
qu'il se reporte au siècle de Frédéric-le-Grand, de
Catherine II, de Joseph II, de Pierre-Léopold, de
Benoît XIV, de Ganganelli, de Pombal, de d'A-
randa ; une époque où les Bourbons de Naples
eux-mêmes étaient libéraux et réformateurs, et où
tous les esprits actifs parmi la noblesse de France
étaient pleins des idées qui bientôt après devaient
leur coûter si cher. Voilà sûrement qui démontre
d'une façon concluante combien le pouvoir purement physique et économique est loin d'être le
pouvoir social tout entier. Ce n'est par aucun chan-

gement dans la répartition des intérêts matériels,
mais bien par la propagation de croyances morales
que l'esclavage des nègres a pris fin dans l'empire
britannique et ailleurs. Les serfs de Russie devront
leur émancipation, sinon à un sentiment de devoir,
du moins à la naissance d'une opinion plus éclairée sur les véritables intérêts de l'État. C'est ce que
les hommes pensent qui détermine leur manière
d'agir ; et quoique les persuasions et les convictions de la moyenne des hommes soient déterminées
plutôt par leur position personnelle que par la raison, ce n'est pas peu de chose que le pouvoir
exercé sur eux par les persuasions et les convictions des personnages d'une classe différente et de
plus par l'autorité unanime des gens instruits.
Aussi, lorsque la plupart des gens instruits peuvent
être amenés à reconnaître un arrangement social
ou une institution politique pour salutaire, et une
autre pour mauvaise, l'une pour désirable, l'autre
pour condamnable, on a fait beaucoup pour donner à l'une et retirer à l'autre cette prépondérance
de force sociale qui la fait vivre. La maxime que
le gouvernement d'un peuple est ce que l'obligent
à être les forces sociales existant chez ce peuple,
cette maxime est vraie, dans le sens seulement où
elle favorise au lieu de décourager les tentatives pour
faire un choix rationnel parmi les formes de gouvernement praticables dans l'état actuel de la société.

CHAPITRE II

DU CRITERIUM D'UNE BONNE FORME DE GOUVERNEMENT.

La forme de gouvernement d'un pays donné, étant (dans les limites de certaines conditions déterminées) une affaire de choix, il faut maintenant rechercher par quoi ce choix doit être dirigé, quels sont les caractères distinctifs de la forme de gouvernement la plus apte à favoriser les intérêts d'une société donnée.

Avant de commencer cette recherche, il peut paraître nécessaire de décider quelles sont les fonctions propres du gouvernement ; car le gouvernement étant purement et simplement un moyen, le choix du moyen doit dépendre de la manière dont il s'approprie à la fin voulue. Mais cette façon de poser le problème n'en facilite pas l'étude autant qu'on pourrait le croire, et même ne met pas en lumière l'ensemble de la question. Car d'abord les fonctions propres d'un gouvernement ne sont pas une chose invariable, mais une chose qui diffère suivant les différents états de société, une chose beaucoup plus vaste chez un peuple arriéré que chez un peuple avancé. Ensuite, le caractère d'un gouvernement ou d'un ensemble d'institutions politiques ne peut être suffisamment apprécié, si nous nous bornons à examiner la sphère légitime des fonctions gouvernementales. Car, quoique les bienfaits d'un gouvernement soient nécessairement circonscrits dans cette sphère, il n'en est malheureusement pas de même de ses mauvais effets. Tous les maux de toutes sortes et de tous degrés que l'humanité est susceptible de souffrir, peuvent lui venir par le fait de son gouvernement; et l'homme ne peut retirer de l'existence sociale aucun des avantages qu'elle comporte, si le gouvernement ne s'y prête et n'y consent.

Pour ne rien dire des effets indirects, l'intervention directe des autorités publiques peut embrasser toute l'existence humaine; et l'influence du gouvernement sur le bien-être de la société doit être examinée et appréciée dans son rapport, non pas avec quelques intérêts, mais avec l'ensemble des intérêts de l'humanité.

Nous trouvant obligés ainsi d'avoir sous les yeux, comme pierre de touche d'un bon et d'un mauvais gouvernement, un objet aussi complexe que les intérêts collectifs de la société, nous essaierons volontiers de classer ces intérêts par groupes déterminés, indiquant par là les qualités nécessaires à un gouvernement pour favoriser chacun de ces divers intérêts. Ce serait une grande facilité si nous pouvions dire : le bien de la société consiste dans tels et tels éléments, celui-ci veut telle condition, celui-là telle autre, donc le gouvernement qui réunit toutes ces conditions au plus haut degré doit être le meilleur. On construirait ainsi la théorie du gouvernement avec les théorèmes distincts des éléments qui composent un bon état de société.

Malheureusement, énumérer et classer ce qui constitue le bien-être social, de manière à admettre la formation de pareils théorèmes, n'est pas chose facile. Presque tous ceux qui, pendant la génération actuelle et la précédente, ont étudié la philosophie politique avec des vues un peu étendues, ont senti l'importance d'une pareille classification. Mais les tentatives qu'on a faites pour y arriver se sont arrêtées jusqu'à présent, autant que je sache, au premier pas. La classification commence et finit par une division des besoins de la société entre les deux chefs d'ordre et de progrès (suivant la phraséologie des penseurs français), de permanence et de progression, suivant Coleridge. Cette division est plausible et séduisante par le contraste, bien décidé en apparence, qu'offrent ces deux chefs, et par la différence remarquable des sentiments auxquels ils font appel. Mais je crains que (quoique très-admissible dans la conversation) la distinction entre l'ordre ou permanence et le progrès, ne soit inexacte et peu scientifique, si on l'emploie pour déterminer les qualités nécessaires à un gouvernement.

Car, d'abord, qu'est-ce que l'ordre et qu'est-ce que le progrès? A l'égard du progrès, il n'y a nulle difficulté, ou nulle du moins qui saute aux yeux. Quand on parle du progrès comme de l'un des besoins de la société humaine, on peut entendre par progrès, amélioration. C'est une idée tolérablement distincte. Mais qu'est-ce que l'ordre? Ce mot signifie une portion, tantôt plus grande, tantôt moindre, des choses nécessaires à la société, en dehors de l'amélioration; mais il ne résume presque jamais l'ensemble de ces choses.

Dans son acception la plus étroite, ordre signifie obéissance. On dit d'un gouvernement qu'il maintient l'ordre, s'il réussit à se faire obéir. Mais il y a différents degrés d'obéissance, et tous ne sont pas louables. Un pur despotisme peut seul exiger des individus une obéissance sans réserve à toutes les ordonnances de ceux qui possèdent le pouvoir Nous devons au moins borner la définition à celles de ces ordonnances qui sont générales et publiées sous forme expresse de lois. L'ordre, ainsi compris, est sans aucun doute un attribut indispensable du gouvernement. A proprement parler, un pouvoir qui ne sait pas faire obéir ses ordonnan-

ces, ne gouverne pas. Mais l'ordre, quoiqu'il soit
une condition nécessaire du gouvernement, n'est
pas la fin pour laquelle il a été créé. Un gouvernement doit se faire obéir, afin de pouvoir atteindre
quelque autre but. Il nous reste encore à rechercher quel est, abstraction faite de l'idée d'amélioration, cet autre but vers lequel doit tendre le
gouvernement en toute société, qu'elle soit station-
naire ou progressive.

Dans un sens un peu plus étendu, le mot *ordre*
signifie que la paix publique n'est plus troublée par
aucune violence privée. On dit que l'ordre existe
là où, en règle générale, les habitants du pays ont
cessé de vider leurs querelles à main armée, et ont
pris l'habitude de s'en rapporter au gouvernement
pour la décision de leurs disputes et la réparation
de leurs torts. Mais, dans cette acception plus vaste
du mot comme dans la précédente, l'ordre est plutôt une des conditions nécessaires du gouvernement, qu'il n'est sa fin ou bien le criterium de son
excellence. Car l'habitude de se soumettre au gouvernement et d'en référer à l'autorité dans toute
discussion peut être très-enracinée, et néanmoins
la manière dont le gouvernement traite les sujets
de discussion et toutes les autres choses dont il
s'occupe, peut varier entre ce qu'il y a de mieux au
monde et ce qu'il y a de pire.

Si nous voulons comprendre dans l'idée d'or-

dre tout ce que la société exige de son gouvernement, qui n'est pas contenu dans l'idée de progrès,
il nous faut définir l'ordre comme le conservateur
des biens de toute sorte et de toute importance
qui existent déjà, et le progrès comme consistant
dans un accroissement de tous ces biens. Cette
distinction comprend, dans l'une et l'autre section, tout ce qu'on demande à un gouvernement
de favoriser. Mais ainsi établie on n'y trouve pas la
base d'une philosophie de gouvernement. Nous ne
pouvons pas dire qu'en constituant une politique,
il faut prendre certaines mesures en vue de l'ordre
et certaines autres en vue du progrès, puisque dans
le sens qu'on vient d'indiquer, les conditions de
l'ordre et du progrès sont non point opposées
mais semblables. En effet, les influences tendant à
maintenir le bien social qui existe déjà, sont absolument les mêmes que celles qui tendent à l'accroître, et *vice versa*, avec cette seule différence qu'elles
doivent être plus puissantes dans le deuxième cas
que dans le premier.

Par exemple, quelles sont les qualités individuelles qui, chez les citoyens, tendent le plus à entretenir la dose de bonne conduite, de bonne
administration, de succès et de prospérité qui
existe déjà dans la société? Tout le monde recon-
naîtra que ces qualités sont le travail, l'intégrité,
la justice et la prudence. Mais est-ce que ce ne

sont pas là, entre toutes les qualités, celles qui mènent le plus directement au progrès ? t, est-ce que tout accroissement de ces vertus dans la communauté n'est pas en soi le plus grand des progrès ? S'il en est ainsi, les qualités quelles qu'elles soient qui, chez le gouvernement, favorisent le travail, l'intégrité, la justice et la prudence, favorisent également la permanence et le progrès : seulement il faut une plus forte dose de ces qualités pour rendre la société progressive que pour la maintenir au point où elle est arrivée.

De même, quels sont les attributs particuliers qui, chez les êtres humains, semblent avoir tout spécialement rapport au progrès et qui ne suggèrent pas aussi directement les idées d'ordre et de conservation ? Ce sont surtout l'activité intellectuelle, l'esprit d'entreprise, le courage.

Mais est-ce que ces qualités ne sont pas tout aussi nécessaires pour conserver le bien que nous avons déjà, que pour y ajouter ? S'il y a quelque chose de certain au monde, c'est que les mêmes forces qui ont fait nos plus précieuses acquisitions sont absolument indispensables pour les garder. Les choses abandonnées à elles-mêmes dépérissent inévitablement. Ceux que le succès porte à se relâcher de leurs habitudes de soin et de prévoyance, et de leur empressement à affronter les ennuis, ne voient guère leur bonne fortune se maintenir longtemps à son apogée. L'attribut intellectuel qui semble exclusivement consacré au progrès et qui renferme au plus haut point toutes les tendances progressives, c'est l'*originalité* ou l'*invention*. Cependant, cette faculté n'est pas moins nécessaire pour la permanence, puisque dans les changements inévitables des affaires humaines il se présente, à chaque instant, de nouveaux inconvénients et de nouveaux dangers, auxquels il faut parer par de nouvelles ressources et de nouvelles combinaisons, simplement pour maintenir les choses sur un aussi bon pied qu'auparavant. C'est pourquoi toutes les qualités qui, chez un gouvernement, tendent à encourager l'activité, l'énergie, le courage, l'originalité, sont des conditions de permanence aussi bien que de progrès; mais généralement il faut une plus forte dose de ces qualités dans le deuxième cas que dans le premier.

Si nous passons maintenant des conditions intellectuelles aux conditions matérielles de la société, il est impossible de trouver une combinaison politique ou un arrangement des affaires sociales, qui conduise à l'ordre seulement ou au progrès seulement; tout ce qui tend à l'un favorise les deux. Prenez, par exemple, l'institution ordinaire d'une police : l'ordre est l'objet qui semble le plus intéressé à la manière dont fonctionne cette partie de l'organisation sociale. Cependant, si la police réussit à favoriser l'ordre; c'est-à-dire si elle réprime le méfait de façon à ce que chacun sente sa personne et sa propriété en sûreté, peut-il y avoir quelque chose qui mène plus directement au progrès? La sécurité plus grande de la propriété est une des conditions et des causes principales d'une production plus grande, ce qui est le progrès sous son aspect le plus vulgaire et le plus familier; la répression plus sévère du mal réprime les dispositions qui portent au mal, et ceci est le progrès dans un sens plus élevé. L'individu, délivré des soins et des inquiétudes dont il est assailli sous un régime de protection imparfaite, est libre d'employer ses facultés à quelque nouvel effort pour améliorer son nouvel état et celui des autres, tandis que la même cause, en l'attachant à l'existence sociale, en l'empêchant désormais de regarder son prochain comme un ennemi présent ou futur, développe ces sentiments de bienveillance, de confraternité, et cet intérêt pour le bien-être général de la communauté, qui forment une portion si importante du progrès social.

Prenez encore un cas aussi familier que celui d'un bon système d'impôts et de finances. On classerait généralement ceci sous le chef de l'ordre. Néanmoins, qu'est-ce qui peut mener plus directement au progrès? Un système de finances qui favorise l'un des deux conduit à l'autre précisément

par les mêmes qualités. L'économie par exemple
est un moyen non-seulement de conserver le capital
de la richesse publique, mais de l'augmenter.

Une juste répartition des charges, en offrant à
tous les citoyens un exemple de moralité et de conscience dans des arrangements difficiles, et une
preuve de l'importance qu'attachent à ces qualités
les autorités les plus hautes, tend éminemment à
élever les sentiments moraux de la communauté,
sous le double rapport de la force et du discernement. Une manière de lever les taxes qui n'empêche
pas le travail du citoyen et qui ne vient pas gêner
sans nécessité sa liberté, favorise non-seulement la
conservation mais l'accroissement de la richesse publique, et encourage un exercice plus actif des facultés individuelles. Et *vice versa* : toutes les erreurs
qui, en fait de finances et d'impôts, mettent obstacle à l'amélioration du peuple sous le rapport de
la richesse et de la morale, tendent de même, si elles
sont véritablement graves, à appauvrir et à démo-
raliser positivement ce peuple. En somme, cela re-
vier t à dire d'une façon générale que lorsque les
mots d'ordre et de permanence sont pris dans leur
sens le plus étendu, lorsqu'ils signifient la stabilité
des avantages existants, les conditions du progrès ne
sont autres que celles de l'ordre, à un degré plus
grand ; les conditions de la permanence sont simplement celles du progrès dans une mesure moindre.

A l'appui de ce principe que l'ordre diffère essentiellement du progrès et que la conservation du bien
existant et l'acquisition d'un bien nouveau sont
choses suffisamment distinctes pour fournir la base
d'une classification fondamentale, on va peut-être
nous rappeler que le progrès peut se produire aux
dépens de l'ordre ; que pendant que nous acquérons
ou que nous cherchons à acquérir un bien d'une
espèce donnée, nous perdons peut-être du terrain
par rapport à d'autres biens ; que par exemple la
richesse peut être en progrès, tandis que la vertu
se détériore. En admettant cela, il en ressort, non
point que le progrès et la permanence sont choses
de genres totalement différents, mais que la richesse et la vertu sont deux choses différentes. Le
progrès, c'est la permanence et quelque chose de
plus. Ce n'est pas nous répondre que de dire : le
progrès en une chose n'implique pas la permanence
en toutes choses. Tout progrès sur un point donné
comprend la permanence sur ce même point : toutes
les fois qu'on sacrifie la permanence à une espèce
particulière de progrès, on lui sacrifie encore davantage un autre progrès : et si le sacrifice ne va-
lait pas la peine d'être fait, non-seulement on a
négligé l'intérêt de la permanence, mais on s'est
abusé sur l'intérêt général du progrès.

Si pour donner un commencement de précision
scientifique à la notion d'un bon gouvernement,

l'on doit se servir de ces idées mises à tort en contraste, il serait plus philosophiquement correct de laisser en dehors de la définition le mot *ordre*, et de dire que le meilleur gouvernement est celui qui a le plus de tendance vers le progrès. Car le progrès comprend l'ordre, mais l'ordre ne comprend pas le progrès. Le progrès est un degré plus grand de la chose dont l'ordre est un moindre degré. L'ordre, dans tout autre sens, représente seulement une partie des qualités voulues d'un bon gouvernement : il n'en est pas le type ni l'essence. La place de l'ordre serait plutôt parmi les conditions du progrès, puisque si nous voulons augmenter notre somme de bien, la première chose à faire est de prendre un soin convenable de ce que nous possédons déjà. Si nous voulons acquérir plus de richesses, notre première règle doit être de ne pas dissiper inutilement nos capitaux actuels. Ainsi envisagé, l'ordre n'est pas un objet de plus à concilier avec le progrès, mais une partie et un moyen du progrès lui-même. Si ce qu'on gagne sur un point est acheté au prix d'une perte plus qu'équivalente sur ce même point ou sur un autre, il n'y a pas progrès. L'aptitude du progrès ainsi comprise renferme tout le mérite d'un gouvernement.

Mais cette définition du criterium d'un bon gouvernement, quoique soutenable métaphysiquement, ne saurait convenir, parce que, bien qu'elle con-

tienne toute la vérité, elle n'en rappelle à l'esprit
qu'une partie. L'idée que suggère le mot de progrès,
est une idée d'avancement, tandis que de la façon
dont nous l'employons ici, il veut tout aussi bien
dire un empêchement à reculer. Les mêmes causes
sociales, les mêmes croyances, les mêmes sentiments, les mêmes institutions et les mêmes pratiques, sont aussi nécessaires pour empêcher la société de rétrograder que pour la faire avancer.
Quand il n'y aurait aucune amélioration à espérer,
la vie n'en serait pas moins une lutte incessante
contre les causes de détérioration, comme elle l'est
aujourd'hui même. La politique telle que la conce-
vaient les anciens, consistait uniquement en ceci:
« La tendance naturelle des hommes et de leurs
« œuvres était de dégénérer; mais pourtant il était
« possible de neutraliser cette tendance durant un
« laps de temps indéfini, au moyen de bonnes ins-
« titutions vertueusement administrées.» Quoique
nous ne soyons plus maintenant de cette opinion,
quoique aujourd'hui la plupart des hommes professent une doctrine contraire et croient qu'en somme
la tendance des choses est vers le progrès, nous ne
devrions point oublier que toutes les folies, tous
les vices, toutes les négligences, toute l'indolence,
toute la nonchalance de l'humanité constituent une
force qui sans cesse entraîne à mal les affaires humaines, et que l'unique contrepoids de cette force,

ce qui seul l'empêche d'emporter tout à sa suite, c'est qu'il y a une classe d'hommes dont les efforts tendent (chez les uns constamment, chez les autres de temps en temps) vers un but utile et élevé. Supposer que l'unique valeur de ces efforts consiste dans la dose d'amélioration actuelle qu'ils opèrent, et que si on les cessait il en résulterait simplement la persistance de l'état où nous sommes, c'est avoir une idée très-imparfaite de l'importance des efforts dont l'objet est d'améliorer et d'élever la nature et la vie humaine. Une très-petite diminution de ces efforts, non-seulement arrêterait net le progrès, mais tournerait la tendance générale des choses vers la détérioration, laquelle une fois commencée marcherait avec une rapidité toujours croissante et deviendrait de plus en plus difficile à empêcher, jusqu'à ce qu'elle fût arrivée à cet état souvent décrit par l'histoire et dans lequel rampe aujourd'hui encore une nombreuse portion de l'humanité, à cet état où un pouvoir surhumain semble presque seul capable de changer le mouvement des choses, et de les remettre de nouveau dans une voie progressive.

Pour toutes ces raisons le mot progrès est aussi impropre que les termes ordre et permanence, à devenir la base d'une classification des qualités nécessaires à une forme de gouvernement. L'antithèse fondamentale qu'expriment ces mots, ne repose pas tant sur les choses elles-mêmes, que sur les

types de caractère humain qui y correspondent. Il
y a, nous le savons, certains esprits chez lesquels
c'est la prudence qui domine, et d'autres chez lesquels c'est la hardiesse. Pour les uns, le soin et la
garde de ce qu'ils possèdent déjà, est un sentiment
plus puissant que celui qui pousse aux jouissances
nouvelles, aux acquisitions nouvelles ; tandis que
d'autres penchent du côté contraire, et sont plus
désireux du bien futur que soigneux du bien présent. Dans les deux cas, la route qui mène au but
est la même ; mais les hommes sont sujets à s'en
écarter dans des directions opposées. Cette considération est importante, lorsqu'il s'agit de composer le personnel d'un corps politique. Les deux
genres de caractères doivent s'y rencontrer, afin de
pouvoir tempérer l'un l'autre leurs tendances, en ce
qu'elles ont d'excessif. Il n'est pas nécessaire de
prendre aucune précaution expresse pour assurer
cet objet ; il suffit qu'on ait soin de ne rien admettre
qui y fasse obstacle. Le mélange naturel et spontané de la vieillesse et de la jeunesse, de ceux dont
la fortune et la réputation sont faites, et de ceux
qui ont encore à faire l'une et l'autre, suffira généralement pour atteindre le but, à condition que cet
équilibre naturel ne soit pas troublé par un règle-
ment artificiel.

Puisque la distinction qui sert généralement à
classer les besoins de la société ne possède pas les

qualités voulues pour cet usage, il nous faut chercher quelque autre distinction première, mieux
appropriée à l'objet qu'on a en vue. Une pareille
distinction me semblerait être indiquée par les considérations auxquelles je passe actuellement.

Si nous recherchons les principes et les conditions d'un bon gouvernement dans tous les sens du
mot, depuis le plus humble jusqu'au plus élevé,
nous trouvons en première ligne les qualités des
humains qui composent la société sur laquelle
s'exerce le gouvernement. Nous pouvons prendre
comme premier exemple l'administration de la justice, et cela d'autant mieux, qu'il n'y a pas une
branche des affaires publiques où le mécanisme
pur, les règles et les combinaisons qui dirigent les
détails de l'opération, soient d'une importance aussi
vitale. Cependant, ce qui importe encore davantage, ce sont les qualités des agents humains employés. A quoi sert-il qu'en fait de justice criminelle
les formalités soient des garanties, si la condition
morale du peuple est telle que les témoins mentent
pour la plupart, et que les juges et les autres magistrats se laissent corrompre? De même, comment
des institutions peuvent-elles procurer une bonne
administration municipale, là où on traite ce sujet
avec une telle indifférence, que les hommes qui
pourraient administrer avec honnêteté et capacité
refusent de le faire, et en abandonnent le soin à

ceux qui s'en chargent parce qu'ils y ont un intérêt?
A quoi sert le système représentatif le plus franche-
ment populaire, si les électeurs ne se soucient pas
de choisir le meilleur membre du parlement, mais
choisissent celui qui dépensera le plus d'argent
pour se faire élire? Comment une assemblée représentative peut-elle travailler au bien public, lorsque
ses membres peuvent être achetés, ou lorsque l'irritabilité de leur tempérament que ne modère ni la
discipline publique ni leur empire sur eux-mêmes,
est telle qu'elle les rend incapables d'une délibération calme, et les pousse à en venir aux voies
de fait dans la chambre même, ou bien à des duels?
Comment le gouvernement (ou toute autre entreprise) peut-il être conduit d'une manière tolérable,
chez un peuple si envieux que lorsqu'un homme
paraît sur le point de réussir à quelque chose, ceux
qui devraient y coopérer avec lui, s'entendent taci-
tement pour le faire échouer.

Partout où la disposition générale du peuple est
telle que chaque individu regarde seulement ceux
de ses intérêts qui sont personnels et ne s'appesan-
tit pas sur sa part des intérêts généraux ou ne s'en
inquiète pas, sous un pareil état de choses un bon
gouvernement est impossible. Il n'y a pas besoin
d'*illustration* pour prouver que le manque d'intelligence est un obstacle à la marche d'un bon gouvernement. Le gouvernement consiste en des actes

faits par des êtres humains : or, si les agents, ou ceux qui choisissent les agents, ou ceux envers lesquels les agents sont responsables, ou les spectateurs dont l'opinion devrait influer et peser sur tout cela, sont simplement des masses d'ignorance, de stupidité, de préjugé malheureux, toutes les opérations du gouvernement iront de travers ; tandis qu'à mesure que les hommes s'élèveront au-dessus de ce niveau, le gouvernement s'élèvera de son côté vers ce degré d'excellence possible à atteindre, quoiqu'on ne l'ait encore atteint nulle part, où les fonctionnaires du gouvernement doués eux-mêmes d'une vertu et d'une intelligence supérieures, respirent l'atmosphère d'une opinion publique vertueuse et éclairée.

Donc, le premier élément de bon gouvernement étant la vertu et l'intelligence des êtres humains qui composent la communauté, le mérite le plus important que puisse posséder un gouvernement, c'est de développer la vertu et l'intelligence du peuple lui-même. La première question à l'égard de toute institution politique, est de savoir jusqu'à quel point elle tend à développer chez les membres de la communauté les différentes qualités, morales ou intellectuelles, ou plutôt (suivant la classification plus complète de Bentham) les qualités morales, intellectuelles et actives. Le gouvernement qui remplit le mieux cette condition, est apparemment le meilleur sous tous les autres rapports, puisque de ces qualités dans la proportion où elles existent chez le peuple, dépend absolument le bien que peut faire le gouvernement dans ses opérations pratiques.

Nous pouvons donc regarder comme un criterium de ce que vaut un gouvernement, la *mesure dans laquelle* il tend à accroître la dose de bonnes qualités des gouvernés, collectivement et individuellement; puisque, sans parler de leur bien-être qui est l'objet principal du gouvernement, leurs bonnes qualités fournissent la force motrice qui fait marcher la machine. Reste alors, comme autre élément constitutif du mérite d'un gouvernement, la qualité du mécanisme lui même, c'est-à-dire la mesure dans laquelle ce mécanisme est combiné de manière à tirer parti des bonnes qualités existantes et à s'en servir dans un but utile. Prenons encore l'administration de la justice, comme exemple et comme *illustration*. Le système judiciaire étant donné, le mérite de l'administration de la justice est en raison composée de ce que valent les juges, et de ce que vaut l'opinion publique qui les influence ou les contrôle. Mais toute la différence entre un bon et un mauvais système judiciaire repose sur les combinaisons adoptées pour amener tout ce qu'il y a dans la communauté de valeur morale et intellectuelle, à peser sur l'administration de la justice, de façon à la rendre dûment efficace dans ses résultats.

Les arrangements pris pour choisir les juges de telle façon qu'on obtienne la plus haute moyenne de vertu et d'intelligence — les formes salutaires de procédure — la publicité qui permet de relever et de critiquer tout abus — la liberté de discussion et de censure au moyen de la presse — la manière de recueillir les preuves, suivant qu'elle est plus ou moins propre à faire luire la vérité — les facilités de toutes sortes pour obtenir accès auprès des tribunaux — les moyens adoptés pour découvrir les crimes et arrêter les malfaiteurs — toutes ces choses ne sont pas le pouvoir, mais le mécanisme qui met le pouvoir en contact avec l'obstacle ; et le mécanisme par lui-même n'a aucune action, mais sans lui le pouvoir, si grand qu'on puisse le supposer, serait désarmé et inutile.

Cette distinction s'applique aussi bien à l'*exécutif* qu'au *judiciaire*. Le mécanisme est bon lorsque les qualités voulues chez les fonctionnaires sont soumises aux épreuves convenables — lorsque la besogne est convenablement répartie entre ceux qui doivent la traiter, lorsqu'on la traite dans un ordre méthodique et convenable, et qu'on tient note d'une façon correcte et intelligible de la manière dont elle a été traitée, — lorsque chaque individu sait de quoi il est responsable, et que les autres le savent également — lorsque enfin on a pris les meilleures précautions contre la négligence, le favoritisme ou la malversation.

Mais les freins politiques n'agiront pas plus d'eux-mêmes qu'une bride ne dirigera un cheval sans un cavalier. Si les fonctionnaires qui doivent empêcher le mal sont aussi corrompus et aussi négligents que ceux qu'ils devraient réprimer, et si le public, le ressort principal de tout le mécanisme réprimant, est trop ignorant, trop passif ou trop insouciant et inattentif pour jouer son rôle, on retirera peu de profit du meilleur appareil administratif. Cependant, un bon appareil est toujours préférable à un mauvais. Avec un bon appareil, la force motrice ou réprimante qui existe peut porter les meilleurs fruits, et sans cela nulle dose de force motrice ou réprimante ne serait suffisante. Par exemple la publicité n'est pas un obstacle au mal ni un stimulant au bien, si le public ne veut pas regarder ce qui se passe; mais sans publicité comment pourrait-il empêcher ou encourager ce qu'on ne lui permettrait pas de voir? L'idéal de la constitution parfaite, pour une fonction publique, c'est que l'intérêt du fonctionnaire coïncide avec son devoir. On n'arrivera pas là simplement par un système, mais on y arrivera encore bien moins sans un système habilement préparé à cet effet.

Ce que nous avons dit des détails de l'administration du gourvernement, on peut le dire avec encore plus d'évidence de sa constitution générale. Tout gouvernement qui vise à être bon, est une organisation des bonnes qualités existant dans la communauté pour la conduite de ses affaires. Une constitution représentative est un moyen d'amener l'intelligence et l'honnêteté répandues dans la communauté, ainsi que l'entendement et la vertu supérieurs des individus les plus sages, à peser plus directement sur le gouvernement : c'est une manière de leur donner plus d'influence dans le gouvernement, qu'ils n'en auraient avec un autre mode d'organisation. A vrai dire, ce qui existe là d'influence, quelle qu'en soit l'organisation, est la source de tout le bien qu'il y a dans le gouvernement, et l'obstacle à tout le mal qui n'y est pas. Plus est considérable la somme de ces bonnes qualités que les institutions d'un pays réussissent à organiser; et meilleur est le mode d'organisation, meilleur sera le gouvernement.

Nous voilà donc arrivés à un point de vue d'où l'on aperçoit le double mérite dont est susceptible tout ensemble d'institutions politiques. L'un consiste dans la manière dont les institutions favorisent le progrès intellectuel de la communauté (entendant par là le progrès de la communauté en intelligence, en vertu, en activité et en puissance pratique), l'autre consiste dans la perfection avec laquelle les institutions organisent la valeur morale, intellectuelle et active qui existe déjà, de façon à lui donner le plus d'action possible sur les affaires publiques. On doit juger un gourvernement par son action sur les choses, par ce qu'il fait des citoyens et par ce qu'il fait avec eux, par sa tendance à améliorer ou à détériorer les hommes eux-mêmes, et par le mérite ou le vice des œuvres qu'il accomplit, soit pour eux, soit avec eux.

Le gouvernement est à la fois une grande influence agissant sur l'esprit humain, et un ensemble de combinaisons organisées pour les affaires publiques. Dans le premier cas, son action bienfaisante est éminemment indirecte quoi qu'elle n'en soit pas moins vitale, tandis que son action nuisible peut être directe.

La différence entre ces deux fonctions d'un gouvernement n'est pas comme entre l'ordre et le progrès, une différence simplement en degré, mais en genre. Nous ne devons point supposer pourtant qu'elles n'aient point de rapports intimes. Les institutions qui assurent la meilleure direction des affaires publiques compatible avec l'état des lumières, tendent par cela seul à l'amélioration de cet état. Un peuple qui aurait les lois les plus justes, la judicature la plus honnête et la plus active, l'administration la plus éclairée, le système de finances le plus équitable et le moins onéreux qu'il soit possible d'avoir, au degré de progrès moral et intellectuel où il est parvenu; ce peuple serait en beau chemin d'atteindre rapidement un progrès supérieur, et les institutions publiques ne sauraient contribuer. plus efficacement à l'amélioration du peuple qu'en s'acquittant de ce qui est leur besogne la plus directe. Si au contraire, leur mécanisme est si mal construit qu'elles exécutent mal leur besogne, les effets s'en font sentir de mille façons : en abaissant la moralité, en émoussant l'intelligence et l'activité du peuple. Mais la distinction est néanmoins réelle, parce que cette circonstance d'un mécanisme bon ou mauvais est un des moyens seulement par lesquels les institutions politiques améliorent ou détériorent l'esprit humain ; les causes et les modes de cette influence, bienfaisante ou nuisible, des gouvernements, restent un sujet d'étude distinct et beaucoup plus étendu.

Entre les deux modes d'opérations par lesquels une forme de gouvernement, ou un ensemble d'institutions politiques, touche au bien-être d'une communauté, à savoir — son opération comme agent d'éducation nationale, et ses mécanismes pour diriger les affaires collectives de la communauté où elle se trouve, — il est évident que le second mode varie beaucoup moins que le premier, selon les différents pays et les différents degrés de civilisation. Il dépend aussi beaucoup moins directement de la constitution fondamentale du gouvernement. La manière de diriger la besogne pratique du gouvernement, qui est la meilleure dans un pays libre,

serait aussi la meilleure sous un monarque absolu ;
seulement, il est moins probable que ce dernier
l'emploie. Par exemple, les lois qui régissent la
propriété, les principes de procédure et de preuves
judiciaires, le système d'impôt et d'administration
financière, n'ont pas absolument besoin d'être différents sous différentes formes de gouvernement.
Chacune de ces matières a des principes et des règles à elles propres, qui sont un sujet d'étude séparé. La jurisprudence générale, la législation civile
et pénale, la politique financière et commerciale,
sont en elles-mêmes des sciences ou plutôt des
membres séparés de la science (ou art) si vaste du
gouvernement, et les doctrines les plus lumineuses
sur tous ces sujets seraient en général également
utiles sous tous les gouvernements, si tous étaient
capables de les comprendre et de s'y conformer, ce
qui n'est guère probable. Il est vrai que ces doctrines ne peuvent pas être appliquées sans quelques
modifications à tous les états de la société et de
l'esprit humain ; néanmoins, le plus grand nombre
d'entre elles ne demanderaient que des modifications de détail, afin de pouvoir s'adapter à tout état
de société suffisamment avancé pour avoir des
gouvernants capables de les comprendre. Un gouvernement auquel elles ne sauraient nullement
convenir doit être un gouvernement si mauvais en
lui-même, ou si opposé au sentiment public, qu'il

ne peut se maintenir par des moyens honnêtes.

Il en est tout autrement pour cette portion des intérêts de la communauté qui a rapport à l'éducation meilleure ou pire du peuple lui-même. Considérées comme instruments de cette éducation, les institutions doivent être radicalement différentes, suivant le degré de progrès qu'un peuple a atteint. La reconnaissance de cette vérité, quoique la pratique lui rende hommage plutôt que la science, peut être regardée comme le grand trait de supériorité des théories politiques du siècle actuel sur les théories du siècle dernier : on avait coutume alors de réclamer, pour la France ou l'Angleterre, la démocratie représentative d'après desarguments qui auraient tout aussi bien prouvé que c'était le seul gouvernement convenable pour les Bédouins ou les Malais. L'état des différentes communantés, en fait de culture et de développement, descend jusqu'à une condition très-peu supérieure à celle des bêtes les plus intelligentes. Le mouvement d'ascension est, lui aussi, considérable et la possibilité d'amélioration future beaucoup plus grande. Une communauté ne peut monter d'un de ces degrés au degré supérieur que par un concours d'influences dont la principale est celle du gouvernement auquel elle est soumise. A tous les degrés imaginables de progrès, la nature et la somme de l'autorité exercée sur les individus, la distribution du pouvoir

et les conditions de commandement et d'obéissance
sont les plus considérables des influences, à l'exception toutefois des croyances religieuses, qui font
des humains ce qu'ils sont, et qui les rendent capables de devenir tout ce qu'ils peuvent être. Un gouvernement qui s'adapte mal au degré de civilisation
dont jouit un peuple donné, peut arrêter court le
progrès de ce peuple. Et le mérite indispensable
d'un gouvernement, celui en faveur duquel on peut
lui pardonner d'ailleurs presque tout, c'est qu'il se
prête ou qu'il ne s'oppose pas à ce que le peuple
franchisse le pas qui le sépare d'un degré de progrès supérieur.

Ainsi (pour revenir à un exemple dont je me suis
déjà servi) un peuple dans un état d'indépendance
sauvage, où chaque homme vit pour lui-même,
exempt la plupart du temps de tout contrôle extérieur, ce peuple est incapable en pratique d'aucun
progrès dans la civilisation, jusqu'à ce qu'il ait appris à obéir : ainsi, la qualité indispensable à un
gouvernement qui s'établit sur un pareil peuple,
c'est de savoir se faire obéir. Pour en arriver là, la
constitution du gouvernement doit être presque ou
tout à fait despotique. Une constitution populaire
à un degré quelconque, dépendant d'un abandon
volontaire par les membres de la communauté de
leur liberté individuelle d'action, serait incapable
d'imposer le premier principe nécessaire aux pupil-

les dans cette phase de leur progrès. Par conséquent, la civilisation de pareilles tribus, quand elle
n'est pas le résultat d'un contact avec d'autres tribus déjà civilisées, est presque toujours l'œuvre
d'un chef absolu, qui tire son pouvoir ou de la religion ou de sa prouesse, très-souvent d'une conquête étrangère.

De même, les races non civilisées, et surtout les
plus braves et les plus énergiques, répugnent à un
travail continu et monotone. Cependant, toute véritable civilisation est à ce prix. Sans un pareil travail, on ne peut ni former l'esprit aux habitudes
voulues pour une société civilisée, ni préparer le
monde matériel à la recevoir.

Il faut un rare concours de circonstances, et souvent par cette raison un laps de temps considérable, pour réconcilier un tel peuple avec le travail, à
moins qu'il n'y soit contraint pendant un moment.
C'est pourquoi l'esclavage lui-même, en donnant
un commencement à la vie industrielle et en l'imposant comme l'occupation exclusive de la partie
la plus nombreuse de la communauté, peut hâter
le passage à une liberté meilleure que celle de se
battre et de piller. Il est presque inutile de dire
que cette excuse de l'esclavage ne s'applique qu'à
un état de société encore très-arriéré. Un peuple
civilisé a tant d'autres moyens d'inculquer la civilisation aux êtres sur lesquels il a de l'influence,

l'esclavage répugne tellement dans tous ses détails à ce gouvernement du droit qui est la base de la vie moderne, et il est une telle source de corruption pour la classe supérieure, lorsque celle-ci est une fois arrivée à la civilisation, que de l'adopter n'importe dans quelles circonstances serait pour une société moderne une rechute dans quelque chose de pire que la barbarie.

Cependant, presque tous les peuples aujourd'hui civilisés ont été, à quelque époque de leur histoire, une majorité d'esclaves. A un peuple dans cette condition, il faut, pour en sortir, un gouvernement tout différent de celui qu'il faut à une nation de sauvages. Si ce peuple est naturellement énergique, et surtout s'il renferme dans son sein une classe industrieuse qui n'est ni esclave, ni propriétaire d'esclaves (comme c'était le cas en Grèce), il ne lui faut guère plus pour assurer son amélioration que de devenir libre ; une fois affranchi, il est souvent capable, comme les affranchis romains, d'exercer sur-le-champ tous les droits de citoyen.

Ceci pourtant n'est pas la condition normale de l'esclavage, et c'est généralement un signe qu'il tombe en désuétude. Un esclave, proprement dit, est un être qui n'a pas appris à se servir de lui-même. Il est sans aucun doute d'un pas en avant sur le sauvage : il connaît déjà le premier principe de la société politique, il sait obéir. Mais il n'obéit qu'à un ordre direct; c'est lo trait caractéristique des esclaves nés, d'être incapables de conformer leur conduite à une règle ou à une loi. Ils ne peuvent faire que ce qu'on leur ordonne et seulement lorsqu'on le leur ordonne. Si un homme qu'ils craignent est près d'eux, les menaçant d'une punition, ils obéissent; mais s'il tourne le dos, ils ne font pas leur besogne.

Un despotisme qui peut dompter le sauvage ne fera (en tant que despotisme) que confirmer les esclaves dans leurs incapacités. Cependant, ceux-ci ne sauraient nullement diriger un gouvernement placé sous leur propre contrôle. Leur amélioration ne peut venir d'eux-mêmes, mais doit être apportée du dehors. La façon qu'il leur faut, leur seule manière d'arriver au progrès, c'est de passer d'un gouvernement arbitraire au gouvernement du droit. Ils ont à apprendre l'empire sur soi-même, et ceci n'est autre chose, au début, que la capacité d'agir d'après des instructions générales. Ce qu'il leur faut, ce n'est pas un gouvernement qui use de force, mais un gouvernement qui les guide. Comme ils sont cependant dans un état d'abaissement trop grand pour céder à la direction de ceux qu'ils ne regarderaient pas comme les possesseurs de la force, le gouvernement qui leur convient le mieux est celui qui possède la force, mais qui s'en sert rarement. A ce peuple d'esclaves, il faut un despotisme paternel ou une aristocratie à la façon du socialisme saint-simonien, un pouvoir qui préside d'en haut à toutes les opérations de la société (de manière à ce que chacun sente la présence d'une force capable de l'obliger à se conformer aux lois) mais qui, vu l'impossibilité de descendre à régler toutes les minuties de la vie et du travail, condamnerait et pousserait incessamment les individus à faire beaucoup par eux-mêmes. Ce gouvernement, qu'on peut appeler le gouvernement des lisières, semble être ce qu'il faut pour aider un pareil peuple à franchir le plus rapidement possible le premier pas qu'il doit faire dans le progrès social. Tel paraît avoir été le type du gouvernement des Incas au Pérou, et tel fut celui des Jésuites au Paraguay. J'ai à peine besoin de faire remarquer que les lisières ne sont admissibles que comme un moyen d'habituer graduellement le peuple à marcher seul.

Il serait superflu de pousser plus loin cette *illustration*. Essayer de rechercher quelle espèce de gouvernement convient à chacun des états connus de la société, serait composer un traité, non sur le gouvernement représentatif, mais sur la science politique en général. Notre projet étant plus limité, nous emprunterons à la philosophie politique seulement ses principes généraux. Pour déterminer la forme de gouvernement qui convient le mieux à un

peuple donné, il faut pouvoir discerner, parmi les
vices et les lacunes de ce peuple, ce qui forme un
obstacle immédiat au progrès, ce qui lui barre le
chemin, pour ainsi dire. Le meilleur gouvernement
pour ce peuple est celui qui tend le plus à lui donner la chose, faute de laquelle il ne peut avancer,
ou n'avance que d'une manière boiteuse et incom-
plète. Nous ne devons pas cependant oublier cette
réserve indispensable, toutes les fois qu'il·s'agit
d'amélioration ou de progrès; à savoir qu'il faut
prendre soin, en cherchant le bien nécessaire, de
détériorer le moins possible celui qu'on possède
déjà.

Il faut enseigner l'obéissance à un peuple de sauvages, mais non de façon à en faire un peuple d'esclaves. Et (pour donner à l'observation un caractère
plus général) la forme de gouvernement qui réussit
le mieux à déterminer les premiers pas d'un peuple
dans la voie du progrès, sera néanmoins très-mau-
vaise pour ce peuple, si elle fait la chose de manière
à empêcher pour lui tout avancement ultérieur. C'est
un cas qui se rencontre fréquemment dans l'histoire, et qui en est un des faits les plus regrettables.
La hiérarchie égyptienne, le despotisme paternel de
la Chine, étaient des instruments très-propres à
amener ces nations au point de civilisation qu'elles
ont atteint. Mais une fois parvenues là, elles sont
restées perpétuellement stationnaires, faute de li-

berté intellectuelle et d'individualité, deux conditions de progrès que les institutions qui les avaient
élevés jusque-là les rendaient complétement incapables d'acquérir : comme ces institutions ne se sont
pas écroulées pour faire place à d'autres, toute
amélioration ultérieure s'est arrêtée.

En regard de ces nations, considérez l'exemple
tout opposé que nous fournit un autre peuple d'O-
rient, un petit peuple auprès d'elles : les Juifs. Eux
aussi avaient une monarchie absolue, une hiérarchie : leurs institutions organisées étaient évidemment d'origine sacerdotale, tout comme celle des
Hindous. Elles ont fait pour eux ce que les institutions des autres races orientales avaient fait pour
elles, les assujettissant au travail et à l'ordre et leur
donnant une vie nationale. Mais ni les rois ni les
prêtres n'obtinrent jamais en Judée comme dans ces
autres pays, une puissance exclusive sur le caractère
national. Leur religion qui était telle que les personnes de génie et de haute piété étaient regardées
et se regardaient elles-mêmes comme inspirées d'en
haut, suscita une institution non organisée d'un
prix inestimable : l'ordre (si on peut l'appeler ainsi)
des prophètes. Sous la protection non infaillible
toutefois de leur caractère sacré, les prophètes
étaient un pouvoir dans la nation, pouvoir souvent
plus qu'égal à celui des rois et des prêtres : et ils en-
tretenaient dans ce petit coin de la terre cet antago-

nisme des influences qui est la seule garantie réelle d'un progrès continu. Par conséquent, la religion n'était pas là ce qu'elle a été si souvent ailleurs, une consécration de tout ce qui a été une fois établi et un obstacle à toute amélioration ultérieure.

La remarque d'un Juif distingué (M. Salvador) que les prophètes étaient dans l'Église et dans l'Etat l'équivalent de la liberté moderne de la presse, donne une idée juste, mais insuffisante, du rôle joué dans l'histoire nationale et universelle par ce grand élément de la vie juive, grâce auquel la source de l'inspiration coulant toujours, les hommes les plus éminemment doués du côté du génie et du sens moral pouvaient non-seulement dénoncer et réprouver avec l'autorité directe du Tout-Puissant tout ce qui leur paraissait fait pour un pareil anathème, mais encore donner à la religion nationale des interprétations meilleures et plus élevées, lesquelles devenaient dès lors une portion de cette religion. Aussi quiconque peut laisser de côté l'habitude de lire la Bible comme si c'était un seul livre (habitude jusqu'à ces derniers temps également enracinée chez les chrétiens et chez les incrédules) voit avec admiration l'énorme distance qu'il y a entre la morale et la religion du Pentateuque ou même des livres historiques (l'œuvre évidente des conservateurs juifs de l'ordre sacerdotal) et la morale et la religion des prophètes ; distance aussi grande que celle qui existe entre ces dernières et les Evangiles.

On ne saurait imaginer facilement des conditions plus favorables au progrès ; aussi les Juifs, au lieu de demeurer stationnaires comme les autres Asiatiques, furent-ils, après les Grecs, le peuple le plus progressif de l'antiquité, et sont-ils, avec eux, le point de départ et la grande influence motrice de la culture moderne.

Il n'est donc pas possible de traiter de la manière dont les diverses formes de gouvernement s'adaptent aux différents états de société, si l'on ne prend souci, non-seulement du premier pas, mais de tous les pas subséquents que la société doit encore faire, de ceux qu'on peut prévoir, et de ceux (le nombre en est infiniment plus grand) qui défient pour le moment toute prévision. Il s'ensuit que, pour juger du mérite des formes de gouvernement, on doit se faire un idéal de la forme de gouvernement la meilleure en soi, c'est-à-dire de celle qui plus que toute autre tendrait à favoriser le progrès, et le progrès de toutes sortes et de tous degrés ; on suppose, bien entendu, les conditions voulues pour donner effet à ces tendances bienfaisantes. Cela fait, nous devons examiner quelles sont les différentes conditions intellectuelles nécessaires pour que ce gouvernement puisse agir d'après ses tendances, et quels sont par conséquent les divers défauts qui rendraient un peuple incapable d'en recueillir les fruits. Il serait alors possible de construire un théorème des circonstances dans lesquelles une forme de gouvernement peut être sagement introduite, et de juger aussi quelles seraient, pour les pays où on ferait mieux de ne pas l'introduire, les formes inférieures de gouvernement les plus propres à faire traverser à ces communautés l'espace intermédiaire qu'elles doivent parcourir avant d'être prêtes à recevoir la meilleure forme de gouvernement.

Il est évident que nous n'avons pas à nous occuper ici de cette seconde question; mais la première forme une partie essentielle de notre sujet : car nous pouvons sans témérité énoncer dès à présent une proposition dont les preuves et les *illustrations* se présenteront dans les pages suivantes : à savoir que l'idéal de la meilleure forme de gouvernement se trouvera dans quelqu'une des variétés du système représentatif.

CHAPITRE III

On a répété longtemps (peut-être pendant toute la durée de la liberté anglaise) que si on pouvait trouver un bon despote, la monarchie despotique serait la meilleure forme de gouvernement. Je regarde ceci comme une conception radicalement fausse et très-pernicieuse, de ce qu'est un bon gouvernement; et jusqu'à ce qu'on s'en soit débarrassé, elle corrompra fatalement toutes nos spéculations sur le gouvernement.

On suppose que le pouvoir absolu entre les mains d'un individu éminent assurerait l'accomplissement vertueux et intelligent de tous les devoirs du gouvernement. De bonnes lois seraient établies et imposées, et on réformerait les mauvaises lois. Tous les postes de confiance seraient aux mains des hommes les plus méritants, la justice serait aussi bien administrée, les charges publiques seraient aussi légères et aussi judicieusement réparties, toutes les

branches de l'administration seraient aussi purement et aussi intelligemment conduites que le per-
mettraient les circonstances nationales et le degré
de culture morale et intellectuelle du pays. Soit, je
veux bien accorder tout cela ; mais il faut que je démontre combien la concession est grande, et combien même, pour approcher à peu près de ces résultats, il faut plus de choses que n'en renferme
cette simple expression, *un bon despote*. Le fait est
que pour réaliser toutes ces conditions, il faut un
monarque qui non-seulement soit bon, mais qui
voie tout. Il doit toujours être informé correctement
et en grand détail de la manière dont sont dirigées
et dont marchent toutes les branches de l'administration sur tous les points du royaume ; et il doit
pouvoir, pendant les vingt-quatre heures de la jour-
née qui sont tout ce qui est accordé à un roi
comme au plus pauvre artisan, donner à toutes les
parties de ce vaste champ une part suffisante d'attention et de surveillance. Tout au moins doit-il
être capable de distinguer et de choisir dans la masse
de ses sujets, non-seulement une grande quantité
d'hommes honnêtes et intelligents, propres à diriger (moyennant contrôle et surveillance) les diverses branches de l'administration publique, mais
encore le petit nombre d'hommes éminents par
leurs vertus et leurs talents, qui sont capables et
de se passer de cette surveillance et même de

4

l'exercer sur les autres. Pour accomplir cette tâche d'une façon passable, il faut des facultés et une énergie si extraordinaires, qu'on ne peut guère se représenter le bon despote en question consentant à s'en charger, à moins que ce ne soit pour échapper à des maux intolérables, ou bien comme préparation transitoire à quelque autre chose.

Mais la discussion peut se passer de ce prodigieux *item*. Supposons la difficulté vaincue. Qu'aurions-nous alors ? Un homme d'une activité intellectuelle surhumaine, dirigeant toutes les affaires d'un peuple intellectuellement passif. C'est là ce qu'implique l'idée de pouvoir absolu. La nation comme ensemble, et les individus qui la composent, n'ont aucune influence sur leur propre destinée. Ils n'exercent pas de volonté au sujet de leurs intérêts collectifs. Une volonté qui n'est pas la leur, et à laquelle ils ne sauraient désobéir sans crime légal, décide de tout pour eux. Quelle espèce d'êtres humains peut-on former sous un pareil régime ? quel sera le développement de leurs facultés intellectuelles ou actives ? On leur permettra peut-être de méditer sur des matières de théorie pure aussi longtemps que leurs spéculations ne toucheront en quoi que ce soit à la politique, et surtout à la politique pratique. Sur les affaires pratiques on ne souffrira tout au plus que des suggestions, et même

sous le plus modéré des despotes, les hommes
d'une supériorité déjà admise ou accréditée peuvent seuls espérer que leurs suggestions seront,
non pas prises en considération, mais simplement
connues par ceux qui dirigent les affaires. Il faut
qu'un homme ait à un point extraordinaire le goût
du travail intellectuel en lui-même et pour lui-
même, s'il prend la peine de réfléchir, avec la
certitude de ne produire aucun effet extérieur,
ou s'il se prépare à des fonctions qu'on ne lui permettra jamais d'exercer. Ce qui seul pousse les
hommes à l'effort intellectuel (exception faite d'un
petit nombre d'esprits) c'est la perspective d'en recueillir des fruits pratiques.

Il ne suit pas de là que la nation sera complète-
ment dépourvue de pouvoir intellectuel. La besogne
ordinaire de la vie que chaque individu ou chaque
famille *doit* nécessairement accomplir, suscitera une
certaine dose d'intelligence et d'habileté pratique
dans un certain ordre étroit d'idées. Il peut y avoir
une classe choisie de savants qui cultivent la science
en vue de ses applications physiques, ou par amour
de l'étude. Il y aura une bureaucratie ; et les personnes destinées à la bureaucratie apprendront au
moins quelques maximes expérimentales de gouvernement et d'administration publique. Il peut y
avoir et il y a eu souvent une organisation systématique des plus puissantes facultés qui se rencon-

trent dans le pays, à l'égard de quelque objet spécial (en général la direction militaire) et cela pour
favoriser la grandeur du despote. Mais la majorité
du public demeure sans information et sans intérêt sur tous les plus grands objets de la politique
courante, ou si elle sait quelque chose là-dessus,
sa science est une science de *dilettante* comme le
savoir mécanique des gens qui n'ont jamais manié
un outil. Et ce n'est pas seulement l'intelligence
des hommes qui souffre de ce régime ; leurs capacités morales en sont également *nouées*. Partout où la sphère d'action des êtres humains est
artificiellement circonscrite, leurs sentiments tour-
nent à l'étroit et au nain dans la même proportion.
La nourriture du sentiment, c'est l'action ; l'affection domestique est alimentée par de bons offices
volontaires. Qu'une personne n'ait rien à faire pour
son pays, et elle ne s'en souciera point. On a dit
autrefois qu'avec le despotisme il y a tout au plus
un patriote, le despote lui-même, et cette parole
repose sur une juste appréciation des effets de la
soumission absolue, même envers un maître bon et
sage. Reste la religion, et là au moins on pourrait
croire qu'il y a une influence capable d'élever les
yeux et les pensées des hommes au-dessus de la
poussière qui est à leurs pieds. Mais la religion,
même en supposant que le despotisme ne l'ait
point pervertie à son profit, cesse dans ces circons-

tances d'être une affaire sociale, et se réduit à une affaire personnelle entre un individu et son Créateur, où il y va seulement du salut privé. Sous cette forme, la religion est tout à fait compatible avec l'égoïsme le plus étroit et le plus personnel, et elle pousse aussi peu le fidèle à s'identifier avec ses semblables que la sensualité elle-même.

Un bon despotisme signifie un gouvernement où, autant que la chose dépend du despote, il n'y a pas d'oppression positive de la part des fonctionnaires publics, mais où tous les intérêts collectifs du peuple sont traités pour lui, toute pensée relative à ses intérêts conçue pour lui, et où les esprits deviennent de leur plein gré tels que peut les faire cette abdication de leurs énergies intimes.

Abandonner les choses au gouvernement, tout comme les abandonner à la Providence, signifie qu'on n'en prend nul souci et qu'on en accepte les conséquences, quand elles sont désagréables, comme des fléaux de la nature. Donc, à l'exception d'un petit nombre d'hommes studieux qui prennent un intérêt intellectuel à la méditation pour elle-même, l'intelligence et les sentiments de tout un peuple sont consacrés aux soins des intérêts matériels, et quand il y a pourvu, à l'amusement et à l'embellissement de la vie privée. Mais dire cela, c'est dire, si le témoignage de l'histoire entière est digne de foi, que l'heure du déclin a sonné pour ce peuple, en admettant toutefois que ce peuple soit jamais parvenu à une hauteur d'où il puisse déchoir. S'il ne s'est pas élevé au-dessus de la condition d'un peuple oriental, il continue à végéter dans la même condition. Mais si, comme en Grèce et à Rome, il est parvenu plus haut, grâce à l'énergie, au patriotisme, à l'ouverture d'esprit qui sont, comme toutes qualités nationales, les fruits de la seule liberté, il retombe au bout de quelques générations à l'état oriental. Et cet état ne signifie pas une stupide tranquillité à l'abri de tout changement fâcheux; il signifie souvent la possibilité d'être envahi, conquis et réduit en esclavage, ou par un despote plus puissant, ou par quelque peuple barbare limitrophe, qui a gardé avec sa rudesse sauvage toute la vigueur de sa liberté.

Telles sont, non-seulement les tendances naturelles du gouvernement despotique, mais ses nécessités intimes et inévitables, à moins que le despotisme ne consente à n'être pas despotisme, à moins que le bon despote supposé ne s'abstienne d'exercer son pouvoir, quoique le gardant en réserve, et ne permette à la besogne générale du gouvernement de marcher comme si le peuple se gouvernait réellement lui-même. Si, peu probable que soit la chose, nous pouvons supposer un despote se soumettant à la plupart des règles et des restrictions d'un gouvernement constitutionnel : il pourrait accorder la liberté de la presse et de la discussion d'une façon suffisante pour permettre à une opinion publique de se former et de se prononcer sur les affaires nationales. Il pourrait abandonner aux localités la direction des intérêts locaux, sans intervention de l'autorité. Il pourrait même s'entourer d'un ou de plusieurs conseils de gouvernement, choisis librement par la nation entière ou seulement par une partie de la nation, tout en gardant entre ses mains le droit d'impôt et le pouvoir suprême, législatif aussi bien qu'exécutif. S'il agissait ainsi, et qu'il abdiquât à ce point comme despote, il détruirait une partie considérable des maux caractéristiques du despotisme. L'activité politique et la capacité pour les affaires publiques pourraient dès lors se développer librement chez la masse de la nation, et il se formerait une opinion publique qui ne serait pas simplement l'écho du gouvernement.

Mais une pareille amélioration serait le commencement de nouvelles difficultés. Cette opinion publique, indépendante de l'influence du monarque, doit être ou avec lui ou contre lui : l'un ou l'autre. Tous les gouvernements blessent à chaque pas une infinité de personnes : or, celles-ci ayant désormais des organes réguliers et pouvant exprimer leurs sentiments, on émettrait souvent des opinions opposées aux mesures du gouvernement. Que

fera le monarque si ces opinions défavorables viennent à être en majorité? Changera-t-il de voie? En
appellera-t-il à la nation? S'il le fait, ce n'est plus
un despote, mais un roi constitutionnel, l'organe
ou le premier ministre de la nation, avec cela seulement de particulier qu'il est irrévocable. S'il ne
le fait pas, il doit user de son pouvoir despotique
pour réduire l'opposition au silence, ou bien il s'é-
lèvera entre la nation et un homme une lutte permanente qui n'a qu'une issue possible. Le principe
religieux de l'obéissance passive et du droit divin
lui-même ne reculerait pas de beaucoup les
conséquences naturelles d'une telle position. Le
monarque devrait céder et se soumettre aux conditions de la royauté constitutionnelle, ou bien abandonner la place à quelqu'un qui s'y soumettrait.
Le despotisme étant ainsi purement nominal, posséderait peu des avantages qu'on suppose appartenir
à la monarchie absolue, tandis qu'il n'aurait qu'à
un degré très-imparfait ceux d'un gouvernement
libre.....

Il ne faut pas s'étonner beaucoup si des réformateurs impatients ou désappointés, gémissant des
obstacles qu'opposent aux améliorations publiques
les plus salutaires, l'ignorance, l'indifférence, l'in-
docilité, l'obstination perverse d'un peuple et les
coalitions corrompues de l'égoïsme privé, armées
de ces armes puissantes que leur fournissent les

institutions libres, soupirent parfois après une main assez forte pour renverser tous ces obstacles et contraindre un peuple récalcitrant à être mieux gouverné. Mais (en mettant de côté ce fait, que pour un despote qui, de temps en temps réforme un abus, il y en a quatre-vingt-dix-neuf qui ne font qu'en créer) ceux qui espèrent en un pareil remède, laissent en dehors de l'idée d'un bon gouvernement, son principal élément, l'amélioration du peuple lui-même. Un des bienfaits de la liberté, c'est que sous ce régime le gouvernant ne peut pas laisser de côté l'esprit des individus, et améliorer pour eux leurs affaires, sans les améliorer eux-mêmes. S'il était possible à un peuple d'être bien gouverné malgré lui, son bon gouvernement ne durerait pas plus que ne dure ordinairement l'indépendance d'un peuple qui la doit uniquement à des armes étrangères. Il est vrai qu'un despote peut faire l'éducation du peuple : et s'il la fait réellement, c'est la meilleure excuse de son despotisme. Mais toute éducation qui vise à faire des hommes autre chose que des machines, finit par les amener à certaines réclamations de franchises, d'indépendance. Les meneurs de la philosophie française au dix-huitième siècle avaient été élevés par les Jésuites : il paraît que même cette éducation avait ce qu'il faut pour éveiller l'appétit de la liberté. Tout ce qui fortifie si peu que ce soit les facultés, crée un désir plus grand

de les exercer plus librement, et l'éducation d'un
peuple manque son but si elle le prépare à un autre
état que celui dont elle lui suggérera certainement
le désir et très-probablement la revendication.

Je suis loin de blâmer que dans les cas de nécessité urgente, on ait recours au pouvoir absolu sous
la forme d'une dictature temporaire. Jadis, des nations libres ont employé volontairement ce remède, comme nécessaire pour guérir certains maux
du corps politique dont on ne pouvait se purger
par des moyens moins violents. Mais l'acceptation
de la dictature, même pour un temps étroitement
limité, ne peut s'excuser que si, comme Solon ou
Pittacus, le dictateur emploie tout le pouvoir qui
lui est confié à renverser les obstacles qui se trouvent entre la nation et la liberté. Un bon despotisme est un idéal complétement faux, et en pratique
(excepté comme un moyen d'atteindre quelque but
temporaire) c'est la plus insensée et la plus dangereuse des chimères. Mal pour mal, un bon despotisme, chez un peuple quelque peu avancé dans la
civilisation, est plus nuisible qu'un mauvais, car il
détend et il énerve bien plus les pensées, les sentiments, les facultés du peuple. Le despotisme
d'Auguste prépara les Romains à celui de Tibère. Si
le ton général de leur caractère n'avait pas été
abaissé par un esclavage tempéré qui dura près de
deux générations, il leur serait probablement resté

assez d'énergie pour se révolter contre un esclavage plus odieux.

Il n'y a pas de difficulté à démontrer que l'idéal de la meilleure forme de gouvernement est celui qui investit de la souveraineté, ou pouvoir suprême décidant en dernier ressort, la masse réunie de la communauté ; chaque citoyen, non-seulement ayant une voix dans l'exercice de ce pouvoir suprême, mais encore étant appelé de temps en temps à prendre une part réelle au gouvernement par l'exercice de quelque fonction publique locale ou générale.

Pour juger de cette proposition, il faut l'examiner, par rapport aux deux points qui sont à considérer, ainsi qu'on l'a démontré dans le dernier chapitre.

Pour apprécier le mérite d'un gouvernement, il s'agit de savoir : 1° dans quelle mesure il pousse au bien public par l'emploi des facultés morales, intellectuelles et actives de chacun, telles qu'elles existent à un moment donné ; 2° quelle est son influence sur ces facultés, pour les améliorer ou les détériorer.

Il est à peine nécessaire de dire que l'idéal de la meilleure forme de gouvernement ne signifie pas celle qui est praticable ou acceptable à tous les degrés de civilisation ; mais celle à laquelle appartient, dans les circonstances où elle est praticable et acceptable, la plus forte somme de conséquences salutaires, immédiates ou futures. Un gouvernement complétement populaire est le seul qui puisse avoir quelque prétention à ce caractère. Il satisfait entre tous aux deux conditions élémentaires d'excellence. Il est plus favorable que tout autre gouvernement possible, soit à une bonne direction actuelle des affaires, soit à l'amélioration et à l'élévation du caractère national.

Sa supériorité, par rapport au bien-être actuel, repose sur deux principes qui sont aussi universellement vrais et applicables qu'aucune proposition générale susceptible d'être émise sur les affaires humaines. Le premier principe, c'est que les droits et les intérêts de qui que ce soit n'ont l'assurance de n'être jamais négligés que dans un cas seulement, celui où les intéressés sont ceux-mêmes de force d'humeur à les défendre. Le second principe, c'est que la prospérité générale s'élève d'autant plus haut et se répand d'autant plus largement, que les facultés personnelles qui ont charge de la développer sont plus intenses et plus variées.

Pour plus de précision, on pourrait dire :

L'homme n'a qu'une sûreté contre la malfaisance de ses semblables, *la protection de lui-même, par lui-même* : il n'a qu'une chance de réussite dans sa lutte contre la nature. *La confiance en lui-même*, comptant sur ce qu'il peut faire, soit isolé, soit associé, plutôt que sur ce que les autres peuvent faire pour lui.

La première proposition — que chacun est le seul gardien sûr de ses droits et de ses intérêts — est une de ces maximes élémentaires de prudence que suit implicitement, toutes les fois que son intérêt personnel se trouve en jeu, toute personne capable de diriger ses propres affaires. Beaucoup de gens à la vérité la détestent en tant que doctrine politique, et se plaisent à la flétrir comme une doctrine d'égoïsme universel. A cela nous pouvons répondre : lorsqu'il cessera d'être vrai que les hommes, en règle générale, se préfèrent eux-mêmes aux autres et préfèrent ceux qui les touchent de près au reste de l'humanité, à partir de ce moment-là, le communisme deviendra la seule forme de société, non-seulement praticable, mais soutenable, et sera dès lors adoptée très-certainement. Pour ma part, ne croyant pas à l'égoïsme universel, je n'ai pas de peine à admettre que le communisme ne soit dès à présent praticable parmi l'élite de l'humanité et ne puisse le devenir parmi le reste. Mais comme cette opinion n'est nullement en faveur auprès de ces défenseurs des institutions actuelles, qui critiquent la doctrine de la prédominance générale de l'égoïsme, peut-être pensent-ils au fond que la plupart des hommes se préfèrent à autrui.

Cependant, il n'est même pas nécessaire d'en affirmer si long pour appuyer le droit de tous à participer au pouvoir suprême. Nous n'avons pas besoin de supposer que quand le pouvoir réside exclusivement dans une classe, cette classe sacrifiera à elle-même, sciemment et de propos délibéré, toutes les autres classes. On sait, et cela suffit, qu'en l'absence de défenseurs naturels, l'intérêt des classes exclues court toujours le risque d'être négligé, et que là même où il est un objet d'attention, il est considéré avec des yeux qui ne sont pas du tout ceux des personnes directement intéressées. Dans notre pays, par exemple, ce qu'on appelle les classes ouvrières peuvent être regardées comme exclues de toute participation directe au gouvernement : je ne crois pas que pour cela les classes qui y participent aient en général aucune intention de sacrifier les classes ouvrières. Elles l'ont eu autrefois cette intention, témoins les efforts persévérants qu'on a fait pendant si long-temps pour abaisser les salaires par la loi. Mais aujourd'hui leur disposition habituelle est bien changée ; elles font volontiers des sacrifices considérables, surtout de leur intérêt pécuniaire, au profit des classes ouvrières, et elles pèchent plutôt par une bienfaisance prodigue et aveugle. Je ne crois pas non plus qu'il y ait jamais eu des gouvernants inspirés par un désir plus sincère d'accomplir leur devoir envers ce qu'il y a de plus humble parmi leurs compatriotes. Néanmoins, est-ce que le parlement ou aucun de ses membres se place jamais au point de vue d'un ouvrier, pour envisager une question quelconque? Quand on discute un sujet qui intéresse les travailleurs comme travailleurs, se place-t-on jamais à un autre point de vue qu'à celui des patrons? Je ne dis pas qu'en général les ouvriers voient plus juste que les patrons sur ces questions; mais ils voient quelquefois tout aussi juste, et en pareil cas leur opinion devrait être respectueusement écoutée, tandis que non-seulement on ne s'y conforme pas, mais on l'ignore. Sur la question des grèves par exemple, il n'y a peut-être pas un des principaux membres des deux chambres qui ne soit convaincu que les maîtres ont complétement raison dans leur manière d'envisager le sujet, et que les ouvriers le voient sous un jour tout bonnement absurde. Ceux qui ont étudié la question savent combien il est loin d'en être ainsi, et combien ce point serait discuté d'une façon différente et beaucoup moins superficielle, si les classes qui font grève étaient capables de se faire entendre au parlement.

Quelque intention sincère que l'on ait de protéger l'intérêt des autres, il n'est ni sûr ni salutaire de leur lier les mains : ceci est une condition inhérente aux affaires humaines. Une vérité encore plus évidente, c'est qu'ils n'opéreront que de leurs propres mains une amélioration positive et durable dans leur situation. Sous l'influence réunie de ces deux principes, toutes les communautés libres ont été plus exemptes de crime et d'injustice sociale, plus prospères et plus brillantes à tous égards que les autres communautés, ou qu'elles ne le furent elles-mêmes, après avoir perdu leur liberté. Comparez les États libres du monde, tandis qu'ils possédaient leur liberté, avec les sujets contemporains du despotisme monarchique ou oligarchique : Les cités grecques avec les satrapies perses, les républiques italiennes et les villes libres de Flandre et d'Allemagne avec les monarchies féodales de l'Europe, la Suisse, la Hollande et l'Angleterre avec l'Autriche, ou la France d'avant la Révolution. Leur prospérité supérieure était trop évidente pour avoir jamais été niée, tandis que leur supériorité, sous le rapport du bon gouvernement et des relations sociales, est prouvée par leur prospérité même et éclate d'ailleurs à chaque page de l'histoire.

Si nous comparons, non un siècle à un autre, mais les différents gouvernements qui coexistèrent dans le même siècle, nous trouverons que la somme de désordre qui peut avoir existé au milieu de la publicité des États libres n'est point com-

parable, même en l'exagérant beaucoup, à cette
habitude de fouler dédaigneusement aux pieds la
masse du peuple, qui était passée dans les mœurs
des pays monarchiques, ou à la révoltante tyrannie individuelle qui se déployait chaque jour dans
leurs systèmes de pillages qualifiés d'arrangements
fiscaux, et dans le mystère de leurs affreuses cours
de justice.

Il faut reconnaître que les bienfaits de la liberté,
telle qu'on en a joui jusqu'à présent, ne s'éten-
daient qu'à une portion de la communauté, et
qu'un gouvernement, sous lequel ils s'étendraient
impartialement à tous, est un *desideratum* encore
non réalisé. Mais quoique tout ce qui peut en rap-
procher ait une valeur intrinsèque, et quoique
bien souvent dans l'état actuel du progrès général
on ne puisse faire qu'en approcher, la participation
de tous aux bienfaits de la liberté est, en théorie,
la conception parfaite du gouvernement libre. Du
moment où quelques-uns, n'importe lesquels, sont
exclus de cette participation, leurs intérêts sont
privés de la garantie accordée aux intérêts des
autres, et ils sont eux-mêmes dans de moins bonnes conditions que les autres pour appliquer leurs
facultés à améliorer leur état et l'état de la communauté, ce qui est la chose d'où dépend la prospérité générale.

Voilà le fait, quant au bien-être actuel, quant à

la bonne direction des affaires de la génération
existante. Si nous passons maintenant à l'influence
de la forme de gouvernement sur le caractère, nous
trouverons la supériorité du gouvernement populaire sur tout autre, encore plus prononcée et plus
incontestable, si c'est possible.

En réalité, cette question repose sur une autre
plus fondamentale encore : à savoir, quel est entre
les deux types ordinaires de caractère celui qu'il
est le plus désirable de voir prédominer pour le bien
général de l'humanité, le type actif ou le type passif, celui qui lutte contre les maux ou celui qui
les supporte, celui qui se plie aux circonstances ou
celui qui entreprend de les faire plier.

Les lieux communs de la morale, et les sympathies générales de l'humanité sont en faveur du
type passif. On peut admirer les caractères énergiques ; mais les caractères tranquilles et soumis
sont ceux que la plupart des hommes préfèrent
personnellement. Ce qu'il y a de passif chez nos
voisins accroît notre sentiment de sécurité, et joue
pour ainsi dire le jeu de ce qu'il y a chez nous
d'impérieux. Les caractères passifs, si nous ne
venons pas à avoir besoin de leur activité, semblent un obstacle de moins sur notre chemin. Un
caractère satisfait n'est pas un rival dangereux.
Cependant rien n'est plus certain : tout progrès
dans les affaires humaines est l'œuvre des carac-

tères mécontents; et en outre il est bien plus
facile à un esprit actif d'acquérir les qualités pa-
tientes, qu'à un esprit passif d'acquérir les qualités
énergiques.

L'excellence mentale est intellectuelle, pratique,
et morale. Or, on voit tout d'abord en ce qui regarde les deux premières catégories, lequel a l'a-
vantage du caractère passif ou du caractère actif.
Toute supériorité intellectuelle est le fruit d'un
effort actif. L'esprit d'entreprise, le désir de s'a-
vancer, d'essayer de nouvelles choses pour notre
propre bien ou pour celui d'autrui, est la source du
talent pratique et même du talent spéculatif. La
culture intellectuelle, compatible avec l'autre type,
est cette culture faible et vague qui est le propre
d'un esprit s'arrêtant à l'amusement ou à la simple
contemplation. Une heureuse application à la pratique, telle est la marque d'une pensée réelle et vi-
goureuse, d'une pensée qui poursuit des vérités au
lieu de rêver creux. Où ce dessein n'existe pas pour
donner à la pensée de la précision, un caractère
déterminé, un sens intelligible, elle ne produit rien
de mieux que les Védas ou que le mysticisme métaphysique des Pythagoriciens. Par rapport à l'a-
mélioration pratique, la chose est encore plus évidente. Le caractère qui améliore la vie humaine est
celui qui lutte avec les tendances et les forces naturelles, et non pas celui qui leur cède. Les qualités

dont nous tirons un profit personnel sont toutes du
côté du caractère actif et énergique, et les habitudes
et la conduite qui profitent à chaque membre de la
communauté sont, en partie au moins, celles qui
constituent à la longue le profit et l'amélioration de
la communauté tout entière.

Mais si l'on recherche lequel des deux types est
préférable sous le rapport de la prééminence morale,
à première vue l'hésitation semble permise. Je ne
fais pas allusion au sentiment religieux qui généralement s'est toujours prononcé en faveur du caractère inactif, comme étant plus en harmonie avec la
soumission due à la volonté divine. Le christianisme
a développé ce sentiment tout comme d'autres religions ; mais c'est la prérogative du christianisme de
pouvoir se débarrasser de cette perversion aussi
bien que de beaucoup d'autres. Abstraction faite des
considérations religieuses, un caractère passif qui
cède devant les obstacles au lieu de chercher à les
vaincre, ne peut pas à la vérité être très-utile aux
autres, ni à lui-même non plus ; mais on peut s'attendre du moins à ce qu'il soit inoffensif. On a toujours rangé la résignation au nombre des vertus
morales ; mais c'est une erreur complète de supposer que la résignation appartienne nécessairement
ou naturellement à *la passivité* de caractère. Or,
quand il n'en est pas ainsi, les conséquences morales sont nuisibles. Là où existe une convoitise

d'avantages non possédés, l'esprit qui ne porte pas en lui la puissance de les posséder un jour grâce à sa propre énergie, jette volontiers un regard de haine et de malice sur ceux qui sont mieux partagés. L'homme qui s'agite, plein de l'espérance d'améliorer sa situation, est porté à la bienveillance envers ceux qui tendent au même but ou qui l'ont atteint. Et lorsque la majorité est ainsi occupée, les mœurs générales du pays donnent le ton aux sentiments de ceux qui n'atteignent pas le but : ils attribuent leur échec au manque d'efforts ou d'occasion ou à leur mauvaise chance personnelle. Mais ceux qui tout en désirant ce que les autres possèdent, n'emploient aucune énergie pour l'acquérir, ceux-là se plaignent incessamment de ce que la fortune ne fait pas pour eux ce qu'eux-mêmes n'essaient pas de faire, ou débordent d'envie et de malveillance contre ceux qui possèdent ce qu'ils aimeraient avoir.

L'envie se développe comme un trait de caractère national, d'autant plus que le succès dans la vie passe pour fatalité, d'autant moins qu'il passe pour la récompense d'un effort. Les êtres les plus envieux de la terre sont les Orientaux. Chez les moralistes orientaux, dans les contes orientaux, l'homme envieux apparaît à chaque pas. Dans la vie réelle, c'est la terreur de tous ceux qui possèdent quelque chose de désirable, que ce soit un palais, un bel enfant, ou même la bonne santé et

la bonne humeur. L'effet supposé de son simple regard a engendré la superstition si généralement
répandûe du *mauvais œil*. Après les Orientaux, certains peuples du midi de l'Europe sont les premiers
pour l'envie et l'inertie. Les Espagnols ont poursuivi de leur envie tous leurs grands hommes, ont
empoisonné leur existence, et n'ont pas manqué
généralement de mettre bon ordre à leurs succès (1).
Chez les Français, qui sont essentiellement un peuple méridional, la double éducation du catholicisme
et du despotisme a fait de la soumission et de la
résignation le caractère ordinaire du peuple, en dépit de leur vivacité naturelle, et le type le plus généralement reçu de sagesse et d'excellence. Et si les
Français ne sont pas plus envieux, soit les uns des
autres, soit de toute supériorité, cela tient à ce que
ce vice est neutralisé en eux par nombre de bonnes
qualités, surtout par cette énergie individuelle qui,
quoique moins tenace et moins régulière qu'elle ne
l'est chez les Anglo-Saxons toujours luttant et ne
comptant jamais que sur eux-mêmes, s'est mani-
festée néanmoins chez les Français dans presque

(1) Je parle au passé seulement, parce que je ne voudrais
rien dire de fâcheux sur le compte d'un grand peuple qui
maintenant enfin est libre, et qui entre dans le mouvement
général du progrès européen, avec une vigueur qui promet de
lui faire rapidement regagner le terrain perdu. Personne ne
peut douter de ce dont l'énergie et l'intelligence des Espagnols
sont capables; et leurs travers, comme nation, sont de ceux
que la liberté et l'ardeur industrielle excellent à guérir.

toutes les directions où leurs lois l'ont encouragée.

Il y a sans aucun doute en tout pays des hommes réellement satisfaits, qui non-seulement ne cherchent pas mais encore ne désirent pas les biens qui leur sont étrangers : ceux-là naturellement n'ont aucun mauvais vouloir contre quiconque semble avoir un lot supérieur. Mais la grande masse des résignations apparentes n'est au fond que mécontentement mêlé d'indolence et d'abandon de soi-même, par où tout en n'employant aucun moyen légitime de s'élever, on prend plaisir à abaisser les autres à son propre niveau. Et si l'on vient à considérer de plus près les cas de résignation innocente, on s'aperçoit que nous ne les admirons que là où l'indifférence porte seulement sur les biens extérieurs, tandis qu'il y a d'ailleurs un effort incessant pour gagner en valeur spirituelle ou au moins un zèle désintéressé pour l'avancement d'autrui. L'homme satisfait ou la famille satisfaite qui n'a aucune ambition de rendre quelqu'un plus heureux, de travailler au bien de son pays ou de ses voisins, ou de gagner sous le rapport de l'excellence morale, n'excite chez nous ni admiration, ni approbation. Nous attribuons, et avec raison, cette sorte de résignation à la pure mollesse et au manque d'énergie.

La résignation que nous admirons, c'est une aptitude à se passer gaîment de ce qu'on ne saurait avoir, une juste appréciation de la valeur comparative des différents objets qu'on désire, et une renonciation volontaire aux moins importants de ces objets, lorsqu'ils sont incompatibles avec les plus importants. Or, ces qualités sont d'autant plus naturelles à un homme, qu'il s'occupe plus activement d'améliorer son propre sort ou celui de quelque autre. L'homme qui se mesure continuellement avec les difficultés, apprend quelles sont les difficultés insurmontables pour lui et quelles sont celles qui ne valent pas la peine qu'il se donnerait pour les vaincre. L'homme dont quelque entreprise utile et praticable réclame et emploie habituellement toutes les pensées et toutes les facultés, est celui de toute la terre qui se laissera le moins aller à un fonds de mécontentement au sujet de choses qui ne valent pas la peine d'être recherchées, au moins dans sa situation. Ainsi, le caractère actif s'aidant lui-même, est non-seulement le meilleur en soi, mais encore celui qui acquerra le plus volontiers ce qu'il y a de réellement excellent et désirable dans le type opposé.

L'esprit de lutte et d'audace propre à l'Angleterre et aux États-Unis ne mérite d'être critiqué qu'à cause des objets très-secondaires sur lesquels il dépense sa force. C'est en soi la base des plus belles espérances pour l'amélioration générale de l'humanité.

On a remarqué finement que, quand quelque
chose va mal, la première impulsion des Français
est de dire : « Il faut de la patience, » et celle des
Anglais est de dire : « Quelle honte ! » Le peuple
qui regarde comme une honte de voir quelque chose
aller mal, qui court à cette conclusion que le mal
aurait pu et aurait dû être empêché, est celui qui à
la longue fait le plus pour rendre le monde meilleur. Si ses désirs ne sont pas élevés, s'ils ne s'éten-
dent pas au delà du confort physique et des biens
extérieurs, les résultats immédiats de son énergie
ne seront guère plus que l'extension continuelle du
pouvoir de l'homme sur les objets matériels; mais
cela même fraye le chemin et prépare les conditions
mécaniques, pour les plus grandes œuvres sociales
et intellectuelles. L'inertie, le manque d'aspirations,
l'absence de désir, forment un obstacle plus fatal
au progrès que n'importe quelle fausse direction de
l'énergie ; et lorsque ces défauts existent dans la
masse, c'est alors qu'une fausse direction, très-dan-
gereuse de la part d'une minorité énergique, devient
possible. C'est là principalement ce qui retient dans
un état sauvage ou demi-sauvage la grande majorité de la race humaine.

Maintenant, on ne peut nullement douter que le
gouvernement d'un seul ou d'un petit nombre ne
soit favorable au type passif de caractère, tandis
que le gouvernement du grand nombre est favorable

au type actif s'aidant lui-même. Des gouvernants irresponsables ont plus besoin de la tranquillité des gouvernés que de toute activité, autre que celle qu'ils peuvent imposer. La soumission aux commandements humains, comme à des nécessités de nature, est la leçon qu'inculquent à leurs sujets tous les gouvernements despotiques. On doit céder passivement à la volonté des supérieurs, et à la loi comme étant l'expression de cette volonté.

Mais les hommes ne sont pas de purs instruments ou de purs matériaux entre les mains de leurs gouvernements, quand ils ont de la volonté, de l'ardeur, ou une source d'activité intime dans le reste de leur conduite : or, toute manifestation de ces qualités, au lieu d'être encouragée des despotes, a plutôt à s'en faire pardonner. Mais quand des gouvernenants irresponsables ne redoutent pas assez les conséquences dangereuses de l'activité intellectuelle de leurs sujets, pour chercher à la réprimer, la position est en soi une répression. L'effort est plus efficacement réprimé par la certitude de son impuissance que par un obstacle positif. Entre la soumission à la volonté d'autrui ou les vertus d'empire sur soi-même, de ressource en soi-même, il y a une incompatibilité naturelle. Elle est plus ou moins complète, suivant que la servitude est plus ou moins étroite. Les gouvernants diffèrent beaucoup dans le degré auquel ils contrôlent l'action libre de leurs sujets, ou l'annulent en faisant leur besogne pour eux. Mais c'est une différence de degré et non de principe, et les meilleurs despotes sont souvent ceux qui enchaînent davantage l'action libre de leurs sujets. Un mauvais despote, quand il a pourvu à ses satisfactions personnelles, peut être disposé quelquefois à laisser le peuple tranquille; mais un bon despote tient à lui faire du bien, en l'obligeant à accomplir sa propre besogne d'une meilleure façon qu'il n'aurait su le faire à lui seul. Les règlements qui astreignent à des procédés fixes les principales branches de l'industrie française, furent l'œuvre du grand Colbert.

Tout autre est l'état des facultés humaines, là où l'homme ne sent d'autre frein que les nécessités de la nature ou que les lois de la société, lois qu'il a faites pour sa part, qu'il peut blâmer tout haut les trouvant mauvaises, et qu'il peut aspirer même de toutes ses forces à réformer. Sans aucun doute sous un gouvernement partiellement populaire, cette liberté peut être exercée même par ceux qui ne jouissent pas de tous les priviléges des citoyens. Mais un homme est porté bien davantage à s'aider lui-même et à prendre confiance en lui-même, lorsqu'il sent qu'il est au niveau des autres; lorsqu'il n'a pas à sentir que son succès dépend de l'impression qu'il peut produire sur les opinions et les dispositions d'un corps dont il ne fait pas partie.

C'est un grand découragement pour un individu, et plus encore pour une classe, d'être laissé en dehors de la Constitution, d'être réduit à implorer les arbitres de sa destinée, sans pouvoir prendre part à leur délibération. L'effet fortifiant que produit la liberté sur le caractère n'atteint son maximum que lorsqu'une personne a, dès à présent ou en perspective, une plénitude de priviléges qui ne le cède à ceux de qui que ce soit.

Ce qui est encore plus important que cette affaire de sentiment, c'est la discipline pratique à laquelle se plie le caractère des citoyens, lorsqu'ils sont appelés de temps en temps, chacun à leur tour, à exercer quelque fonction sociale. On ne considère pas suffisamment combien il y a peu de choses dans la vie ordinaire de la plupart des hommes, qui puisse donner quelque grandeur, soit à leurs conceptions, soit à leurs sentiments. Leur besogne est une routine, une œuvre non point de charité mais d'égoïsme sous la forme la plus élémentaire, la satisfaction des besoins journaliers. Ni la chose qu'ils font, ni la manière dont ils la font, n'éveillent chez eux une idée ou un sentiment qui les répandent hors d'eux-mêmes. Si des livres instructifs sont à leur portée, rien ne les pousse à les lire, et la plupart du temps l'individu n'a aucun accès auprès des personnes d'une culture bien supérieure à la sienne. Lui donner quelque chose à faire pour le public, supplée jusqu'à un certain point à toutes ces lacunes. Si les circonstances permettent que la somme de devoir public qui lui est confiée soit considérable, il en résulte pour lui une éducation. Malgré les défauts du système social et des idées morales de l'antiquité, la pratique des affaires judiciaires et politiques élevait le niveau intellectuel d'un simple citoyen d'Athènes bien au-dessus de ce qu'on a jamais atteint dans aucune autre agglomération d'hommes, antique ou moderne. En lisant notre grand historien de la Grèce, on en trouve des preuves à chaque page; mais il n'en faut guère d'autre que le style élevé des harangues que leurs grands orateurs estimaient les plus propres à agir puissamment sur leur intelligence et sur leur volonté. En Angleterre, les rangs les plus humbles de la classe moyenne trouvent un avantage du même genre, si ce n'est du même degré, à remplir les fonctions de jurés ou les fonctions paroissiales; ce qui, sans être assez continu, sans être assez répandu et sans fournir une assez grande variété de considérations élevées pour être comparable à l'éducation publique que tout citoyen d'Athènes trouvait dans ses institutions démocratiques, constitue cependant des êtres très-différents, sous le rapport des connaissances et des facultés, de ceux qui n'ont rien fait leur vie durant, que tenir la plume ou vendre des marchandises derrière un comptoir.

Encore plus salutaire est la partie morale de l'instruction acquise par l'accession du citoyen, si rare qu'elle soit, aux fonctions publiques. Il est appelé là à peser des intérêts qui ne sont pas les siens; à consulter en face de prétentions contradictoires une autre règle que ses penchants particuliers; à mettre incessamment en pratique des principes et des maximes dont la raison d'être est le bien public. Et il trouve en général à côté de lui, dans cette besogne, des esprits plus familiarisés avec ces idées et ces opérations, dont ce sera l'étude de fournir des raisons à son intelligence et des excitants à son sentiment du bien public.

Il apprend à sentir qu'il fait partie du public et que l'intérêt public est le sien. Là où n'existe pas cette école d'esprit public, c'est à peine si l'on comprend que les personnes privées qui ne sont pas dans une position sociale éminente, aient à remplir envers la société des devoirs autres que celui d'obéir aux lois et de se soumettre au gouvernement. Il n'y a aucun sentiment désintéressé d'identification avec le public. Toute pensée et tout sentiment ou d'intérêt ou de devoir, sont absorbés dans l'individu ou dans la famille. L'homme n'a jamais l'idée d'intérêts collectifs, d'intérêts à poursuivre conjointement avec d'autres. Son prochain ne lui apparaît que comme un rival, et au besoin comme une victime. Le voisin n'étant pas un allié ou un associé puisqu'il n'est jamais engagé dans aucune entreprise commune pour le bien général, est donc seulement un concurrent. Ainsi il y a souffrance pour la moralité privée; quant à la moralité publique, elle est éteinte. Si c'était là l'état universel et le seul état possible des choses, les plus hautes aspirations du législateur ou du moraliste n'iraient qu'à faire de la masse de la communauté un troupeau de moutons paissant innocemment, côte à côte.

D'après toutes ces considérations, il est évident que le seul gouvernement qui puisse satisfaire pleinement à toutes les exigences de l'état social, est celui auquel participe le peuple tout entier; que toute participation même à la plus humble des fonctions publiques est utile; que la participation doit être partout aussi grande que le permet le degré de civilisation où est en général parvenue la communauté, et que finalement on ne peut rien désirer de moins que l'admission de tous à une part de la souveraineté. Mais puisque dans une communauté qui dépasse les bornes d'une petite ville, chacun ne peut participer personnellement qu'à une très-petite portion des affaires publiques, le type idéal d'un gouvernement parfait ne peut être que le type représentatif.

CHAPITRE IV

Nous avons reconnu dans le gouvernement représentatif le type idéal du gouvernement le plus parfait, auquel par conséquent tout peuple s'adapte
d'autant mieux, qu'il est parvenu à un degré de
progrès plus élevé. Moins un peuple est avancé dans
son développement, et moins cette forme de gouvernement peut, généralement parlant, lui convenir.
Toutefois, ceci n'est pas universellement vrai : car
l'aptitude d'un peuple au gouvernement représentatif ne dépend pas tant de la place qu'il occupe
dans l'échelle générale de l'humanité, que du point
auquel il possède certaines conditions voulues toutes
spéciales, conditions liées toutefois d'une manière
si intime avec le degré de civilisation générale, que
toute disproportion entre les deux, est plutôt l'exception que la règle. Examinons à quel point dans la
série descendante, le gouvernement représentatif
cesse complétement d'être admissible, soit parce
qu'en lui-même il ne saurait convenir, soit parce
que quelque autre régime conviendrait mieux.

Et d'abord le gouvernement représentatif, comme tout autre gouvernement, ne saurait convenir là où il ne peut subsister d'une façon permanente, c'est-à-dire là où ne se rencontrent pas les trois conditions fondamentales que nous avons énumérées dans le premier chapitre, et qui sont : 1° que le peuple soit disposé à l'accepter ; 2° que le peuple ait la volonté et la capacité de faire ce qui est nécessaire pour le maintenir ; 3° que ce peuple ait la volonté et la capacité d'accomplir les devoirs et de remplir les fonctions que ce gouvernement lui impose.

L'inclination du peuple à accepter le gouvernement représentatif devient simplement une question pratique, lorsqu'un gouvernant éclairé ou bien une ou plusieurs nations étrangères qui ont pris de l'ascendant sur le pays sont disposés à lui offrir ce bienfait. Pour les réformateurs individuels, la question est presque sans portée, puisque si l'on n'a d'autre objection à élever contre leur entreprise que l'indifférence ou la résistance de l'opinion nationale, ils ont une réponse toute prête et très-convenable : ils vous disent que de convertir à leur propre opinion l'opinion publique est précisément le but où ils visent. Quand l'opinion est réellement opposée, c'est plutôt en général au fait du changement qu'elle s'oppose qu'au gouvernement représentatif lui-même. On a bien vu quelques exemples du contraire ; il y a eu quelquefois une répugnance reli-

gieuse à limiter le pouvoir d'une race particulière
de gouvernants; mais, en général, la doctrine d'o-
béissance passive signifiait seulement la soumission
à la volonté des pouvoirs existants, qu'ils fussent
monarchiques ou populaires. En général, quand il
s'agit d'essayer quelque part le gouvernement représentatif, l'indifférence pour cette forme de gouvernement et l'incapacité d'en comprendre les procédés et les exigences, sont les obstacles auxquels
on doit s'attendre plutôt qu'à une opposition positive. Ces obstacles toutefois sont aussi funestes et
aussi tenaces qu'une aversion positive; car il est
presque toujours plus aisé de changer la direction
d'un sentiment actif que de créer un sentiment dans
une condition antérieurement passive.

Quand un peuple n'a pas l'estime ni l'attachement qu'il faut pour une constitution représentative, il n'a presque aucune chance de la conserver.
En tout pays, l'*exécutif* est la branche du gouvernement qui manie le pouvoir immédiat et qui est
en contact direct avec le public; à lui s'adressent
les espérances et les craintes des individus, et c'est
surtout par lui que sont représentés tout à la fois,
aux yeux du public, les bienfaits et les terreurs du
gouvernement aussi bien que son prestige. Si donc
les autorités qui doivent contenir et modérer l'*exécutif* ne sont pas soutenues par une opinion et un
sentiment puissants chez le peuple, l'*exécutif* trouve

toujours moyen de les mettre de côté ou de les réduire à l'obéissance, et il est sûr d'être aidé à cette œuvre. La permanence des institutions représentatives dépend nécessairement de la bataille que le peuple est prêt à livrer pour elles, lorsqu'elles sont en danger. Si on les estime trop peu pour en venir là, il est rare qu'elles prennent pied, ou si elles y parviennent, elles sont sûres d'être renversées dès que le chef du gouvernement ou tout chef de parti qui peut rassembler assez de forces pour un coup de main, sera disposé à courir quelque petit risque pour arriver au pouvoir absolu.

Ces considérations se rapportent aux deux premières causes d'échec pour un gouvernement représentatif. La troisième cause se rencontre lorsqu'il manque au peuple, soit la volonté, soit la capacité de jouer le rôle qui lui appartient dans une constitution représentative. Quand il ne se trouve personne, ou quand il se trouve seulement un petit nombre d'hommes qui prenne aux affaires générales de l'État le degré d'intérêt nécessaire pour la formation d'une opinion publique, les électeurs n'emploieront guère leur droit de suffrage qu'à servir leur intérêt privé ou l'intérêt de leur localité, ou celui d'un homme avec lequel ils sont liés soit comme *adhérents*, soit comme *dépendants*. La classe peu nombreuse qui, dans cet état de sentiment public, obtient la direction du corps représentatif, ne

l'emploie la plupart du temps que comme un moyen
de faire fortune. Si l'*exécutif* est faible, il y a lutte
dans le pays, lutte violente pour les places; s'il est
fort, il se rend despotique en apaisant à bon marché les représentants ou tels d'entre eux qui seraient
capables de lui donner du souci, au moyen d'une
part dans le butin; et le seul produit de la représentation nationale, c'est qu'outre ceux qui gouvernent réellement, le public défraie une assemblée,
et qne nul abus, où est interrsssée une partie de
l'assemblée, n'a chance d'être détruit.

Cependant quand le mal s'arrête là, on peut s'y
soumettre afin de jouir de la publicité et de la discussion qui sont l'accompagnement naturel, sinon
invariable, de toute représentation même nominale.
Par exemple, on peut à peine douter que, dans le
royaume moderne de Grèce, les coureurs de places
qui composent en grande partie l'assemblée représentative, n'entretiennent l'idée des droits populaires et ne contribuent grandement à la liberté
réelle de la presse qui existe dans ce pays, quoique
directement ils ne fassent rien ou peu de chose pour
que le pays soit bien gouverné ni même pour tempérer le pouvoir arbitraire de l'*exécutif*. Toutefois
ce bienfait dépend entièrement de l'existence d'un
roi héréditaire à côté du corps populaire. Si, au
lieu de se disputer les faveurs du gouvernement
principal, ces factions égoïstes et sordides se dispu-

taient la place principale elle-même, le pays demeurerait, comme l'Amérique espagnole, dans un état de révolution chronique et de guerre civile. Une succession d'aventuriers politiques exercerait à tour de rôle non point le despotisme des lois, mais celui de la violence, et le nom et les formes de la représentation n'auraient d'autre effet que d'empêcher le despotisme d'arriver à cette stabilité et à cette sécurité, qui sont les seules conditions où puissent s'adoucir ses maux, et se réaliser le peu de bienfaits dont il est capable.

Dans ces divers cas, le gouvernement représentatif ne peut exister d'une façon permanente. Il y en a d'autres où il n'est peut-être pas impossible, mais où une autre forme de gouvernement serait préférable; par exemple, lorsqu'un peuple a besoin pour s'élever en civilisation, de se pénétrer de quelque maxime, de contracter quelque habitude à l'acquisition de laquelle le gouvernement représentatif mettrait probablement obstacle.

Le plus évident de ces cas est celui que nous avons déjà considéré, où un peuple ignore encore le premier principe d'obéissance. Une race, à laquelle ses luttes contre la nature et contre ses voisins ont enseigné l'énergie et le courage, mais qui ne s'est pas encore pliée à l'obéissance permanente envers un chef commun, aurait peu de chance d'acquérir cette habitude sous le gouvernement collectif de sa propre

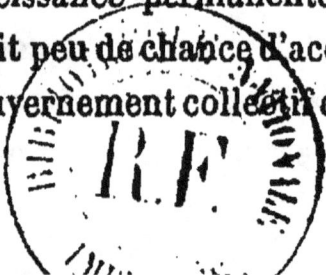

6

communauté. Une assemblée représentative, prise
parmi un tel peuple, ne ferait que refléter son insu-
bordination turbulente. Elle refuserait son autorité à
tous les actes qui voudraient imposer une contrainte,
si désirable qu'elle fût, à sa sauvage indépendance.

Les nécessités de la guerre et l'autorité despotique
indispensable au commandement militaire peuvent
seules, en général, amener de pareilles tribus à subir
les conditions élémentaires d'une société civilisée.
Un chef militaire est le seul supérieur qu'elles reconnaîtront, si ce n'est peut-être çà et là quelque
prophète qui leur semble inspiré d'en haut, quelque
magicien renommé pour de prétendus miracles. De
pareils hommes peuvent exercer un ascendant temporaire; mais comme cet ascendant est purement
personnel, rarement opère-t-il quelque modification
dans les habitudes générales du peuple, à moins
que le prophète ne soit en même temps un chef militaire, comme Mahomet, et ne se présente, comme
l'apôtre armé de la nouvelle religion, ou bien à
moins que les chefs militaires ne s'allient avec son
influence, et n'en fassent un des soutiens de leur
propre gouvernement.

Un peuple n'est pas moins impropre au gouvernement représentatif lorsqu'il a le défaut contraire à
celui que nous venons d'exposer, c'est-à-dire une
extrême *passivité* et une prompte soumission à la
tyrannie. Si un peuple, ainsi réduit à rien par son

caractère et par les circopstances, pouvait obtenir
des institutions représentatives, il choisirait inévitablement ses tyrans pour représentants, et la combinaison, qui à première vue semblerait devoir alléger
son joug, ne ferait que le rendre plus pesant. Au
contraire, plus d'un peuple est sorti petit à petit de
cette condition, avec l'aide d'une autorité centrale
qui par sa position était la rivale, et qui a fini par
devenir la maîtresse des despotes locaux, et qui surtout possédait cet avantage d'être unique en son
genre. L'histoire de France, depuis Hugues Capet
jusqu'à Richelieu et Louis XIV, offre un exemple
continu de cette marche des choses. Même quand le
roi était à peine aussi puissant que la plupart de ses
principaux feudataires, le grand avantage qu'il ti-
rait de n'être *qu'un* a été reconnu par les historiens
français. Vers lui se tournaient les regards de *tous
ceux* qui étaient opprimés localement ; dans *tout* le
royaume, on espérait en lui, on avait confiance en
lui, tandis que chaque dominateur local n'était puissant que dans un espace plus ou moins borné. De
tous les recoins du royaume, on venait chercher près
du roi refuge et protection, tantôt contre l'un, tantôt
contre l'autre des oppresseurs immédiats. Le progrès de son ascendant était lent, mais il s'opérait en
mettant à profit successivement des occasions qui
ne s'offraient qu'au roi seul ; aussi ce progrès était-
il sûr, et à mesure qu'il s'accomplissait, il diminuait

chez la portion opprimée de la nation l'habitude de
se soumettre à l'oppression.

C'était l'intérêt du roi d'encourager tous les efforts partiels des serfs pour s'affranchir à l'égard
de leurs maîtres et se placer sous sa domination
directe. Avec sa protection se formèrent de nombreuses communautés qui ne reconnaissaient personne au-dessus d'elle que le roi. L'obéissance envers
un monarque éloigné, comparée à la domination
du seigneur du château voisin, c'est la liberté
même : et le monarque fut longtemps contraint par
les nécessités de sa position, d'exercer son autorité
plutôt comme l'allié que comme le maître des
classes qu'il avait aidées à s'affranchir. De cette
façon, un pouvoir central, despotique en principe,
quoique généralement très-restreint en pratique,
fut le principal instrument qui fît franchir au peuple
une phase nécessaire du progrès, dont, selon toute
apparence, il n'aurait jamais pu approcher avec un
gouvernement véritablement représentatif. Il y a des
parties de l'Europe où la même œuvre est encore à
faire, et n'a aucune chance d'être accomplie par d'autres moyens. Rien autre chose qu'un gouvernement
despotique, ou un massacre général, ne pourrait ef-
fectuer l'émancipation des serfs dans l'empire russe.

Aux mêmes époques de l'histoire, on voit clairement un autre mérite de la monarchie absolue sur-
montant certains obstacles au progrès de la civili-

sation, que le gouvernement représentatif tendrait positivement à aggraver. Un des plus puissants obstacles au progrès, jusque dans un état de civilisation assez avancée, c'est un esprit invétéré de localité. Des portions de l'humanité qui, sous beaucoup d'autres rapports, sont capables de jouir de la liberté et préparées à la recevoir, peuvent n'avoir pas les qualités voulues pour se fondre, même en la plus petite des nations. Non-seulement des jalousies et des antipathies peuvent les éloigner les unes des autres et empêcher toute possibilité d'union volontaire, mais elles peuvent n'avoir pas encore acquis les sentiments ni les habitudes qui rendraient l'union réelle, en supposant qu'elle fût accomplie nominalement. Certains groupes de population, comme les citoyens d'une ville antique ou comme les habitants d'un village d'Asie, peuvent avoir acquis une grande habitude d'exercer leurs facultés sur les intérêts de leur ville ou de leur village ; ils peuvent même s'acquitter passablement d'un gouvernement populaire sur cet étroit théâtre, étrangers d'ailleurs à toute forte sympathie en dehors de ces limites, comme à tout usage, à toute capacité de manier des intérêts communs à beaucoup d'autres cités semblables. Je ne sache pas qu'un certain nombre de ces atomes ou corpuscules politiques se soient jamais fondus en un corps, qu'ils aient jamais appris à se sentir un seul peuple, sans avoir été

préalablement soumis tous à la même autorité cen-
trale(1). C'est l'habitude d'en référer à cette autorité,
d'entrer dans ses plans, de se soumettre à ses vues,
qui ouvre l'esprit d'un peuple, tel que nous l'avons
supposé, à la conception de grands intérêts comprenant un territoire d'une étendue considérable. Au
contraire, de tels intérêts sont nécessairement la
considération qui prédomine dans l'esprit du gouvernement central ; et, grâce aux relations plus ou
moins intimes qu'il établit progressivement entre
les localités, ils deviennent familiers à l'esprit du
public.

Le concours de circonstances le plus favorables à
ce progrès serait celui où l'on verrait des institutions représentatives, sans gouvernement représentatif, un ou plusieurs corps représentatifs tirés des
localités se faisant les auxiliaires ou les instruments
du pouvoir central, mais n'essayant guère de le contrarier ou de le contrôler. De cette façon, le peuple
étant appelé pour ainsi dire au conseil, quoique ne
partageant pas le pouvoir suprême, l'éducation politique donnée par l'autorité centrale est rapportée
bien plus efficacement qu'elle ne pourrait l'être

(1) L'Italie, qu'on peut seule citer comme une exception, n'en
est une que sous le rapport de la dernière phase de sa
transformation. Le progrès plus difficile qu'avaient opéré déjà
les villes isolées de Florence, de Pise ou de Milan, en se réunissant pour former l'unité provinciale de la Toscane ou de la
Lombardie, s'est fait de la façon ordinaire.

autrement, aux principaux habitants des localités et
à la population en général. En même temps, on conserve la tradition d'un gouvernement par consentement général, ou du moins la sanction de la tradition n'est point donnée à un gouvernement absolu,
lequel, lorsqu'il est consacré par la coutume, a si
souvent mal fini des choses bien commencées, et
présente un des exemples les plus fréquents de la
triste fatalité qui dans bien des pays a entravé le progrès dès ses premiers pas, l'œuvre d'un siècle ayant
été faite de façon à empêcher l'œuvre nécessaire des
siècles suivants. En attendant, on peut établir ceci
comme une vérité politique : c'est qu'une monarchie
absolue réussira bien mieux qu'un gouvernement
représentatif à fondre une multitude d'unités politiques insignifiantes en un seul pays ayant des sentiments généraux de cohésion, assez de force pour se
protéger contre la conquête et l'agression étrangère,
et des affaires suffisamment variées et considérables
pour occuper dignement et développer dans des
proportions convenables l'intelligence sociale et
politique de la population.

Par ces diverses raisons, le gouvernement royal
avec des institutions représentatives capables peut-
être de le fortifier sans le contrôler, est la forme de
gouvernement la plus convenable pour toute communauté en bas âge, sans en excepter des cités
comme celles de la Grèce antique. Là en effet, au

dire de l'histoire, le gouvernement des rois, contrôlé jusqu'à un certain point par l'opinion publique d'une manière réelle quoiqu'elle ne fût ni ostensible ni constitutionnelle, a précédé, et de beaucoup sans doute, toutes les institutions libres, et n'a cédé la place qu'à des oligarchies d'un petit nombre de familles qui la gardèrent longtemps.

On pourrait montrer chez un peuple cent autres infirmités ou lacunes qui le rendent impropre à faire le meilleur usage possible du gouvernement représentatif; mais ici il n'est plus aussi évident que le gouvernement d'un seul ou d'un petit nombre ait quelque tendance à guérir ou à diminuer le mal. Les défauts qui dominent chez un peuple, que ce soit de puissants préjugés, un attachement obstiné à de vieilles coutumes, des vices positifs dans le caractère national, ou bien simplement de l'ignorance et un manque de culture intellectuelle ; ces défauts-là se retrouveront tous dans les assemblées représentatives du peuple, et dans le cas où l'administration exécutive, le maniement direct des affaires, tomberait entre les mains de personnes comparativement exemptes de ces défauts, ces personnes feraient souvent beaucoup plus de bien, si elles n'étaient entravées par la nécessité d'obtenir l'assentiment volontaire des corps représentatifs. Mais dans ce cas, la position des gouvernants ne suffit pas à leur donner, comme dans les autres cas que nous avons examinés, des intérêts et des tendances qui opèrent dans une direction bienfaisante. Rarement le gouvernant unique et ses conseillers, ou bien le petit nombre des gouvernants, seront exempts de la faiblesse générale du peuple ou de celle qui tient à l'état de civilisation, à moins qu'ils ne soient des étrangers appartenant à un peuple supérieur ou à une société plus avancée. Alors, sans doute, les gouvernants peuvent être de tous points supérieurs en civilisation à ceux qu'ils gouvernent, et la soumission à un gouvernement étranger de cette espèce, malgré ses maux inévitables, est souvent le plus grand des avantages pour un peuple ; car elle lui fait franchir rapidement plusieurs phases du progrès et écarte bien des obstacles qui auraient pu subsister indéfiniment, si la population soumise avait été abandonnée à ses chances, et à ses tendances naturelles.

Dans un pays qui n'est pas sous la domination étrangère, la seule cause capable de produire de pareils bienfaits, c'est le rare accident du génie sur le trône. Ils sont en petit nombre dans l'histoire ces bienfaiteurs de l'humanité qui ont régné assez longtemps pour rendre quelques-unes de leurs améliorations permanentes en les laissant à la garde d'une génération qui avait grandi sous leur influence. Charlemagne en est un exemple ; Pierre-le-Grand en est un autre. Néanmoins, de tels exemples sont rares, et on doit les classer parmi ces heureux acci-

dents qui décidèrent tant de fois à un moment critique, si quelque portion importante de l'humanité
prendrait un élan soudain, ou retomberait dans la
barbarie. Tel fut le personnage de Thémistocle à
l'époque de l'invasion des Perses, tel celui du 1er ou
du 3me Guillaume d'Orange. Il serait absurde d'établir des institutions uniquement en vue de mettre
à profit de pareilles éventualités, d'autant plus que
les hommes de cette trempe, dans toute position
distinguée, trouveront un moyen, sans être armés
du pouvoir despotique, d'exercer une grande influence, ainsi que l'ont prouvé les trois personnages
nommés en dernier lieu.

Le cas qui mérite le plus d'être examiné sous le
rapport des institutions, c'est le cas assez fréquent
où une portion peu nombreuse, mais éminente d'ailleurs, de la population, a sur tout le reste une supériorité marquée de civilisation et de qualités diverses, grâce à une différence de race, à une origine
plus civilisée, ou à quelque autre circonstance particulière.

Dans ces conditions, la masse, gouvernée par ses
représentants, serait exposée à perdre presque tout
le profit qu'elle pourrait tirer de la civilisation
plus élevée des classes supérieures, tandis que le
gouvernement des représentants de ces classes irait
à dégrader de plus en plus la multitude, et ne lui
laisserait l'espérance d'être traitée convenablement

que le jour où elle se débarrasserait d'un des plus précieux éléments de son progrès futur. La meilleure chance de progrès pour un peuple ainsi fait, repose sur l'existence d'une autorité sans limites constitutionnelles ou du moins prépondérante en fait, dans la personne du principal gouvernant de la classe supérieure. Lui seul trouve dans sa position un intérêt, qui est d'élever et d'améliorer la masse dont il n'est pas jaloux, pour en faire le contre-poids de sa caste dont il est jaloux. Et si des circonstances heureuses ont mis à côté de lui, non comme contrôleur mais comme subordonné, un corps de représentants de la classe supérieure, qui par ses objections, par ses discussions et même au besoin par ses explosions d'énergie entretienne des habitudes de résistance collective, et qui puisse devenir avec le temps et petit à petit, une représentation vraiment nationale (ce qui est en substance l'histoire du parlement anglais), la nation a pour le coup devant elle toutes les perspectives d'amélioration qui peuvent s'offrir à une communauté placée et constituée de la sorte.

Parmi les tendances qui, sans rendre un peuple absolument impropre au gouvernement représentatif, peuvent être un obstacle sérieux à ce qu'il en recueille tous les fruits possibles, il y en a une qui mérite une attention particulière. Il est deux inclinations très-différentes en elles-mêmes, avec quelque chose de commun par où elles se rencontrent

souvent dans la direction qu'elles donnent aux efforts des individus et des nations : l'une est le désir
de commander, l'autre est la répugnance à subir le
commandement. La prédominance de l'une ou de
l'autre de ces dispositions chez un peuple, est un
des éléments les plus importants de son histoire. Il
y a des peuples où la passion de gouverner autrui
surpasse tellement le désir de l'indépendance personnelle, que les hommes sacrifieront volontiers la
substance de la liberté à la simple apparence du
pouvoir. Chacun d'eux, comme le simple soldat
dans une armée, abdique de grand cœur sa liberté
personnelle d'action entre les mains de son général, pourvu que l'armée soit triomphante et vic-
torieuse, et qu'il puisse se flatter d'être membre
d'une armée conquérante, quoique l'idée de la part
qui lui échoit dans la domination exercée sur le
peuple conquis, soit une illusion. Un gouvernement
dont les pouvoirs et les attributions seraient strictement limités, dont on exigerait qu'il ne se mêlât
pas de tout et qu'il laissât marcher les choses la
plupart du temps sans prendre le rôle d'un tuteur
ou d'un directeur, ce gouvernement ne plairait pas
à un tel peuple. A ses yeux, les possesseurs de l'autorité ne peuvent guère trop entreprendre, pourvu
que tous les citoyens puissent un jour ou l'autre
arriver à l'autorité. Chez cette nation, un homme
préférera en général la chance (si lointaine et si

improbable qu'elle soit) d'exercer quelque portion
de pouvoir sur ses concitoyens, à la certitude pour
lui et pour les autres qu'on n'exercera sur eux aucun
pouvoir inutile.

Voilà ce qui constitue un peuple de coureurs de
places — un peuple où la politique est déterminée
principalement par la course aux places, où l'on ne
prise que l'égalité et point la liberté, où les contes-
tations des partis politiques ne sont que des luttes
pour décider si le droit de se mêler de tout appar-
tiendra à une classe au lieu d'une autre (peut-être
à un groupe d'hommes publics au lieu d'un autre),
où l'idée qu'on se fait de la démocratie est simplement l'idée d'ouvrir les fonctions publiques à tous
et non plus à un petit nombre seulement, où enfin
plus les institutions sont populaires, et plus on crée
un nombre infini de places ; en conséquence, l'excès
de gouvernement exercé par tous sur chacun, et
par l'exécutif sur tous, devient plus monstrueux que
jamais.

Il n'y aurait ni justice ni générosité à présenter
ceci ou quelque chose d'approchant, comme un
portrait tout à fait exact du peuple français.

Le trait de caractère par où le peuple anglais est
plus propre qu'aucun autre au gouvernement représentatif, c'est qu'il appartient presque universellement au type opposé. Il s'insurge volontiers contre
toute tentative faite pour exercer sur lui un pouvoir

que ne sanctionne pas un long usage, ou sa propre opinion du droit ; mais il se soucie très-peu en général d'exercer le pouvoir sur autrui. N'ayant pas pour leur compte la moindre passion de gouverner, sachant très-bien d'ailleurs pour quels motifs intéressés on recherche le gouvernement, les Anglais préfèrent que cette fonction soit accomplie par ceux à qui elle échoit naturellement comme une conséquence de leur position sociale. Si les étrangers comprenaient ceci, ils en comprendraient mieux certaines anomalies apparentes chez les Anglais ; leur goût, leur empressement à subir la supériorité politique des hautes classes, et avec cela nulle soumission personnelle envers ces mêmes classes ; une passion qui ne se voit en aucun autre pays, de résister à l'autorité lorsqu'elle dépasse les bornes prescrites, une détermination ardente de rappeler sans cesse aux gouvernants qu'on veut être gouverné à sa guise et non autrement. Ainsi la course aux places est une forme d'ambition à laquelle la nation anglaise en général est presque étrangère. A l'exception des quelques familles sur le chemin desquelles les emplois officiels se trouvent placés directement, les idées des Anglais sur la manière de s'élever prennent une direction totalement opposée, celle du succès dans les affaires ou dans une profession. Ils ont le plus vif dégoût pour les individus ou les partis politiques qui ne font que se disputer les places : et il n'est rien qui leur inspire plus d'antipathie que la multiplication des emplois publics, une chose au contraire toujours populaire chez les nations du continent qui, entêtées de la bureaucratie, aimeraient mieux payer des impôts plus élevés que de diminuer le moindrement leurs chances individuelles d'obtenir des places. Vous les entendez peut-être crier à l'économie, non pour l'abolition des places, mais pour la réduction des traitements de certaines places trop considérables pour être à la portée d'un citoyen ordinaire.

CHAPITRE V

En traitant la question du gouvernement représentatif, il importe] par-dessus tout de ne jamais
perdre de vue la distinction à faire entre son idéal
ou essence, et les formes particulières que cet idéal
a revêtues, sous le coup d'accidents historiques,
ou sous l'influence des notions reçues à quelque
époque donnée.

Gouvernement représentatif signifie que la nation
tout entière ou au moins une portion nombreuse de
la nation, exerce, par l'entremise de députés qu'elle
nomme périodiquement, le pouvoir du contrôle suprême, pouvoir qui dans toute constitution doit ré-
sider quelque part. Ce pouvoir suprême, la nation
doit le posséder dans toute sa perfection. Elle doit
être maîtresse, quand elle veut, de toutes les opérations du gouvernement. Il n'est pas nécessaire que
la loi constitutionnelle elle-même lui donne cet
empire. Elle ne le donne pas dans la constitution
britannique ; mais ce qu'elle donne revient au même,
en pratique. Le pouvoir de contrôle final est aussi

essentiellement unique dans un gouvernement mélangé et pondéré que dans une monarchie ou une
démocratie pure. C'est là ce qu'il y a de vrai dans
cette opinion des anciens, adoptée de nouveau aujourd'hui par de grandes autorités, qu'une constitution pondérée est impossible. Il y a presque toujours
une pondération ; mais jamais les plateaux de la
balance ne sont parfaitement à niveau. A ne regarder que la surface des institutions politiques, on ne
voit pas toujours lequel l'emporte. Dans la constitution britannique, chacun des trois membres combinés de la souveraineté est investi de pouvoirs qui,
s'il les exerçait pleinement, le rendrait capable d'arrêter tout le mécanisme du gouvernement. Donc,
nominalement chacun d'eux possède un pouvoir
égal de contrarier et d'arrêter les autres. Et si l'un de
ces trois membres pouvait apercevoir un avantage
à exercer ce pouvoir, le train ordinaire des choses
humaines nous permet de supposer qu'il l'exercerait. Sans aucun doute, chacun des trois membres
emploierait tous ses pouvoirs pour se défendre, s'il
se trouvait attaqué par l'un des deux autres ou par
tous deux ensemble. Qui est-ce qui l'empêche donc
de s'en servir agressivement ? Les maximes non
écrites de la constitution, en d'autres termes la
moralité positive et politique du pays : c'est cette
moralité positive et politique que nous devons
considérer, si nous voulons savoir où réside le

pouvoir vraiment suprême dans la constitution.

Par la loi constitutionnelle, la couronne peut refuser son assentiment à tout acte du parlement, et
nommer ou maintenir dans son emploi tout ministre, malgré les remontrances du parlement. Mais la
moralité constitutionnelle du pays annule ces pouvoirs, elle empêche qu'on en fasse jamais usage,
elle exige que le chef de l'administration soit toujours nommé virtuellement par la chambre des
communes : par là elle fait de ce corps le véritable
souverain de l'État. Mais les règles non écrites qui
circonscrivent l'emploi des pouvoirs légaux, n'ont
d'effet et de vie qu'à condition de s'accorder avec
la distribution actuelle de la véritable force *politique*.
En toute constitution, il y a un pouvoir plus fort,
un pouvoir qui remporterait la victoire si les compromis, grâce auxquels la constitution fonctionne
ordinairement, étaient suspendus et que les forces
en vinssent à se mesurer. On adhère aux maximes
constitutionnelles, et elles ont un effet pratique,
aussi longtemps qu'elles donnent la prédominance
dans la constitution à celui des pouvoirs qui possède
au dehors la prépondérance du pouvoir actif.

En Angleterre, ce pouvoir c'est le pouvoir populaire. A ce compte, si les précautions légales de la
constitution britannique ainsi que les maximes non
écrites qui règlent par le fait la conduite des différentes autorités politiques, ne donnaient pas à l'élé-

ment populaire dans la constitution, cette suprématie véritable dans toutes les branches du gouvernement, qui correspond à son pouvoir réel sur le pays, la constitution ne posséderait pas cette stabilité qui la caractérise, ou les lois et maximes non écrites auraient bientôt à changer. Ainsi, le gouvernement britannique est un gouvernement représentatif dans le vrai sens du mot, et les pouvoirs qu'il abandonne aux mains de ceux qui ne sont pas directement responsables envers le peuple, ne peuvent être regardés que comme des précautions que le pouvoir dominant permet de prendre contre ses propres erreurs. De telles précautions ont existé dans toutes les démocraties bien constituées. La constitution athénienne en renfermait un grand nombre, et il en est de même dans la constitution des Etats-Unis.

Mais, tandis qu'il est essentiel pour un gouvernement représentatif que la suprématie pratique dans l'État appartienne aux représentants du peuple, on se demande quelles seront les fonctions véritables que remplira directement et personnellement le corps représentatif? quelle sera sa part précise dans le mécanisme du gouvernement? Sous ce rapport, de grandes variétés sont compatibles avec l'essence du gouvernement, pourvu que les fonctions assurent au corps représentatif l'autorité suprême en toutes choses.

Il y a une différence radicale entre contrôler la besogne du gouvernement et l'accomplir réellement. Le même homme ou le même corps peut être capable de tout contrôler mais ne peut pas tout faire, et, dans bien des cas, moins il essaiera d'agir par lui-même et plus son contrôle sur toutes choses sera satisfaisant. Le chef d'une armée ne pourrait pas si bien en diriger les mouvements s'il combattait dans les rangs ou s'il montait à l'assaut. Il en est de même pour les assemblées humaines. Certaines choses ne peuvent être bien faites que par des assemblées, d'autres ne peuvent être bien faites par elles. En conséquence, savoir ce qu'une assemblée populaire doit contrôler est une question, savoir ce qu'elle doit faire en est une autre. Comme nous l'avons déjà vu, elle doit contrôler toutes les opérations du gouvernement. Mais pour décider de quelle manière ce contrôle peut le mieux être exercé, et quelle portion de la besogne du gouvernement l'assemblée représentative doit accomplir elle-même, il nous faut examiner quel genre de besogne un corps nombreux est capable d'accomplir avec succès. Il ne doit se charger personnellement que de ce qu'il peut bien faire. Quant au reste, sa tâche est de ne pas le faire, mais de s'arranger pour que d'autres le fassent bien.

Par exemple, l'office qu'on regarde comme appartenant plus particulièrement que tout autre à une assemblée représentative du peuple, c'est celui de voter l'impôt. Néanmoins dans aucun pays l'assemblée représentative n'entreprend de préparer les budgets, soit elle-même, soit par des délégués. Quoique le budget des dépenses ne puisse être voté que par la chambre des communes, et quoique la sanction de la Chambre soit exigée également pour l'appropriation des revenus aux différents *item* de la dépense publique, c'est une maxime et une pratique habituelle dans la constitution, de n'accorder l'argent que sur la proposition de la couronne. Il fut compris sans doute qu'on ne peut espérer de la modération quant à la somme, du soin et du jugement dans le détail de son application, que lorsque le gouvernement exécutif par les mains duquel cet argent doit passer, est responsable des plans et des calculs sur lesquels se basent les appels de fonds. En conséquence, on ne demande pas au parlement, et même on ne lui permet pas de diriger précisément soit l'imposition des taxes, soit la dépense. Tout ce qu'on lui demande, c'est son consentement, et le pouvoir de le refuser est le seul qu'il possède.

Les principes contenus et reconnus dans cette doctrine constitutionnelle, si on les suit jusqu'au bout, sont un guide pour reconnaître et définir les fonctions générales des assemblées représentatives. D'abord, il est admis dans tout pays où le système représentatif est compris en pratique, que des corps représentatifs et nombreux ne devraient pas administrer. Cette maxime est fondée non-seulement sur les principes les plus essentiels d'un bon gouvernement, mais sur ceux d'où dépend le succès en toute affaire. Nulle collection d'hommes, à moins qu'elle n'ait une organisation et une hiérarchie, n'est propre à l'action, dans le vrai sens du mot. Même un conseil d'élite, composé d'un petit nombre de membres familiers avec la besogne qu'ils ont à traiter, est toujours un instrument inférieur à quelque individu qui pourrait être trouvé parmi ses membres, et ce conseil gagnerait énormément à ce que cet individu devînt le chef, et à ce que les autres lui fussent subordonnés. Ce qu'une assemblée peut faire mieux qu'aucun individu, c'est de délibérer. Quand il est nécessaire ou important que beaucoup d'opinions contradictoires soient entendues et prises en considération, une assemblée délibérante est indispensable. Ces assemblées sont donc fréquemment utiles, même pour la besogne administrative; mais à titre de conseillères, car en règle générale une pareille besogne est toujours mieux dirigée par une seule personne responsable. Même une compagnie par actions a toujours en réalité un gérant : la bonne ou la mauvaise direction de la compagnie dépend essentiellement des qualités d'un seul individu, et les autres directeurs ne servent qu'à conseiller cet individu, ou bien à le surveiller, à l'arrêter ou à le changer en cas de mauvaise gestion. Qu'ils aient ostensiblement une part égale à la sienne dans la direction, ne serait nullement un avantage, mais un obstacle considérable. Cela affaiblirait grandement dans l'esprit du gérant et dans celui des autres, le sens de cette responsabilité individuelle qui doit peser sur lui et sur lui seul.

Mais une assemblée populaire est encore plus incapable d'administrer ou de donner des ordres détaillés à ceux qui sont chargés de l'administration. Même avec une intervention honnête, cette intervention est presque toujours fâcheuse. Toute branche d'administration est une affaire délicate qui a ses règles, ses traditions particulières dont beaucoup ne sont pas même connues, si ce n'est de ceux qui pendant quelque temps ont mis la main à l'œuvre, et dont nulle ne peut être appréciée que par les personnes qui ont une connaissance pratique de la chose. Je ne veux pas dire que la conduite des affaires publiques renferme des mystères *ésotériques* accessibles seulement aux initiés. Les principes de cette conduite sont intelligibles pour tout homme de bon sens, qui se représente fidèlement l'ensemble des circonstances et des conditions auxquelles il a affaire ; mais pour cela il faut connaître ces circonstances et ces conditions, et cette connaissance ne vient pas par intuition. Il y a beaucoup de règles

de la plus haute importance dans toutes les branches des affaires publiques (comme dans toute occupation privée) dont un individu nouveau à la chose
ne peut connaître la raison ni même soupçonner
l'existence, parce que ces règles sont faites pour
avoir raison de dangers ou d'inconvénients auxquels
il n'avait jamais songé. J'ai connu des hommes publics, des ministres d'une capacité plus qu'ordinaire
qui, lorsqu'ils abordaient une branche d'administration nouvelle pour eux, faisaient sourire leurs inférieurs, de l'air qu'ils annonçaient comme une vérité ignorée jusque-là et mise en lumière par eux,
quelque idée élémentaire qui s'offre à première vue,
et qu'on laisse bientôt derrière soi en avançant dans
le sujet. Un homme d'État, il est vrai, est celui qui
sait quand il faut se départir des traditions aussi
bien que quand il faut y adhérer. Mais c'est une
grande erreur de supposer qu'il y réussira mieux
pour être ignorant des traditions.

Une personne qui ne connaît pas à fond les manières d'agir que l'expérience commune a sanction-
nées, est incapable de voir quand les circonstances
exigent qu'on se départe de ces manières habi-
tuelles d'agir. Les intérêts qui reposent sur les actes
émanés d'une branche d'administration, les conséquences qui peuvent résulter de quelque manière
particulière de la diriger, sont choses qui veulent
être pesées et estimées avec une sorte de savoir et

de jugement spécial très-exercé ; et cela ne se voit pas plus chez ceux qui n'ont pas été élevés pour la chose, qu'on ne rencontre la capacité de réformer la loi chez ceux qui ne l'ont pas étudiée profession-nellement. Toutes ces difficultés seront ignorées à coup sûr d'une assemblée représentative qui entre-prend de prononcer sur des mesures spéciales d'ad-ministration.

A mettre les choses au mieux, c'est l'inexpérience siégeant pour juger l'expérience, c'est l'ignorance sié-geant pour juger le savoir ; l'ignorance qui ne soup-çonnant jamais l'existence de ce qu'elle ne sait pas, est également insouciante et hautaine, traitant avec légèreté, si ce n'est avec colère, toute prétention à émettre un jugement plus digne de considération que le sien. Voilà ce qui en est quand nul motif in-téressé ne survient ; mais dans le cas contraire, on a le spectacle d'un *maquignonnage* (jobbery) plus effronté et plus audacieux que la corruption la plus effroyable qu'on puisse voir dans un service public sous un gouvernement de publicité. Il n'est pas né-cessaire que la majorité de l'assemblée ait un motif intéressé. Dans bien des cas, il suffit que deux ou trois de ses membres en aient. Ces deux ou trois membres auront un intérêt plus grand à égarer l'as-semblée qu'aucun des autres n'en aura probable-ment à la remettre dans le bon chemin. La masse de l'assemblée peut rester les mains nettes ; mais elle ne peut porter un esprit bien vigilant, ni beaucoup de jugement et de discernement sur des matières auxquelles elle ne connaît rien : une majorité indolente, comme un individu indolent, appartient à la personne qui se donne le plus de peine pour s'en emparer.

Les mesures mauvaises et les nominations mauvaises d'un ministre peuvent être contrôlées par le parlement, et l'intérêt qu'ont les ministres à se défendre, comme l'intérêt qu'ont leurs rivaux à les attaquer, assure un débat qui peut être passablement sérieux. Mais « *quis custodiet custodes?* » qui contrôlera le parlement? Un ministre, le chef d'un service public, sent peser sur lui une certaine responsabilité. En pareil cas, une assemblée ne se sent nullement responsable. En effet, quand a-t-on jamais vu un membre du parlement perdre son siége pour la manière dont il avait voté sur quelque détail d'administration? Pour un ministre ou pour le chef d'un service, ce qu'on pensera de ses mesures au bout de quelque temps, est plus important que ce qu'on en pense au moment même. Mais une assemblée, dès qu'elle a pour elle l'opinion du moment, et quand même cette opinion serait irréfléchie ou gagnée par artifice, se regarde et est regardée par tous comme complétement disculpée, si désastreuses que puissent être les conséquences. En outre, une assemblée ne ressent jamais personnellement les inconvénients de ses mauvaises mesures, avant qu'ils aient atteint la dimension de maux publics : les ministres et les administrateurs voient approcher ces inconvénients, et ils ont l'ennui et la peine d'y chercher un remède.

Le devoir propre d'une assemblée représentative, quant aux matières d'administration, n'est pas d'en décider par son propre vote, mais de veiller à ce que les personnes qui en décideront soient les personnes voulues, et elle ne peut même pas faire cela d'une façon avantageuse, en nommant les individus. Il n'y a pas d'acte qui veuille plus impérieusement être accompli sous le poids d'une grande responsabilité individuelle, que la nomination aux emplois publics. L'expérience de toute personne familière avec les affaires publiques, vient à l'appui de cette assertion, qu'il y a peu d'actes où la conscience d'un homme ordinaire soit moins délicate, et qu'il y a peu de cas où on fasse moins d'attention aux capacités; moitié, parce que les hommes ne voient pas la différence qu'il y a entre les capacités d'une personne et celles d'une autre; moitié, parce qu'ils ne s'en inquiètent pas. Quand un ministre fait un de ces choix qui passent pour honnêtes, c'est-à-dire quand il n'abuse pas de cette occasion au profit de ses relations personnelles ou de son parti, un ignorant va peut-être supposer qu'il sera tenté de donner la place à la personne la plus capable de la remplir. Point du tout.

Un ministre ordinaire se regarde comme un miracle de vertu, s'il donne la place à une personne qui a du mérite ou un droit quelconque à la reconnaissance du public, quoique le droit ou le mérite puisse être tout l'opposé de celui qu'il faudrait. « *Il fallait un calculateur, ce fut un danseur qui l'obtint,* » le mot n'est guère plus une caricature aujourd'hui, qu'il ne l'était du temps de Figaro, et le ministre estime sans doute que non-seulement il est sans reproches, mais encore qu'il mérite des éloges, si l'homme danse bien.

En outre, les aptitudes qui rendent certains individus propres à remplir certaines fonctions ne peuvent être aperçues que par ceux qui connaissent ces individus, ou bien par ceux qui se font un devoir d'examiner et de juger les gens d'après leurs œuvres ou d'après le témoignage de personnes qui sont en position d'en juger. Quand ces obligations consciencieuses sont tellement négligées par de hauts fonctionnaires publics qu'on peut rendre responsables de leurs nominations, que serait-ce de la part d'assemblées sur lesquelles on n'a pas cette prise ? Aujourd'hui même, les pires nominations sont celles qu'on fait pour gagner un appui ou pour désarmer l'opposition dans le corps représentatif; à quoi pourrions-nous nous attendre, si les nominations étaient faites par le corps lui-même? Les corps nombreux ne s'inquiètent jamais des aptitudes spéciales. Un homme, à moins qu'il ne soit bon à pendre, est regardé comme aussi capable que tout autre de tout emploi qu'il lui plaît de solliciter. Quand les nominations faites par une assemblée populaire ne dépendent pas, comme il arrive presque toujours, de liaisons de partis ou de manœuvres privées, un homme est nommé, soit parce qu'il a une réputation de talent *général*, qui souvent n'est pas méritée, soit (ce qui est un cas très-fréquent) par cette seule raison qu'il est personnellement populaire.

On n'a jamais cru désirable que le parlement nommât lui-même les membres du cabinet. Il suffit qu'il décide véritablement qui sera le premier ministre ou quels seront les deux ou trois individus entre lesquels on choisira le premier ministre. En agissant ainsi, le parlement reconnaît simplement ce fait : que certaine personne est le candidat du parti auquel, pour le bien de la politique générale, le parlement doit prêter appui. En réalité, le parlement ne décide qu'une seule question, celle de savoir lequel entre deux partis ou trois au plus, fournira le personnel du gouvernement exécutif; l'opinion du parti lui-même décide lequel de ses membres est le plus propre à être son chef. De la manière dont ces choses marchent dans la constitution britannique, elles paraissent sur un aussi bon pied que possible. Le parlement ne nomme aucun ministre, mais la couronne nomme le chef de l'administration, conformément aux désirs et aux penchants généraux exprimés par le parlement : puis, elle nomme les autres ministres sur la recommandation du chef, tandis que sur chaque ministre personnellement pèse la responsabilité morale de nommer les personnes voulues aux autres emplois de l'administration qui ne sont pas permanents.

Dans une république il faudrait employer quelque autre mécanisme ; mais plus il se rapprocherait en pratique de ce qui existe depuis si longtemps en Angleterre, plus il aurait de chance de bien fonctionner. Il faut ou que le chef de l'*exécutif* soit élu par quelque influence indépendante du corps représentatif, comme dans la république américaine, ou que ce corps se borne à nommer le premier ministre et à le rendre responsable du choix de ses collègues et de ses inférieurs.

Je suis pleinement convaincu qu'en théorie au moins toutes ces considérations obtiendront l'assentiment général ; mais en pratique la tendance est forte parmi les corps représentatifs à s'immiscer de plus en plus dans les détails de l'administration. On n'est pas le plus fort sans éprouver une tentation croissante d'abuser de sa force : c'est une loi générale et un des dangers pratiques auxquels l'avenir des gouvernements représentatifs sera exposé.

Mais il est également vrai, quoi qu'on ne s'accorde à le reconnaître que lentement et depuis peu,

qu'une assemblée nombreuse est aussi impropre à
la besogne directe de la législation qu'à celle de
l'administration. Faire des lois est une œuvre qui
veut plus qu'aucune autre non-seulement des esprits
expérimentés et exercés, mais encore des esprits
formés à cette tâche, au moyen d'études longues et
laborieuses. Cette raison suffirait, quand même il
n'y en aurait pas d'autres, pour que les lois ne pussent jamais être bien faites que par un comité composé d'un très-petit nombre de personnes. Une raison non moins concluante, c'est que chaque clause
de la loi veut être faite avec la perception la plus
exacte et la plus prévoyante de son effet sur toutes
les autres clauses, et que la loi une fois complète
doit pouvoir se fondre et s'encadrer dans l'ensemble
des lois préexistantes. Il est impossible que ces
conditions soient remplies à un degré quelconque,
quand les lois sont votées clause par clause dans
une assemblée composée d'éléments divers. L'in-
congruité d'une telle façon de légiférer frapperait
tous les esprits, si nos lois n'étaient déjà; quant à
la forme et à l'interprétation, un tel chaos que rien
ne semble pouvoir en augmenter la confusion et la
contradiction. Pourtant, même sous ce régime,
l'inaptitude complète de notre mécanisme législatif
à atteindre le but qu'il se propose, se fait sentir
tous les ans davantage par des inconvénients pratiques.

Rien que le temps employé nécessairement à traverser la procédure des *bills*, rend le parlement de plus en plus incapable d'en passer aucun, si ce n'est sur des sujets détachés et bornés. Qu'un *bill* ait été préparé, qui entreprenne de traiter dans son ensemble un sujet quelconque (et il est impossible du statuer convenablement sur quoi que ce soit, sans avoir présent à l'esprit l'ensemble d'un sujet) le *bill* traînera de session en session uniquement parce qu'on ne peut trouver le temps de s'en occuper. Peu importe que le *bill* ait été rédigé à loisir par l'autorité estimée la plus compétente et d'ailleurs munie de toutes les ressources et de toutes les informations, ou bien qu'il ait été préparé par une commission d'élite, chargée de ce soin pour sa profonde connaissance du sujet, qui a passé des années entières dans l'étude et la coordination de la mesure dont il s'agit.... le *bill* ne passera pas, parce que la chambre des communes n'abandonnera point le précieux privilége de le remanier de ses lourdes mains.

Depuis peu on a adopté assez généralement la coutume, lorsque le principe d'un *bill* est accepté à la seconde lecture, de le renvoyer pour un examen détaillé à un *comité choisi*. Mais on n'a pas trouvé que cette coutume épargnât beaucoup de temps; car lorsque ensuite le comité de toute la chambre prononce sur le *bill*, les opinions ou les lubies pri-

vées, jusque-là maîtrisées par le savoir, insistent
toujours pour retrouver leur chance devant le tribunal de l'ignorance. Cette coutume a été adoptée
principalement par la chambre des lords, dont les
membres sont moins occupés, moins avides de se
mêler de tout et moins jaloux de l'importance de
leurs voix individuelles qu'on ne l'est à la chambre
élective. Et quand un *bill* à clauses nombreuses
réussit à se faire discuter en détail, comment dé-
peindre l'état dans lequel il sort des mains du
comité! On a oublié des clauses qui étaient essentielles à l'effet du reste; on en a inséré d'incroya-
bles pour gagner quelque intérêt privé ou pour
satisfaire quelque membre sujet à lubies qui menace de retarder le *bill*; à l'instigation de quelque
demi-savant qui n'avait qu'une teinture superficielle
du sujet, on a introduit des articles conduisant à
des conséquences qui n'ont été prévues, au premier
moment, ni par le membre qui a proposé le *bill* ni
par ceux qui l'ont appuyé, et il faudra à la session
suivante un acte d'amendement pour en corriger
les mauvais effets. C'est un mal inhérent à la manière actuelle de conduire ces choses, que l'exposi-
tion et la défense d'un *bill* soient rarement le fait de
la personne dont il est la conception propre et qui
probablement ne siége pas à la chambre. La défense d'un *bill* revient à quelque ministre ou à quelque membre du parlement qui ne l'a pas conçu,

qui a besoin d'être approvisionné par autrui de tous
ses arguments, excepté de ceux qui sont évidents
d'eux-mêmes, qui ne connaît pas toute la force de sa
cause, ni les meilleures raisons qui viennent à
son appui, et qui se trouve totalement incapable de répondre à des objections imprévues. On
peut remédier à ce mal, en ce qui regarde les *bills*
du gouvernement, et on y a remédié dans quelques
constitutions représentatives, en permettant au gouvernement d'être représenté dans les deux chambres par des personnes qni ont sa confiance et qui
ont le droit de parler, quoiqu'elles n'aient pas celui
de voter.

Si cette majorité de la chambre des communes,
majorité jusqu'à présent considérable, qui ne désire
jamais proposer un amendement ou faire un discours, voulait bien ne plus abandonner la direction
de toutes choses à ceux qui proposent et qui parlent ; si elle voulait se rappeler qu'il faut d'autres
facultés pour la législation que celles de parler
facilement et d'obtenir les voix d'un corps de commettants, et que ces qualités peuvent se rencontrer
en les cherchant, on reconnaîtrait bientôt qu'en
fait de législation comme d'administration, la seule
tâche dont une assemblée représentative soit capable, n'est pas de faire la besogne elle-même, mais
de la faire faire, de décider à qui on la confiera, et
une fois qu'elle est faite, de lui accorder ou de lui

refuser la sanction nationale. Tout gouvernement fait pour un degré élevé de civilisation, devrait avoir parmi ses éléments fondamentaux, un corps dont les membres n'excéderaient pas en nombre ceux d'un cabinet et dont la charge spéciale serait de faire les lois. Si les lois de notre pays étaient revues et refondues, comme elles le seront sans doute sous peu, la commission de *codification* qui accomplirait cette tâche devrait subsister comme institution permanente, pour veiller sur son œuvre, en prévenir la détérioration et y faire toutes les améliorations qui deviendraient nécessaires. Personne ne désirerait que ce corps possédât par lui-même le pouvoir de *rendre* des lois ; la commission ne ferait que représenter l'élément d'intelligence, le parlement représenterait l'élément de volonté. Aucune mesure ne deviendrait une loi sans avoir été expressément sanctionnée par le parlement, et le parlement ou la chambre des lords aurait le pouvoir non-seulement de rejeter un bill, mais de le renvoyer à la commission, pour y être réexaminé et amélioré. Chacune des chambres pourrait aussi déployer son initiative en signalant quelque sujet de loi à la commission. Naturellement la commission n'aurait pas le pouvoir de se refuser à la confection des lois demandées par le pays. Des instructions étant données de concert par les deux chambres pour préparer un bill qui atteindrait quelque but particulier, ces instructions

devraient être obéies par les commissaires, à moins
qu'ils ne préférassent donner leur démission. Cependant la mesure une fois préparée, le parlement
ne pourrait point la changer, mais simplement passer le *bill* ou le rejeter, ou bien, s'il le désapprou-
vait en partie, le renvoyer à la commission pour être
réexaminé.

Les commissaires seraient nommés par la couronne, mais garderaient leurs places pendant un
temps déterminé (disons cinq ans), à moins que les
deux chambres ne sollicitassent leur révocation,
soit pour inconduite personnelle (comme dans le
cas des juges), soit pour refus de préparer un *bill*
conformément aux demandes du parlement. A l'expiration des cinq ans, un membre perdrait sa place,
à moins qu'il ne fût renommé ; on aurait ainsi un
moyen commode de se débarrasser des membres
qui ne se seraient pas montrés à la hauteur de leur
emploi et d'infuser dans les veines du corps un sang
nouveau et plus jeune.

La nécessité d'une semblable précaution s'était
fait sentir même dans la démocratie athénienne où,
dans le temps de sa plus grande puissance, l'*Ecclé-
sia* populaire pouvait passer des *Pséphismes* qui la
plupart du temps étaient des décrets sur des matières de simple police ; mais quant aux lois proprement dites, elles ne pouvaient être rendues ou
changées que par un corps différent et moins nom-

breux appelé le *Nomothetœ*, qui avait aussi pour devoir de réviser l'ensemble des lois et de pourvoir à ce qu'elles s'accordassent entre elles. Dans la constitution anglaise il est très-difficile d'introduire un arrangement nouveau et dans le fond et dans la forme; mais, comparativement parlant, on ressent très-peu de répugnance à édicter de nouvelles mesures en y adaptant les formes, les traditions existantes. Il me semble qu'on pourrait trouver le moyen d'enrichir la constitution de ce grand avantage, en y employant la chambre des lords et ses procédés. Une commission pour préparer les *bills* ne serait pas en soi une plus grande nouveauté dans la constitution que le bureau pour l'administration de la loi des pauvres ou que la commission des clôtures. On pourrait, en considération de la grande importance et de la dignité de la charge, établir comme règle que toute personne nommée membre de la commission législative serait pair à vie, à moins qu'elle ne fût destituée sur une demande du parlement : il est probable qu'alors le même bon sens et le même bon goût qui abandonnent en pratique les fonctions judiciaires de la pairie au soin exclusif des lords jurisconsultes, abandonneraient aux législateurs de profession la tâche de faire les lois, excepté sur des questions touchant aux principes et aux intérêts politiques. Il est probable aussi que des *bills* conçus par la chambre haute seraient toujours

8

préparés par ces mêmes législateurs, que le gouvernement leur conflerait la préparation de tous ses
bills, et que les simples membres de la chambre des
communes finiraient par trouver beaucoup plus
commode et beaucoup plus favorable au succès
de leurs mesures une manière de procéder par
laquelle, au lieu d'apporter un *bill* et de le soumettre directement à la chambre, ils obtiendraient
la permission de le présenter et de le voir renvoyer ensuite à la commission législative. Car naturellement la chambre serait libre d'adresser à la
commission, pour être examinée par elle, non-
seulement une matière, mais toute proposition spécifique, ou bien un projet de *bill in extenso*, si quelque membre se croyait capable d'en préparer un qui
fût digne de passer : sans aucun doute la chambre
adresserait à la commission tous projets semblables,
quand ce ne serait que comme matériaux et à cause
des suggestions utiles qu'ils peuvent renfermer ;
elle adresserait de même à la commission tout
amendement ou objection que pourraient proposer par écrit les membres de la chambre, relativement à toute mesure émanée des commissaires.

Le changement des *bills* par un comité de toute la
chambre ne serait pas aboli formellement, mais
tomberait en désuétude. On n'abandonnerait pas
ce droit; on l'enfermerait dans cet arsenal où sont
déjà le *veto* royal, le droit de refuser les subsides et

d'autres instruments surannés de guerre politique, dont personne n'a envie de faire usage, mais dont on ne veut point se défaire, de crainte qu'un beau jour, dans une circonstance extraordinaire, on ne vienne à en avoir besoin de nouveau. Au moyen de tels arrangements, la législation prendrait sa place comme œuvre exigeant une grande habileté, une expérience et une étude spéciale, tandis que la nation conserverait intacte la plus importante de ses libertés, celle de n'être gouvernée que par des lois qu'ont acceptées ses représentants élus. Cette liberté prendrait plus de valeur, une fois isolée des inconvénients sérieux mais nullement inévitables qui l'accompagnent sous la forme d'un procédé législatif mal conçu.

Le véritable office d'une assemblée représentative n'est pas de gouverner, elle y est radicalement impropre ; mais bien de surveiller et de contrôler le gouvernement, de mettre en lumière tous ses actes, d'en exiger l'exposé et la justification, quand ces actes paraissent contestables, de les blâmer s'ils sont condamnables, de chasser de leur emploi les hommes qui composent le gouvernement s'ils abusent de leur charge ou s'ils la remplissent d'une façon contraire à la volonté expresse de la nation, et de nommer leurs successeurs, soit expressément, soit virtuellement. Voilà sans doute un pouvoir assez vaste et d'une sécurité suffisante pour la liberté de la nation. En outre, le parlement a une autre fonction qui, pour l'importance, ne le cède pas à la première : c'est d'être à la fois pour la nation un comité des griefs et un congrès des opinions. Le parlement, c'est une arène où non-seulement l'opinion générale de la nation, mais encore l'opinion des diverses parties de la nation, et autant que possible celle de tous les individus éminents que renferme le pays, peut se produire au grand jour et provoquer la discussion. Là, chaque citoyen peut être sûr de trouver quelqu'un qui expose son opinion, aussi bien ou mieux qu'il ne pourrait le faire lui-même, non pas exclusivement à des amis et à des partisans, mais à des adversaires, de façon à lui faire subir l'épreuve de la controverse ennemie. Là, ceux dont l'opinion a le dessous ont la satisfaction intime d'avoir été entendus et d'être éconduits, non par un caprice arbitraire, mais pour des raisons réputées supérieures et jugées telles par les représentants de la majorité de la nation. Là, tout parti ou toute opinion peut rassembler ses forces et perdre ses illusions sur le nombre et le pouvoir de ses partisans. Là, toute opinion qui domine dans la nation se montre dominante, et fait manœuvrer son armée en présence du gouvernement qui, de la sorte, peut et doit lui céder sur cette simple manifestation, sans attendre qu'elle fasse un usage réel de sa force. Là, enfin, les hommes d'État peuvent vérifier, avec plus de certitude que partout ailleurs, ce qui monte ou ce qui décline parmi les éléments de l'opinion et du pouvoir ; et il ne tient qu'à eux de prendre leurs mesures par rapport non-seulement aux besoins actuels, mais aux tendances qui sont en voie de progrès.

Les ennemis des assemblées représentatives leur ont souvent reproché d'être le séjour triomphant du verbiage et du bavardage. On ne saurait imaginer une raillerie plus pitoyable. Je ne sache pas qu'une assemblée représentative puisse employer son temps plus utilement qu'à parler, lorsque les sujets de ses discours sont les grands intérêts publics et lorsque chacune de ses paroles représente l'opinion ou d'une classe importante de la nation, ou d'un individu dans lequel une de ces classes a mis sa confiance. Une réunion d'hommes où chaque intérêt, chaque nuance d'opinion peut voir plaider sa cause, peut même la voir plaider avec passion à la face du gouvernement et des autres intérêts et opinions, peut les contraindre à l'écouter, à dire oui à ses demandes ou à démontrer clairement pourquoi ils disent non, est en soi une des institutions politiques les plus importantes qui puissent exister, et un des plus précieux bienfaits du gouvernement libre. De telles paroles n'auraient ja-

mais été traitées avec dénigrement, si on ne leur
avait permis d'entraver l'action, chose qui n'arriverait point si les assemblées savaient et reconnaissaient que parler et discuter sont leur besogne propre, tandis que l'*action*, comme résultat de la discussion, est la tâche non pas d'un corps nombreux,
mais d'individus dressés à cet effet, le véritable
office d'une assemblée étant de veiller à ce que ces
individus soient choisis honnêtement et intelligemment, et cela fait, de ne plus se mêler de leur
conduite, que pour les critiquer ou pour leur suggérer des idées, ou bien enfin pour leur accorder
ou leur refuser le sceau de l'assentiment national.

C'est faute de cette judicieuse réserve que les
assemblées populaires entreprennent de faire ce
qu'elles ne sauraient bien faire — gouverner et légiférer — et n'imaginent pas pour la plus grande
partie de cette besogne d'autre mécanisme qu'elle-
même, quoique naturellement chaque heure passée à discourir, soit une heure de prise aux affaires
réelles. Mais le fait même, qui rend une assemblée
impropre à être un conseil de législation, savoir —
qu'une assemblée n'est point un choix des plus
grands esprits politiques du pays, dont l'opinion
ne peut rien faire présumer de certain sur l'opinion de la nation; mais bien qu'une assemblée,
lorsqu'elle est convenablement constituée, est un
échantillon véritable de tous les degrés d'intelli-

gence parmi les classes qui ont voix au gouvernement — ce fait-là même est ce qui la met en état
de bien remplir son autre fonction. Le rôle des assemblées, c'est d'indiquer les besoins, d'être un
organe pour les demandes populaires, un lieu de
discussion pour toutes les opinions sur les affaires
publiques, petites ou grandes, et en même temps
de contenir par leur critique et au besoin en leur
retirant leur appui, ces hauts fonctionnaires publics qui dirigent en réalité les affaires publiques,
ou qui nomment ceux par qui elles sont dirigées.

Pour jouir à la fois des avantages du contrôle
populaire et des bienfaits d'une administration et
d'une législation habile (lesquels deviennent tous
les jours plus nécessaires à mesure que les affaires
humaines croissent en importance et en com-
plexité), il faut absolument réduire dans ces limites
rationnelles les fonctions des corps représentatifs.
On ne cumule ces avantages qu'en séparant ces
fonctions, en mettant d'un côté la charge de critiquer et de contrôler, de l'autre, la conduite réelle
des affaires ; en confiant la première aux représentants du plus grand nombre, tandis que l'on confie
la seconde à un petit nombre d'hommes éclairés,
expérimentés, préparés d'ailleurs par une éducation et par une pratique spéciale, et qui ne cessent
pas pour cela d'être responsables envers la nation.

Après la discussion qu'on vient de voir sur les

fonctions qui appartiennent à l'assemblée représentative souveraine de la nation, ce serait le lieu
de rechercher quelles sont les fonctions propres
des corps représentatifs moins importants qui devraient exister pour des objets purement locaux.
Une pareille recherche forme une partie essentielle
de cet ouvrage : il est à propos cependant pour diverses raisons de l'ajourner jusqu'à ce que nous
ayons examiné quelle est la composition la plus
convenable du grand corps représentatif, destiné à
contrôler souverainement les actes législatifs et
l'administration des affaires générales de la nation.

CHAPITRE VI

Les défauts d'une forme quelconque de gouvernement peuvent être ou négatifs ou positifs. Ces
défauts sont négatifs, si la forme de gouvernement
ne concentre pas entre les mains des autorités un
pouvoir suffisant pour qu'elles puissent accomplir
leurs fonctions nécessaires, ou si elle ne développe
pas suffisamment par l'exercice les capacités actives et les sentiments sociaux des divers citoyens.
Il n'est pas nécessaire, au point où nous sommes
parvenus dans nos recherches, de parler longuement sur ces deux catégories de défauts négatifs.

Si un gouvernement manque d'un pouvoir suffisant pour maintenir l'ordre et favoriser le progrès
du peuple, cela tient plutôt à un état de société généralement grossier et sauvage qu'à une forme particulière d'union politique. Quand le peuple est trop
attaché à sa barbare indépendance pour supporter
la dose de pouvoir que dans son propre intérêt il

devrait subir, la société (ainsi que nous l'avons déjà fait observer) n'est pas encore préparée au gouvernement représentatif. Lorsque le temps sera venu où ce gouvernement deviendra praticable, on peut être sûr que l'assemblée souveraine possédera un pouvoir suffisant pour faire tout ce qui est nécessaire. Et si l'*exécutif* ne possède pas une assez grande part de ce pouvoir, cela ne peut provenir que de la jalousie de l'assemblée envers l'administration : un sentiment qui n'existe guère que là où le pouvoir constitutionnel qui appartient à l'assemblée de destituer les membres de l'administration, ne s'est pas encore fait reconnaître d'une manière suffisante.

Partout où ce droit constitutionnel est pleinement admis, en fait aussi bien qu'en principe, il n'est pas à craindre que l'assemblée refuse de confier à ses propres ministres la dose de pouvoir désirable. Ce que l'on doit redouter au contraire, c'est qu'elle ne leur accorde trop volontiers un pouvoir trop étendu, puisque le pouvoir du ministre, c'est celui du corps qui l'a nommé et qui le maintient. Cependant, il est très-possible qu'une assemblée *contrôlante* (et c'est même là un de ses dangers) soit prodigue de pouvoirs, mais qu'ensuite elle mette obstacle à l'exercice de ces pouvoirs, qu'elle donne l'autorité en gros et qu'elle la reprenne en détail, en multipliant les actes isolés d'intervention dans

la besogne administrative. Nous nous sommes suffisamment appesantis, dans le chapitre précédent,
sur tous les inconvénients qu'il y a à ce qu'une
assemblée s'empare ainsi du gouvernement lui-
même, au lieu de se borner à critiquer et à contenir
ceux qui gouvernent. Il ne peut y avoir d'autre garantie contre cette intervention déplacée, que la
conviction très-forte et très-répandue qu'une pareille intervention est dangereuse.

Quant à l'autre défaut négatif qui peut se rencontrer dans un gouvernement, celui de ne pas exercer
suffisamment les facultés morales, intellectuelles
et actives des individus, on s'en est expliqué d'une
manière générale, en faisant ressortir les maux caractéristiques du despotisme. Entre deux formes
de gouvernement populaire, l'avantage à cet égard
appartient à celle qui répand le plus largement
l'exercice des fonctions publiques — soit en excluant
du suffrage le moins de monde possible — soit en
accordant à toutes les classes de citoyens privés,
autant que cela est compatible avec d'autres objets
également importants, la plus large accession aux
détails de la besogne judiciaire et administrative,
tels que le jury, les offices municipaux, et surtout
en leur accordant toute la publicité et toute la liberté possible de discussion; ce qui est le moyen
de donner une part dans le gouvernement, une
part dans l'instruction et dans l'exercice intellec-

tuel qui est inhérent au maniement des pouvoirs
publics, non-seulement à quelques individus l'un
après l'autre, mais dans une certaine mesure au
public tout entier. C'est pourquoi nous attendrons,
pour exposer ces avantages, aussi bien que la mesure à observer dans la poursuite de ces avantages,
que nous en soyons venus à traiter des détails d'administration.

Les maux et les dangers positifs du gouvernement
représentatif ou de toute autre forme de gouvernement, peuvent se réduire à deux chefs : 1° l'ignorance et l'incapacité générales du corps contrôlant,
ou, pour parler avec plus de ménagement, l'insuffisance de ses qualités intellectuelles ; 2° le danger que ce corps ne soit sous l'influence d'intérêts
non identiques au bien-être général de la communauté.

On suppose en général que le gouvernement populaire est plus sujet que tout autre au premier de
ces défaut, c'est-à-dire à manquer d'une certaine
élévation intellectuelle. On compare volontiers l'é-
nergie d'un monarque, la fermeté et la prudence
d'une aristocratie aux vues courtes et vacillantes de
toute démocratie, même de la plus capable, et cette
antithèse semble peu favorable à la démocratie.
Cependant ces propositions ne sont pas aussi fondées qu'elles le paraissent à première vue.

Sous tous ces rapports, le gouvernement représentatif n'est nullement inférieur à la monarchie simple. Excepté à une époque grossière, la monarchie héréditaire, lorsqu'elle est vraiment telle, lorsque ce n'est pas une aristocratie déguisée, dépasse de beaucoup la démocratie dans tous les genres d'incapacité qu'on croit particuliers à celle-ci. Je dis *excepté à une époque grossière*, parce qu'un état de société réellement grossier garantit chez le souverain une véritable capacité de comprendre et d'agir.

Sa volonté est sans cesse contrecarrée par l'entêtement de ses sujets et de certains individus puissants parmi eux. Dans les circonstances où se trouve la société, il ne rencontre pas grande tentation de s'abandonner aux plaisirs : l'activité intellectuelle et corporelle, surtout politique et militaire, voilà ses principales fêtes : entouré de chefs turbulents et de compagnons effrénés, il n'a guère d'autorité, il n'est guère assuré de se maintenir longtemps sur le trône, s'il ne possède une dose considérable d'audace personnelle, d'habileté et d'énergie. Le sort tragique d'Édouard II et de Richard II, les guerres civiles et les troubles qui éclatèrent pendant le règne de Jean et de son successeur inhabile, expliquent pourquoi les Henri et les Édouard de notre histoire sont des hommes d'un talent si élevé. La période orageuse de la réforme a produit aussi plusieurs monarques héréditaires éminents : Élisabeth, Henri IV, Gustave-Adolphe. Mais pour la plupart ils avaient été à l'école de l'adversité, ils n'étaient parvenus au trône que grâce à l'extinction inattendue d'héritiers plus proches, ou bien ils avaient eu à lutter contre de grandes difficultés au commencement de leur règne.

Depuis que la vie européenne a pris un aspect régulier, un roi héréditaire au-dessus du médiocre est devenu une chose très-rare, tandis que la plupart se sont montrés au-dessous même du médiocre, et comme talent et comme vigueur de caractère. Aujourd'hui, une monarchie constitutionnellement absolue, ne se maintient que grâce aux capacités intellectuelles d'une bureaucratie permanente, sauf le cas où elle se trouve temporairement entre les mains de quelque usurpateur d'un esprit actif. Les gouvernements russe et autrichien, et le gouvernement français lui-même, dans son état normal, sont des oligarchies de fonctionnaires; et le chef de l'État ne fait guère que choisir les principaux d'entre eux : je parle de la marche régulière de leur administration, car naturellement la volonté du maître peut déterminer souvent leurs actes particuliers.

Les gouvernements qui se sont fait remarquer dans l'histoire pour leurs talents intellectuels et leur vigueur soutenue dans la direction des affaires, étaient des aristocraties, mais sans aucune exception, des aristocraties de fonctionnaires publics. Les corps gouvernants étaient si peu nombreux que chaque membre, ou du moins chaque membre important du corps, était capable de faire et faisait du gouvernement une profession active et la principale occupation de sa vie. Rome et Venise sont les seules aristocraties qui aient manifesté de grands talents pour le gouvernement, et qui aient agi pendant nombre de générations d'après des maximes politiques immuables. Mais à Venise, quoique la classe privilégiée fût nombreuse, la direction réelle des affaires était confiée aux seules mains d'une oligarchie dans l'oligarchie, dont la vie tout entière était consacrée à l'étude et à la conduite des affaires d'État. Le gouvernement romain offrait davantage le caractère d'une franche aristocratie comme la nôtre. Mais le corps qui gouvernait en réalité, le sénat, était exclusivement composé d'hommes qui avaient exercé des fonctions publiques, et qui avaient déjà rempli ou qui espéraient remplir les plus hautes charges de l'État, au risque d'une terrible responsabilité, en cas d'incapacité ou d'échec. Une fois membre du sénat, leur vie était consacrée à la direction des affaires publiques : il ne leur était permis de quitter l'Italie que pour remplir un devoir public : et à moins qu'ils ne se fissent chasser du sénat par les censeurs à cause de leur caractère ou de leur conduite estimée déshonorante, ils gardaient jusqu'à la mort leurs pouvoirs et leur responsabilité. Dans une aristocratie ainsi constituée, chaque membre sentait que son importance personnelle dépendait entièrement de la dignité et de la grandeur de la république qu'il administrait et du rôle qu'il était capable de jouer dans ses conseils. Cette dignité et cette grandeur étaient choses tout à fait distinctes de la prospérité et du bonheur des citoyens en général (souvent même il y avait incompatibilité complète entre ces deux objets); mais elles étaient étroitement liées au succès extérieur et à l'agrandissement de l'État; et par conséquent, c'est l'œil toujours fixé sur ce but que les aristocraties romaines et vénitiennes ont déployé ces profonds systèmes de politique collective et ces grands talents individuels pour le gouvernement, dont l'histoire leur a justement fait honneur.

On voit donc que les seuls gouvernements non représentatifs où une grande habileté et de grands talents politiques, soit sous la forme monarchique, soit sous la forme aristocratique, aient été autre chose que des exceptions, étaient essentiellement des bureaucraties. La besogne du gouvernement était là entre les mains de gouvernants par profession, ce qui est l'essence de la bureaucratie et la véritable signification de ce mot. Que la besogne soit accomplie par les gouvernants parce qu'ils y ont été dressés ou qu'ils y aient été dressés parce qu'elle devait être accomplie par eux, cela fait une grande différence sous beaucoup de rapports, mais pas la moindre quant au caractère essentiel de la règle. D'un autre côté, des aristocraties comme celle de l'Angleterre, où la classe qui possède le pouvoir le tient uniquement de sa position sociale sans y être spécialement dressée ou sans s'y dévouer exclusivement (où par conséquent le pouvoir est exercé, non pas directement, mais au moyen d'institutions représentatives constituées oligarchiquement), ces aristocraties, dis-je, ont valu sous le rapport intellectuel ce que valent les démocraties, ni plus ni moins, c'est-à-dire que leurs qualités n'ont paru et n'ont duré qu'autant qu'il est donné de paraître et de durer à un homme doué de grands talents et soutenu par une position distinguée. Thémistocle et Périclès, Washington et Jefferson ne furent pas plus complétement des exceptions dans leurs démocraties, et furent à coup sûr des exceptions plus brillantes que les Chatam et les Peel dans l'aristocratie représentative de la Grande-Bretagne, ou même que les Sully et les Colbert dans la monarchie aristocratique de France. Un grand ministre, dans les gouvernements aristocratiques de l'Europe moderne, est un phénomène presque aussi rare qu'un grand roi.

Donc, quant aux mérites intellectuels d'un gouvernement, il ne faut établir de comparaison qu'entre une démocratie représentative et une bureaucratie; toutes les autres formes de gouvernement peuvent être laissées de côté. Et ici l'on doit reconnaître que sous plusieurs rapports d'une haute importance, un gouvernement bureaucratique a grandement l'avantage. Il amasse l'expérience, il acquiert des maximes traditionnelles dûment éprouvées et dûment pesées, et il assure une dose suffisante de savoir pratique chez ceux qui ont véritablement la conduite des affaires; mais il n'est pas aussi favorable à l'énergie individuelle de l'esprit.

La maladie qui afflige les gouvernements bureaucratiques et dont ils meurent ordinairement, c'est la routine. Ils périssent par l'immutabilité de leurs maximes, et plus encore par cette loi universelle en vertu de laquelle tout ce qui devient routine perd son principe vital, et, faute d'une pensée présente, continue à fonctionner mais d'une manière machinale, et sans accomplir l'œuvre voulue. Une aristocratie tend toujours à devenir une pédantocratie. Quand la bureaucratie est le véritable gouvernement, l'esprit du corps écrase, comme chez les Jésuites, l'individualité de ses membres les plus distingués. Dans la profession du gouvernement, ainsi que dans toute autre profession la seule idée de la majorité est de faire comme on lui a enseigné : il faut un gouvernement populaire pour que les conceptions d'un génie original aient chance de prévaloir sur l'esprit inerte et hostile de la médiocrité, qui sait la tradition et qui n'a pas d'autre science. Il fallait un gouvernement populaire (en mettant de côté l'accident d'un despote hautement intelligent) pour que sir Rowland Hill pût triompher du *post-office*. Un gouvernement populaire l'installa au *post-office*, et cette administration fut contrainte d'obéir à l'impulsion donnée par un homme qui unissait au savoir spécial l'originalité et la vigueur intellectuelle. Si l'aristocratie romaine a échappé à cette maladie caractéristique d'une bureaucratie, elle le doit évidemment à son élément populaire. Le peuple nommait à tous les emplois spéciaux, et à ceux qui donnaient un siége au sénat, et à ceux que recherchaient les sénateurs. Le gouvernement russe offre un exemple frappant des bons et des mauvais côtés de la bureaucratie, par ses maximes immuables, qui poursuivent d'âge en âge les mêmes objets, avec une persévérance toute romaine ; par son habileté remarquable à cette poursuite, par son effrayante corruption intérieure ; par son état d'hostilité permanente contre toute amélioration venant du dehors : une lutte enfin, ou même le pouvoir autocratique d'un empereur doué d'un esprit vigoureux n'est jamais vainqueur ou du moins ne l'est que bien rarement, l'opposition patiente d'un corps fatiguant à la longue l'énergie capricieuse et incertaine d'un seul homme. Le gouvernement chinois, une bureaucratie de mandarins, est autant que je sache un autre exemple des mêmes qualités et des mêmes défauts.

En toute affaire humaine, des influences opposées sont nécessaires pour entretenir chez chacun la vitalité et la capacité de ce qu'il doit faire. Si l'on poursuit un seul bien à l'exclusion d'un autre qui devrait l'accompagner, il advient non pas qu'il y a excès de l'un tandis que l'autre fait défaut, mais que l'on perd peu à peu celui-là même qu'on avait poursuivi exclusivement. Un gouvernement de fonctionnaires élevés pour ce métier ne peut faire pour un pays les choses qui peuvent être faites par un gouvernement libre ; mais on le croirait peut-être capable de faire certaines choses que le gouvernement libre ne peut faire par lui-même. Selon moi, cependant, pour qu'un gouvernement de fonctionnaires puisse accomplir même sa propre besogne d'une façon efficace où permanente, un élément extérieur de liberté est nécessaire. Et de même aussi la liberté ne peut produire ses meilleurs effets et souvent échoue complétement, si l'on ne trouve moyen de combiner avec les bienfaits d'un régime libre ceux d'une administration habile et exercée. Il n'y a pas à hésiter une minute entre le gouvernement représentatif, pour un peuple qui est préparé à le recevoir, et la bureaucratie la plus parfaite qu'on puisse imaginer ; mais en même temps les institutions politiques doivent viser par dessus tout à renfermer

la plus forte dose possible des qualités de l'un et
de l'autre. Elles doivent, en tant que les deux choses
ne sont pas incompatibles, faire en sorte que la direction des affaires appartienne à des personnes
habiles, formées à cela comme à une profession, et
que les corps représentatifs possèdent et exercent
sérieusement un droit de contrôle général. On serait
bien près d'en arriver là si l'on adoptait la ligne de
démarcation tracée dans le chapitre précédent, entre l'œuvre de gouvernement proprement dite, laquelle ne peut être bien accomplie que moyennant
étude spéciale, et l'œuvre de choisir, de surveiller
et au besoin de contrôler les gouvernants, œuvre
qui, dans le cas actuel comme dans tous les autres,
revient en bonne justice non point à ceux qui font
la besogne, mais à ceux au profit de qui la besogne
devrait être faite. On ne peut arriver à avoir une
démocratie habile, si la démocratie ne consent pas
à ce que la besogne qui demande de l'habileté, soit
faite par ceux qui en ont. Une démocratie a bien
assez à faire lorsqu'il faut qu'elle se pourvoie d'une
dose suffisante de capacité mentale pour accomplir sa
propre besogne, qui est de surveiller et de réprimer.

Comment se procurer et s'assurer cette dose?
voilà une des questions qu'il faut prendre en considération, lorsqu'on prononce sur la constitution
désirable pour une assemblée représentative. Si la
composition de l'assemblée est défectueuse à cet

égard, l'assemblée empiétera par des actes spéciaux sur le département de l'exécutif, elle chassera un bon ministère et elle en nommera et en soutiendra un mauvais, elle permettra ou même elle autorisera des abus de confiance de la part des ministres, elle se laissera tromper par leurs faux prétextes, ou elle retirera son appui à ceux qui essayent de remplir leur charge consciencieusement, elle protégera ou elle imposera une politique générale, au dehors comme au dedans, égoïste, capricieuse, irréfléchie, imprévoyante, ignorante et pleine de préjugés, elle abrogera de bonnes lois ou elle en émettra de mauvaises, elle introduira des maux nouveaux ou elle s'attachera aux anciens avec une obstination perverse. Peut-être même sous l'influence d'impulsions pernicieuses, temporaires ou permanentes, émanant d'elle-même ou de ses commettants, se prêtera-t-elle à des mesures qui mettent complétement de côté la loi, dans des cas où une justice parfaite ne plairait pas au sentiment populaire. Tels sont les dangers du gouvernement représentatif, si la constitution de la représentation n'assure pas une dose suffisante d'intelligence et de savoir dans l'assemblée représentative.

Nous passons maintenant aux maux qui proviennent de ce que les façons d'agir du corps représentatif peuvent être dictés principalement par des intérêts *sinistres*, (pour employer le mot commode introduit par Bentham) c'est-à-dire par des intérêts plus ou moins en contradiction avec le bien général de la communauté.

On admet universellement qu'une grande partie de tous les maux inhérents aux gouvernements monarchiques et aristocratiques, provient de cette cause. Un monarque ou une aristocratie assure ou croit assurer son intérêt, par une conduite opposée à celle que demande l'intérêt général de la communauté. Par exemple, l'intérêt du gouvernement est de mettre de gros impôts : celui de la communauté est de payer aussi peu d'impôts que le permettent les dépenses nécessaires d'un bon gouvernement L'intérêt du roi et de l'aristocratie gouvernante, est de posséder et d'exercer un pouvoir illimité sur le peuple, de le contraindre à se conformer pleinement à la volonté et aux préférences des gouvernants : l'intérêt du peuple est d'être aussi peu contrôlé que la chose est possible pour que le gouvernement puisse atteindre ses fins légitimes. L'intérêt, ou du moins l'intérêt apparent et supposé du roi et de l'aristocratie, est de ne permettre aucune critique sur leur compte, c'est-à-dire aucune critique qu'ils puissent regarder comme menaçant leur pouvoir ou comme portant une atteinte sérieuse à leur liberté d'action : l'intérêt du peuple est d'avoir la pleine liberté de critiquer tout fonctionnaire public, tout acte ou toute mesure publique. L'intérêt d'une classe dominante, que ce soit une aristocratie ou une monarchie aristocratique, est de s'emparer d'une variété infinie de priviléges, lesquels tantôt l'enrichissent aux dépens du peuple, tantôt vont simplement à l'élever au-dessus du peuple, ou ce qui est la même chose en d'autres termes, à mettre le peuple au-dessous d'elle en le dégradant. Si le peuple est mal disposé pour ses gouvernants, ce qui est infiniment probable sous un pareil gouvernement, c'est l'intérêt du roi et de l'aristocratie de le maintenir à un degré très-médiocre d'intelligence et d'éducation, d'y fomenter des dissensions et même de l'empêcher d'avoir une vie trop confortable, de peur « *Qu'il ne devienne gras et qu'il ne rue,* » suivant la maxime du cardinal de Richelieu, dans son célèbre testament politique.

Toutes ces choses sont de l'intérêt d'un roi ou d'une aristocratie sous un point de vue purement égoïste, à moins que la crainte de provoquer la résistance ne crée un contre-poids capable de faire pencher la balance. Tous ces maux ont été, et beaucoup d'entre eux sont encore le fruit des intérêts *sinistres* des rois ou des aristocraties, lorsque leur pouvoir est suffisant pour les élever au-dessus de l'opinion du reste de la communauté ; et il ne serait guère rationnel de s'attendre à une conduite différente dans une telle position.

Ces choses sont de toute évidence dans le cas d'une monarchie ou d'une aristocratie ; mais on affirme quelquefois trop gratuitement que les mêmes influences nuisibles n'agissent pas dans une démocratie. Si l'on prend la démocratie pour ce qu'elle est ordinairement, c'est-à-dire pour le gouvernement de la majorité numérique, il est possible que le pouvoir dominant soit sous l'influence d'intérêts de classe ou de coterie qui lui imposent une tout autre conduite que ne le voudrait la considération impartiale de tous les intérêts. Supposons une majorité de blancs et une minorité de nègres, ou *vice versa :* est-il croyable que la majorité va se montrer équitable envers la minorité ? Supposons une majorité de catholiques et une minorité de protestants, ou le contraire : n'y aura-t-il pas le même danger? Ou bien, supposons une majorité d'Anglais et une minorité d'Irlandais, ou l'opposé : est-ce qu'un pareil mal n'est pas infiniment probable ? En tout pays, il y a une majorité de pauvres et une minorité qui, par opposition, peut être appelée riche. Entre ces deux classes, il y a, sur beaucoup de points, opposition complète d'intérêts apparents. Nous supposerons la majorité suffisamment intelligente pour comprendre qu'il n'est pas de son intérêt d'affaiblir la propriété, et qu'elle serait affaiblie par tout acte de spoliation arbitraire. Mais n'est-il pas fort à craindre qu'elle ne rejette sur les détenteurs de ce qu'on appelle la propriété foncière et sur les revenus les plus gros, une part excessive du fardeau de l'impôt, ou même ce fardeau tout entier ? et qu'ensuite elle n'augmente les impôts sans scrupule, sous prétexte qu'elle les dépense au profit et dans l'intérêt de la classe ouvrière ? Supposons encore une minorité d'ouvriers habiles, une majorité inhabile, l'expérience de nombreuses associations ouvrières (à moins qu'elles n'aient été grandement calomniées) justifie la crainte de voir imposer comme une obligation l'égalité des salaires, et de voir abolir l'ouvrage à la pièce, et toutes les pratiques grâce auxquelles une activité ou des talents supérieurs peuvent gagner une récompense supérieure. Des essais législatifs pour élever les salaires ou pour limiter la concurrence sur le marché du travail — des taxes ou des restrictions au sujet des machines et des améliorations de toutes sortes, qui tendent à suppléer le travail, peut-être même la protection du producteur indigène contre l'industrie étrangère, — sont les résultats très-naturels (probables je ne l'affirmerais pas) de l'intérêt et du sentiment dans lequel gouvernerait une majorité de travailleurs manuels.

On nous dira qu'aucune de ces choses ne sont dans l'intérêt *véritable* de la classe la plus nombreuse. A quoi je réponds que si la conduite des êtres humains n'était déterminée que par les con-

sidérations intéressées qui constituent leur intérêt
véritable, ni la monarchie ni l'oligarchie ne seraient
d'aussi mauvais gouvernements qu'elles le sont ;
car, à coup sûr, des arguments très-puissants ont
été et sont encore souvent employés pour démontrer qu'un roi ou un sénat gouvernants sont de
beaucoup dans la plus enviable des positions, lorsqu'ils gouvernent avec justice et vigilance un peuple actif, riche, éclairé et doué d'un esprit élevé.
Mais ce n'est que rarement qu'un roi a envisagé
sous ce jour élevé son intérêt personnel ; quant à
une oligarchie, elle ne l'a jamais fait : et pourquoi
nous attendrions-nous à une manière de penser plus
noble chez les classes ouvrières ? Ce n'est pas leur
intérêt qu'il faut considérer, mais l'opinion qu'elles
s'en forment ; et si une théorie de gouvernement
affirme que la majorité numérique fera habituellement ce qui n'est jamais fait et ce qu'on ne s'attend
pas à voir faire (si ce n'est dans des cas très-excep-
tionnels) par les autres dépositaires du pouvoir, à
savoir — qu'elle dirigera sa conduite d'après ce qui
est au fond son intérêt véritable, en opposition à ce
qui est son intérêt immédiat et apparent, — cette
théorie est jugée. Sûrement, personne ne peut douter que les mesures pernicieuses auxquelles on a
fait allusion tout à l'heure. et beaucoup d'autres
aussi mauvaises, ne soient dans l'intérêt immédiat
de la masse des ouvriers inhabiles. Il se pourrait

qu'elles fussent favorables à cette classe, au moins dans sa génération actuelle. Le relâchement de l'industrie et de l'activité, la diminution des encouragements à l'épargne, qui en seraient la conséquence finale, ne seraient peut-être guère ressentis par la classe des ouvriers inhabiles, pendant la durée d'une seule génération.

Quelques-uns des changements les plus funestes dans les affaires humaines ont été avantageux quant à leurs effets les plus immédiats et les plus manifestes. L'établissement du despotisme des Césars fut un grand bienfait pour toute la génération contemporaine. Ce fut la fin de la guerre civile, un frein pour les malversations et la tyrannie des préteurs et des proconsuls, un développement de la vie élégante et de la culture intellectuelle qui ne se rapportait pas à la politique. Enfin, sous ce despotisme, on vit paraître des monuments littéraires, éblouissants pour l'imagination de ces lecteurs superficiels de l'histoire, qui ne réfléchissent pas que les hommes auxquels le despotisme d'Auguste (aussi bien que celui de Laurent de Médicis et celui de Louis XIV) doit son éclat, furent tous formés par la génération précédente. Les richesses accumulées, l'énergie et l'activité mentales produites par des siècles de liberté, subsistèrent au profit de la première génération d'esclaves. Néanmoins, ce fut le commencement d'un régime sous l'action duquel toute la civilisation acquise jusqu'alors s'éteignit insensiblement, à ce point que l'empire, qui avait conquis et embrassé le monde dans son étreinte, perdit tout, même sa puissance militaire ; et des envahisseurs que trois ou quatre légions avaient toujours suffi à repousser, eurent cette fortune de parcourir et d'occuper la presque totalité de son vaste territoire. La nouvelle impulsion donnée par le christianisme arriva tout juste à temps pour sauver les lettres et les arts, et pour épargner à l'espèce humaine une rechute en pleine et peut-être incurable barbarie.

Quand nous parlons de l'intérêt d'une assemblée ou même d'un homme comme d'un principe déterminant ses actions, la question de savoir quel serait cet intérêt aux yeux d'un observateur impartial, est une des parties les moins importantes du sujet. Comme le remarque Coleridge : *L'homme fait le motif, ce n'est pas le motif qui fait l'homme.* Ce qu'il est dans l'intérêt d'un homme de faire ou de ne pas faire, dépend moins d'aucune circonstance extérieure, que de ce qu'est l'individu lui-même. Si vous voulez savoir ce qui constitue dans la pratique l'intérêt d'un homme, il vous faut connaître le tour habituel de ses pensées et de ses sentiments. Chacun a deux sortes d'intérêts : des intérêts dont il prend soin et des intérêts dont il ne se soucie pas. Chacun a des intérêts égoïstes : et un homme égoïste a cultivé l'habitude de prendre soin des premiers et de négliger les autres. Chacun a des intérêts présents et des intérêts éloignés : et l'homme imprévoyant est celui qui soigne les intérêts présents et qui ne se soucie point de ses intérêts éloignés. Peu importe qu'à bien calculer, ces derniers soient les plus considérables, si les habitudes de son esprit le mènent à fixer ses pensées et ses désirs uniquement sur les premiers. On essaierait vainement de persuader à un homme qui bat sa femme et qui maltraite ses enfants qu'il serait plus heureux, s'il vivait en bons termes avec eux. Il serait plus heureux s'il était l'espèce d'homme qui pût vivre ainsi ; mais il n'est pas cette espèce d'homme-là, et il est probablement trop tard pour qu'il le devienne. Étant ce qu'il est, satisfaire son amour de dominer et son caractère féroce, lui semble quelque chose de plus désirable que le bien-être et l'affection de ceux qui dépendent de lui. Leur bien-être ne lui cause nul plaisir, et il ne se soucie point de leur affection. Son voisin qui ne pense pas de même, est sans doute un homme plus heureux que lui ; mais si on pouvait le persuader à ce brutal, cette persuasion ne ferait probablement qu'exaspérer sa malfaisance et son irritabilité. En général, un homme qui a de l'affection pour d'autres, pour son pays ou pour l'humanité, est plus heureux qu'un homme qui n'en a pas ; mais à quoi sert-il

de prêcher cette doctrine à un homme qui ne se
soucie que de sa propre tranquillité et de sa propre
bourse ? Autant prêcher au ver qui rampe sur la
terre combien il vaudrait mieux pour lui être un
aigle !

Maintenant, c'est un fait universellement observé : les deux mauvaises dispositions dont il s'a-
git — par où nous préférons nos intérêts égoïstes à
ceux qui nous sont communs avec d'autres, et nos
intérêts immédiats et directs à ceux qui sont indirects et éloignés — sont des traits caractéristiques
qu'engendre et que développe tout particulièrement la possession du pouvoir. Dès qu'un homme
ou une classe d'hommes se trouve posséder le pouvoir, l'intérêt individuel de l'homme ou l'intérêt
séparé de la classe prend à ses yeux un degré d'importance tout nouveau. Voyant que les autres les
adorent, ils en viennent à s'adorer eux-mêmes et à
se croire le droit d'être comptés pour cent fois plus
que les autres, tandis que la facilité qu'ils acquièrent de faire ce qu'il leur plaît sans s'inquiéter des
conséquences, affaiblit insensiblement l'habitude
de prévoir, même les conséquences qui pourraient
les toucher. C'est l'enseignement de la tradition
universelle, fondée sur l'expérience universelle, que
les hommes sont corrompus par le pouvoir. Chacun
sait combien il serait absurde de croire que ce
qu'un homme est ou fait dans une situation privée,

il le sera ou le fera étant despote et sur le trône,
alors que toutes les mauvaises parties de sa nature,
au lieu d'être comprimées et rappelées à l'ordre
par chaque circonstance de sa vie et par chacun de
ceux qui l'approchent, seront courtisées par tous,
et servies par toutes les circonstances. Il serait tout
aussi absurde d'avoir de semblables espérances par
rapport à une classe d'hommes, le peuple (*démos*)
ou toute autre. Si modestes, si amenables à la raison que soient les hommes, tant qu'il y a au-dessus
d'eux un pouvoir plus fort qu'eux, nous devons
nous attendre à les voir changer complétement sous
ce rapport, le jour où ils deviendront eux-mêmes le
pouvoir le plus fort.

Les gouvernements doivent être faits pour les
êtres humains tels qu'ils sont, ou tels qu'ils sont
capables de devenir prochainement. Or, à tout degré de culture, les intérêts par lesquels les hommes
seront dirigés lorsqu'ils songent seulement à leurs
intérêts personnels, seront presque exclusivement
ceux qui sautent aux yeux à première vue, et qui
agissent sur leur condition actuelle. Il n'y a, pour
diriger les esprits et les vues d'une classe ou d'une
assemblée vers des intérêts éloignés et non palpa-
bles, qu'une considération désintéressée pour les
autres et surtout pour la postérité, pour le pays ou
pour l'humanité, considération fondée, soit sur la
sympathie, soit sur un sentiment consciencieux:

or, on ne peut soutenir qu'une forme de gouvernement soit rationnelle, lorsqu'elle a pour condition
que ces principes élevés d'action seront les motifs
premiers et dirigeants de la conduite d'êtres humains ordinaires. On peut bien compter sur une
certaine somme de conscience et d'esprit public désintéressé chez les citoyens de toute communauté
mûre pour le gouvernement représentatif; mais ne
comptez pas trouver parmi eux une dose suffisante
de ces qualités, combinée avec un discernement
intellectuel suffisant pour être à l'épreuve de tout
sophisme plausible, qui tendrait à déguiser en intérêt général et en précepte de justice et de bien public, l'intérêt de leur classe. Cette confiance serait
ridicule. Nous savons tous quelles roueries on peut
imaginer, à l'appui de tout acte injuste proposé cependant pour le bien imaginaire de la masse. Nous
savons combien d'hommes, qui ne sont pas autrement sots ni mauvais, ont cru la banqueroute de
l'État justifiable. Nous savons combien il y en a qui
ne sont nullement dénués de talent ni d'une grande
influence populaire, et qui trouvent juste de réserver tout le fardeau de l'impôt aux épargnes réalisées
sous le nom de propriété foncière, permettant à
ceux qui, ainsi que leurs pères, ont toujours dépensé tout ce qu'ils recevaient, de demeurer, en
récompense d'une conduite aussi exemplaire, libres
de toutes charges. Nous savons quels arguments

puissants, d'autant plus dangereux qu'ils renferment
une portion de vérité, on peut employer contre
toute hérédité, contre le droit de léguer, contre
tout avantage qu'une personne semble avoir sur
une autre. Nous savons comme on peut démontrer
facilement l'inutilité de presque toutes les branches
de la science, à la complète satisfaction de ceux qui
ne savent rien. Combien n'y a-t-il pas d'hommes
qui, sans être complétement stupides, regardent
l'étude scientifique des langues comme inutile,
regardent la littérature ancienne comme inutile,
toute érudition comme inutile, la logique et la métaphysique comme inutiles, la poésie et les beaux-
arts comme oiseux et frivoles, l'économie politique
comme purement nuisible? L'histoire même a été
déclarée inutile et nuisible par des hommes entendus. Cette connaissance de la nature extérieure
acquise par l'expérience, qui sert directement à la
production des choses nécessaires ou agréables,
serait seule à voir son utilité reconnue par le peuple, s'il avait le moindre encouragement à douter
de toutes ces grandes choses qu'on vient d'énumérer.

Où sont les hommes assez délicats de conscience,
assez équitables envers ce qui blesse leur intérêt
apparent, pour rejeter ces sophismes et tant d'autres qui leur viendront de toutes parts avec le
pouvoir, les poussant à mettre leur inclination par

ticulière et les vues bornées de leur égoïsme au-dessus de la justice, du bien public et de l'avenir ? Il ne faut pas compter sur ce prodige, même parmi des esprits beaucoup plus cultivés que ceux de la majorité.

Donc, un des grands dangers de la démocratie comme de toutes les autres formes de gouvernement, consiste dans les intérêts *sinistres* de ceux qui possèdent le pouvoir : ce danger est celui d'une législation de classe, d'un gouvernement qui recherche (soit qu'il réussisse, soit qu'il échoue) le profit immédiat de la classe dominante, au détriment durable de la masse. Et c'est une chose à considérer entre toutes, lorsqu'on détermine la meilleure constitution d'un gouvernement représentatif, que la manière de se bien précautionner contre ce mal.

Si nous considérons comme une classe, politiquement parlant, un nombre quelconque de personnes qui ont le même intérêt *sinistre*, c'est-à-dire dont l'intérêt direct et apparent engendre la même espèce de mauvaises mesures — l'objet désirable serait que nulle classe et que nulle association de classes portées à se liguer, ne fût capable d'exercer un influence prépondérante dans le gouvernement. Une communauté moderne qui n'est pas divisée par de fortes antipathies de race, de langage ou de nationalité, peut être considérée comme divisible en deux grandes sections qui correspondent, sauf quelques nuances, à deux directions opposées d'intérêts apparents. Appelons-les (pour employer des termes brefs et généraux), l'une, la section des travailleurs et l'autre la section des *employeurs* de travail. Nous comprendrons toutefois dans la seconde, non-seulement les capitalistes retirés et ceux qui ont hérité de leur fortune, mais encore cette sorte de travailleurs largement payés (les professions libérales) que leur éducation et leur manière de vivre assimilent aux riches, et dont la perspective et l'ambition est de s'élever jusqu'à cette classe. D'un autre côté, nous pouvons ranger parmi les travailleurs ces petits *employeurs* de travail, auxquels leurs intérêts, leurs habitudes et leur éducation ont donné les désirs, les goûts et les fins des classes ouvrières, ce qui comprend un nombre considérable de petits commerçants.

Dans une société ainsi composée, s'il était possible de créer un système représentatif théoriquement par fait, et de le maintenir en cet état, son organisation devrait être telle que ces deux classes, d'un côté les travailleurs et leurs affinités, de l'autre les *employeurs* de travail et leurs affinités fussent également balancées, chacune ayant à sa disposition un nombre de votes égal dans le parlement; puisque en supposant que la majorité de chaque classe fût principalement guidée dans tous les différends par ses intérêts de classe, il y aurait une minorité dans chacune d'elles chez qui cette considération serait subordonnée à la raison, à la justice et au bien de l'ensemble : cette minorité de l'une des classes se joignant à la masse de l'autre, l'emporterait contre toutes les demandes de sa propre majorité qui serait indigne de prévaloir. Pourquoi dans une société passablement constituée, la justice et l'intérêt général finissent-ils presque toujours par l'emporter ? parce qu'il y a plus d'un égoïsme dans l'humanité. Certains égoïsmes sont intéressés à ce qui est mal, mais d'autres sont indentiques à ce qui est bien : et les personnes qui sont dirigées par des considérations plus élevées, quoique trop peu nombreuses et trop faibles pour prévaloir à elles seules, deviennent ordinairement assez fortes, après discussion et *agitation* suffisante, pour faire prévaloir le groupe d'intérêts privés, dont la conclusion est la même que celle de leur désintéressement. Le système représentatif devrait être constitué de façon à maintenir cet état de choses : il ne devrait permettre à aucun des divers intérêts de classes d'être assez puissant pour l'emporter sur la vérité et la justice unies aux autres intérêts de classes. Il devrait toujours y avoir un tel équilibre entre les intérêts particuliers, que chacun d'eux ne pût compter sur le succès, qu'à condition d'attirer à lui la plupart des personnes qui agissent d'après des motifs plus élevés et des vues plus vastes et plus éloignées.

CHAPITRE VII

Les dangers auxquels est sujette une démocratie représentative sont de deux sortes, ainsi qu'on
vient de le voir : danger d'un degré d'intelligence
très-médiocre dans le corps représentatif et dans
l'opinion populaire qui le contrôle ; danger d'une
législation de classe de la part de la majorité numérique, celle-ci étant toute composée de la même
classe. Il nous faut examiner maintenant jusqu'à
quel point il est possible (sans porter une atteinte
matérielle aux bienfaits caractéristiques d'un gouvernement démocratique) d'organiser la démocratie de façon à détruire ces deux grands maux, ou
du moins de façon à les diminuer autant que la
chose est au pouvoir d'une combinaison humaine.

On essaie ordinairement d'y parvenir en limitant
le caractère démocratique de la représentation,
au moyen d'un suffrage plus ou moins restreint.
Mais certaine considération qu'il ne faut pas per-

dre de vue, modifie grandement les circonstances
où cette restriction semble nécessaire. Une démocratie complétement égale, dans une nation où la
majorité numérique se compose d'une seule et
même classe, est toujours accompagnée de certains maux ; mais ce qui aggrave singulièrement
ces maux, c'est qu'il n'y a nulle égalité dans les
démocraties qui existent actuellement ; on y voit
même une inégalité systématique en faveur de la
classe dominante. On confond deux idées très-différentes sous le mot de démocratie. L'idée pure
de la démocratie suivant sa définition, c'est le gouvernement de tout le peuple par tout le peuple
également représenté. La démocratie, telle qu'on
la conçoit et qu'on la pratique aujourd'hui, c'est
le gouvernement de tout le peuple, par une simple majorité du peuple, exclusivement représentée. Dans le premier sens, le mot démocratie est
synonyme d'égalité pour tous les citoyens : dans
le second sens (et on les confond étrangement) il
signifie un gouvernement de privilége en faveur de
la majorité numérique, qui, par le fait, est seule à
posséder une voix dans l'État. C'est la conséquence
inévitable de la manière dont on recueille aujour-
d'hui les votes, à la complète exclusion des minorités.

Ici la confusion des idées est grande ; mais il est
si facile de tout éclaircir qu'on pourrait croire la

plus légère indication suffisante pour placer le sujet sous son vrai jour, devant tout esprit d'une
portée ordinaire. Il en serait ainsi, sans le pouvoir
de l'habitude, grâce auquel l'idée la plus simple,
si elle n'est pas familière, se fait comprendre aussi
péniblement que l'idée la plus compliquée. La minorité doit céder à la majorité, le plus petit nombre au plus grand, c'est une idée familière : en
conséquence les hommes croient qu'il n'y a pas à
s'inquiéter d'autre chose, et il ne leur vient pas à
l'esprit qu'il peut y avoir un milieu entre donner
au plus petit nombre le même pouvoir qu'au plus
grand, ou bien effacer complétement le plus petit
nombre. Dans un corps représentatif qui délibère
réellement, la minorité doit nécessairement avoir
le dessous, et dans une démocratie où existe l'égalité (puisque les opinions des commettants, quand
ils y tiennent fortement, déterminent celles des
corps représentatifs), la majorité du peuple au
moyen de ses représentants prévaudra et l'empor-
tera, à la pluralité des voix, sur la minorité et sur
ses représentants. Mais s'ensuit-il que la minorité
ne devrait pas avoir de représentants du tout?
Parce que la majorité doit prévaloir sur la minorité, faut-il que la majorité ait tous les votes, que
la minorité n'en ait aucun ? Est-il nécessaire que
la minorité ne soit pas même entendue? Une
habitude et une association d'idées immémoriales,

peuvent seules réconcilier un être raisonnable avec
une injustice inutile. Dans une démocratie réellement égale, tout parti, quel qu'il soit, serait représenté dans une proportion, non pas supérieure,
mais identique à ce qu'il est. Une majorité d'électeurs devrait toujours avoir une majorité de représentants ; mais une minorité d'électeurs devrait
toujours avoir une minorité de représentants.
Homme pour homme, la minorité devrait être représentée aussi complétement que la majorité.
Sans cela il n'y a pas d'égalité dans le gouvernement, mais bien inégalité et privilége : une partie
du peuple gouverne le reste : il y a une portion à
qui l'on refuse la part d'influence qui lui revient
de droit dans la représentation, et cela contre toute
justice sociale, et surtout contre le principe de la
démocratie, qui proclame l'égalité comme étant sa
racine même et son fondement.

L'injustice et la violation du principe ne sont
pas moins évidentes, parce que c'est une minorité
qui en souffre ; car il n'y a pas de suffrage égal, là
où un individu isolé ne compte pas pour autant
que tout autre individu isolé dans la communauté.
Mais ce n'est pas seulement la minorité qui souffre. La démocratie ainsi constituée n'atteint même
pas son but ostensible, celui de donner en tous
cas les pouvoirs du gouvernement à la majorité
numérique ; elle fait quelque chose de très-diffé-

rent, elle les donne à une majorité de la majorité,
qui peut n'être et qui n'est souvent qu'une minorité de l'ensemble. C'est surtout dans les cas extrêmes qu'on voit la valeur d'un principe : supposons
donc que dans un pays gouverné par le suffrage
égal et universel, il y ait une élection contestée
dans chaque collége électoral, et que dans chaque
élection une petite majorité l'emporte. Le parlement ainsi formé représente un peu plus que la
simple majorité de la nation. Ce parlement se met
à faire des lois et prend des mesures importantes
du chef d'une simple majorité dans le parlement
lui-même. Quelle garantie a-t-on que ces mesures
seront d'accord avec les désirs de la majorité du
peuple. La moitié à peu près des électeurs ayant
eu le dessous aux *hustings*, n'a eu aucune influence
sur la décision ; toute cette moitié-là peut être
hostile aux mesures, ayant voté contre tous ceux
qui les ont prises, et elle l'est probablement en
grande partie. Quant aux autres électeurs, la moitié à peu près a choisi des représentants qui (la
chose est supposable) ont voté contre les mesures.
Il est donc possible, et même il est probable
que les mesures qui ont prévalu plairont seulement à la minorité, toute majorité qu'elle est de
cette partie de la nation, que les lois du pays ont
érigé en classe dominante. Si la démocratie signifie l'ascendant certain de la majorité, il n'y a

d'autre moyen de l'assurer que de permettre à chaque chiffre individuel de compter également dans l'addition. S'il y a une minorité laissée de côté, soit à dessein, soit par la manière dont fonctionne le mécanisme, le pouvoir n'appartient pas à la majorité, mais à une minorité partout ailleurs qu'au parlement.

La seule réponse plausible, c'est que, comme l'opinion dominante varie suivant les localités, l'opinion qui est en minorité quelque part obtient la majorité ailleurs, et qu'en somme chaque opinion existante dans les colléges électoraux obtient une juste part de voix dans la représentation. Et ceci est vrai en gros, dans l'état actuel du droit électoral ; sans cela le désaccord de la chambre avec le sentiment général du pays deviendrait bientôt évident. Mais la chose cesserait sur-le-champ d'être vraie, si l'on accordait le droit électoral à un plus grand nombre, encore bien davantage si on l'accordait à tous ; car en ce cas la majorité en toute localité serait composée de travailleurs manuels, et quand il y aurait une question pendante sur laquelle ces classes ne seraient pas d'accord avec le reste de la communauté, aucune autre classe ne réussirait à se faire représenter nulle part. Même à présent, n'est-ce pas un grand mal qu'en tout parlement un très-grand nombre d'électeurs, quel que soit leur désir et leur passion d'être représentés, ne voient au parlement aucun membre pour lequel ils aient voté? Est-il juste que tout électeur de Marylebone soit obligé d'être représenté par deux candidats des assemblées paroissiales? tout électeur de Finsbury ou de Lambeth par ceux là ce qu'on croit (généralement) des cabaretiers? Les colléges auxquels appartiennent en général les personnes les mieux partagées en fait de culture intellectuelle et d'esprit public, ceux des grandes villes, sont maintenant pour la plupart, ou pas représentés du tout ou mal représentés. Les électeurs qui ne sont pas du même parti politique que la majorité locale ne sont point représentés. Quant à ceux du même parti, il y en a un grand nombre de mal représentés ; car ils ont été obligés d'accepter l'homme qui avait le plus de voix dans leur parti, quoique peut-être ses opinions diffèrent des leurs sur tout autre point. L'état des choses est pire sous certains rapports que si la minorité ne pouvait pas voter du tout ; car alors au moins la majorité pourrait avoir un membre qui la représentât dans ce qu'elle a de meilleur, tandis qu'aujourd'hui la nécessité de ne pas diviser le parti, de peur de faire trop beau jeu aux adversaires, pousse chacun à voter, soit pour la personne qui se présente la première avec la cocarde du parti, soit pour celle que mettent en avant les chefs du parti. Ceux-ci en leur faisant l'honneur qu'ils ne méritent pas souvent, de supposer que leur choix n'a pas été influencé par leurs intérêts personnels, sont obligés, pour être sûrs de toutes leurs forces, de présenter un candidat contre lequel personne dans le parti n'aura de fortes objections, c'est-à-dire un homme qui n'a rien de saillant, pas d'opinions connues, excepté l'enseigne du parti.

Les États-Unis en offrent un exemple frappant; là, à l'élection du président, jamais le parti le plus fort n'ose mettre en avant ses hommes le plus forts, parce que pour ce fait seulement qu'un de ces hommes a été longtemps en évidence, une partie ou l'autre du public aurait quelque objection contre lui ; et par conséquent il serait moins sûr de rallier tous les votes qu'une personne dont le public n'a jamais entendu parler. Ainsi, l'homme qui est choisi, même par le parti le plus fort, ne représente peut-être réellement que l'esprit de quelques personnes appartenant à l'étroite lisière par où ce parti dépasse l'autre. Toute section dont l'appui est nécessaire au succès, peut mettre son *veto* sur le candidat. Toute section qui s'entête plus obstinément que le reste peut contraindre toutes les autres à adopter son candidat ; et malheureusement cette opiniâtreté supérieure se trouve plutôt chez ceux qui s'entêtent pour leur propre intérêt, que chez ceux qui s'obstinent pour le bien public. Généralement parlant, le choix de la majorité est déterminé par cette fraction du corps électoral qui est la plus timide, la plus bornée et la plus remplie de préjugés, ou bien la plus obstinément attachée à l'intérêt exclusif de la classe : et les droits électoraux de la minorité, au lieu de servir à la seule fin pour laquelle on recueille les votes, ont pour objet d'imposer à la majorité un candidat pris dans ce que cette majorité a de moindre ou de pire.

Que tout en reconnaissant ces maux, bien des gens les regardent comme le prix nécessaire d'un gouvernement libre, la chose n'est pas surprenante. C'était l'opinion de tous les amis de la liberté, jusqu'à une époque très-récente ; l'habitude de les juger comme irrémédiables est si invétérée, que bien des personnes semblent avoir perdu la faculté de les regarder comme des choses auxquelles elles remédieraient volontiers, si elles le pouvaient. Désespérer d'une cure et nier la maladie sont deux choses qui se touchent de près ; de là une certaine aversion à voir proposer un remède, comme si celui qui le propose créait le mal au lieu d'en offrir le traitement. On est tellement habitué aux maux, qu'on trouve déraisonnable, si ce n'est même répréhensible, de s'en plaindre. Cependant, qu'ils soient évitables ou non, ce doit être un amant aveugle de la liberté, celui auquel ces maux ne pèsent pas, celui qui ne se réjouirait pas en découvrant qu'on peut se dispenser de les souffrir. Au point où nous sommes, rien n'est plus certain ; l'effacement virtuel de la minorité n'est pas du tout la conséquence naturelle ou nécessaire de la liberté : c'est, au contraire, une chose diamétralement opposée au premier principe de la démocratie, qui est la représentation proportionnée aux nombres. Que les minorités soient représentées dans une juste proportion, c'est une partie essentielle de la démocratie ; sans cela, il n'est pas de véritable démocratie possible ; on n'a qu'une fausse apparence de démocratie.

Ceux qui ont vu et senti tant soit peu la force de ces considérations, ont proposé divers expédients qui peuvent atténuer le mal, à un degré plus ou moins grand. Lord John Russell, dans un de ses bills de réforme, a introduit une clause par laquelle certains colléges électoraux pourraient nommer trois membres, et dans ces colléges, il serait permis à chaque électeur de voter seulement pour deux : et M. Disraéli, dans les débats récents, a rappelé ce fait en le lui reprochant : il pense apparemment qu'il convient à un homme d'État conservateur de ne s'occuper que des moyens, et de désavouer dédaigneusement toute unité de sentiment avec quiconque a été entraîné, ne fût-ce qu'une fois, à songer aux fins [1]. D'autres ont pro-

(1) Cette bévue de M. Disraéli (contre laquelle sir John

posé qu'il fût permis à chaque électeur de voter
seulement pour un membre. Par l'un ou l'autre de
ces plans, une minorité égalant ou excédant le tiers
du collége local pourrait, si elle ne visait pas plus
haut, nommer un membre sur trois. On pourrait
arriver au même résultat d'une meilleure façon encore, si, comme proposait dans une brochure
pleine de talent, M. James Garth Marshall, l'électeur gardait ses trois votes, mais était libre de les
donner tous trois au même candidat. Ces plans,
quoique, certes, ils vaillent mieux que rien, ne sont
pourtant que des pis aller : et ils n'atteignent le but

Packington, à son grand honneur, a saisi la première occasion
de protester) est un exemple frappant, entre bien d'autres, de
la manière dont les chefs du parti conservateur comprennent
mal les principes conservateurs. Sans aller jusqu'à demander
aux partis politiques une dose suffisante de vertu et de discernement pour comprendre et pour appliquer à propos les
principes de leurs adversaires, on peut dire cependant que ce
serait un grand progrès, si chaque parti comprenait ses propres principes et s'y conformait : heureuse serait l'Angleterre,
si les conservateurs votaient d'une manière conséquente pour
tout ce qui est conservateur, et les libéraux pour tout ce qui
est libéral. Nous n'aurions pas alors à attendre longtemps des
choses qui, comme la mesure actuelle et beaucoup d'autres
aussi importantes, sont à la fois éminemment conservatrices
aussi bien qu'éminemment libérales. Les conservateurs étant
par la loi de leur existence le parti le plus borné, ont à se
reprocher sous ce rapport les plus gros péchés: et c'est une
triste vérité à dire, mais si on proposait sur un sujet quelconque une mesure qui fût conservatrice d'une façon réelle,
étendue et prévoyante, à ce point que les libéraux fussent
portés à y souscrire, la grande masse du parti conservateur
s'élancerait aveuglément à l'encontre de la mesure, et l'empêcherait de passer.

que d'une manière très-imparfaite, puisque toutes les minorités locales de moins d'un tiers, et toutes les minorités, si nombreuses qu'elles soient, qui sont formées par des collèges électoraux différents, resteraient sans représentants. Il est très-regrettable cependant qu'aucun de ces plans n'ait été mis à exécution ; car chacun d'eux aurait reconnu le vrai principe, et aurait préparé les voies à son application plus complète. Mais on n'obtiendra jamais une véritable égalité dans la représentation, tant qu'un nombre d'électeurs qui atteint le chiffre ordinaire d'un collège électoral, ne pourra s'entendre (dans quelques parties du pays que les électeurs soient dispersés) pour nommer un représentant.

Ce degré de perfection dans la représentation avait paru impraticable jusqu'au jour où un homme d'un grand talent, capable à la fois de vues étendues et générales et de combinaisons de détails pratiques, — M. Thomas Hare — en a prouvé la possibilité, en traçant pour arriver là un plan qui a figuré dans un projet d'acte du parlement, plan qui a le mérite, presque sans égal, de développer un grand principe de gouvernement, d'une manière qui approche de la perfection idéale en ce qui regarde l'objet spécial qu'on avait en vue, tandis qu'il atteint fortuitement plusieurs autres objets de presque autant d'importance.

Aux termes de ce plan, l'unité représentative,

c'est-à-dire la quotité d'électeurs ayant droit à un représentant, serait déterminée par le procédé ordinaire dont on se sert pour tirer des moyennes, le nombre des votants étant divisé par le nombre de siéges dans la chambre : tout candidat obtenant cette quotité, serait élu représentant, encore que cette quotité se composât de votes épars çà et là, dans un grand nombre de colléges électoraux. Les votes seraient, comme à présent, donnés localement ; mais tout électeur serait libre de voter pour tout candidat, dans quelque partie du pays que ce candidat fût présenté. Donc, les électeurs qui ne voudraient être représentés par aucun des candidats locaux, pourraient aider de leur vote à la nomination de la personne qui leur plairait le mieux, parmi toutes celles qui dans tout le pays se seraient mises sur les rangs. De cette façon, on donnerait de la réalité aux droits électoraux de la minorité qui, de l'autre façon, en est virtuellement dépouillée. Mais il est important que, non-seulement ceux qui refusent de voter pour les candidats locaux, mais encore ceux qui votent pour eux et qui sont battus, puissent trouver ailleurs la représentation qu'ils n'ont pas réussi à obtenir dans leur propre district. C'est pourquoi on a imaginé de faire déposer à chaque électeur une liste de votes, contenant plusieurs noms, outre celui de son candidat préféré. Le vote d'un électeur ne servirait qu'à un candidat; mais si l'objet de son premier vote échouait dans sa candidature, faute d'avoir obtenu la quotité, le second serait peut-être plus heureux.

L'électeur pourrait porter sur la liste un plus grand nombre de noms, dans l'ordre de sa préférence, de façon à ce que si les noms qui sont en tête de sa liste n'obtiennent pas la quotité ou l'obtiennent sans son vote, le vote puisse néanmoins être employé au profit de quelqu'un dont la nomination en sera aidée. Afin d'obtenir le nombre de membres voulu pour compléter la chambre, et aussi afin d'empêcher les candidats très-populaires d'absorber presque tous les suffrages, quelque nombre de voix qu'un candidat pût obtenir, on ne lui en compterait pas plus que la quotité voulue pour sa nomination; les autres électeurs qui auraient voté pour lui, verraient compter leurs votes à la première personne qui sur leurs listes respectives en aurait besoin et qui pourrait avec ce secours, compléter la quotité. Pour déterminer entre tous les votes obtenus par un candidat lesquels seraient employés à sa nomination, et lesquels seraient donnés à d'autres, on a proposé plusieurs méthodes, dont nous ne parlerons point ici. Naturellement, un candidat garderait les votes de tous ceux qui ne voudraient pas être représentés par un autre; et pour le reste, tirer au sort serait un expédient très-passable, à défaut de mieux. Les listes de votes seraient

remises à un bureau central où les votes seraient
comptés, puis cotés, hiérarchisés par premier,
deuxième, troisième, etc., la quotité serait allouée
à tout candidat qui pourrait la parfaire, jusqu'à ce
que la chambre fût complète, les premiers votes
étant préférés aux seconds, les seconds aux troi-
sièmes et ainsi de suite. Les listes de votes et tous
les éléments du calcul seraient placés dans des dépôts publics et accessibles à tous les intéressés ; et
si quelqu'un ayant obtenu la quotité voulue, n'avait
pas été nommé, comme c'était son droit, il lui serait aisé de prouver la chose.

Voilà les principaux traits du plan. Je renverrai
ceux qui voudraient en connaître avec plus de détails le mécanisme très-simple, *au Traité* de M. Hare,
sur l'élection des représentants (un petit volume pu-
blié en 1859) et à une brochure de M. Henri Faw-
cett, publiée en 1860 et intitulée : « *Le Bill de réforme de M. Hare simplifié et expliqué.* » Ce dernier
ouvrage est un exposé très-clair et très-concis du
plan réduit à ses éléments les plus simples, par la
suppression de certaines mesures de M. Hare, lesquelles, quoique bonnes en elles-mêmes, nuisaient
plus à la simplicité du plan qu'elles n'ajoutaient à
ses avantages pratiques. J'ose prédire que plus on
étudiera ces ouvrages, et plus on sentira combien
ce plan est praticable, et combien les avantages en
sont immenses. Ils le sont à un tel point, et ils sont

tellement nombreux, que pour ma part je rangerais ce plan parmi les plus grands progrès qu'on ait faits jusqu'à présent dans la théorie et dans la pratique du gouvernement.

D'abord, ce plan assure la représentation proportionnelle au nombre de chaque division du corps électoral, non pas seulement de deux grands partis et peut-être de quelques grandes minorités de section en certains endroits, mais de toute minorité dans tout le pays, renfermant un nombre d'hommes assez grand pour avoir droit, d'après les principes d'une justice équitable, à un représentant. Secondement, aucun électeur ne serait, comme aujourd'hui, représenté nominalement par quelqu'un qu'il n'a pas choisi. Chaque membre de la chambre serait le représentant d'un corps de commettants unanimes. Il représenterait 1,000 ou 2,000 ou 3,000 ou 10,000 électeurs, selon ce que pourrait être la quotité, dont chacun non-seulement aurait voté pour lui, mais l'aurait choisi entre tous dans le pays, et non pas simplement entre les deux ou trois *oranges pourries* qui composeraient peut-être tout l'assortiment de son marché local. De cette façon, le lien entre l'électeur et le représentant aurait une force, une valeur dont nous n'avons à présent aucune idée. Chacun des électeurs serait identifié personnellement avec son représentant; et le représentant serait identifié avec

ses commettants. Chaque électeur qui aurait voté
pour lui l'aurait fait, soit parce que de tous les
candidats au parlement c'est celui qui représente
le mieux les opinions du votant, soit parce que
c'est celui dont les talents et le caractère inspi-
rent le plus de confiance au votant, et auquel il
abandonnera le plus volontiers le soin de penser
pour lui. Le membre représenterait des personnes et non plus simplement les briques et le
mortier de la ville : il représenterait les votants
eux-mêmes, et non plus uniquement quelques-
uns des conseillers de la paroisse ou des notables de la ville. On conserverait cependant tout ce
qui vaut la peine d'être conservé dans la représentation des localités. Quoique le parlement doive se
mêler aussi peu que possible des affaires purement
locales, cependant puisqu'il s'en mêle, il faut qu'il
y ait des membres spécialement chargés de veiller
aux intérêts de toute localité importante, et il continuerait d'en être ainsi. Dans toute localité qui
contiendrait plus de votants que la quotité (ce qui
arriverait probablement partout), la majorité préférerait généralement être représentée par un des
siens, par une personne connaissant et habitant la
localité, si on pouvait trouver parmi les candidats
une semblable personne qui méritât d'ailleurs d'ê-
tre choisie pour représenter la localité. Ce serait
uniquement les minorités qui, étrangères à la no-

mination du membre local, chercheraient autre part un candidat ayant chance d'obtenir des voix outre la leur.

De toutes les manières possibles de constituer une représentation nationale, voilà celle qui offre le plus de sécurité, quant aux qualités intellectuelles désirables chez les représentants. A présent, de l'aveu de chacun, il devient de plus en plus difficile à un homme qui n'a que des talents et de la réputation, d'entrer à la chambre des communes. Les seules personnes qui puissent se faire élire sont celles qui possèdent de l'influence locale, ou qui se frayent le chemin par une dépense extrême, ou qui, sur l'invitation de trois ou quatre marchands ou procureurs, sont envoyés des clubs de Londres par un des deux grands partis, comme des hommes sur le vote desquels le parti peut compter en toutes circonstances. D'après le système de M. Hare, ceux à qui ne plairait pas les candidats locaux, rempliraient leur bulletin de vote en faisant un choix parmi toutes les personnes de réputation nationale, dont les principes politiques auraient leur sympathie. Donc, presque tout homme qui se serait distingué de quelque façon que ce soit, quoiqu'il n'eût aucune influence locale et qu'il n'eût juré obéissance à aucun parti, aurait beau jeu pour arriver à la quotité, et avec cet encouragement on pourrait s'attendre à voir de pa-

reils hommes se présenter en foule. Des centaines
d'hommes habiles, d'une opinion indépendante,
qui n'auraient pas la moindre chance d'être choisis
par la majorité d'aucun corps de commettants actuel, se sont fait connaître presque dans chaque
partie du royaume par leurs écrits et par leurs
efforts touchant quelque branche du bien public,
à un petit nombre de personnes dont ils ont obtenu
l'approbation : et si chaque vote donné pour eux en
chaque endroit pouvait être compté pour leur élection, ils parviendraient sans doute à réaliser le
chiffre de la quotité. Il est impossible de trouver
une autre combinaison par où le parlement puisse
être aussi sûr de renfermer l'élite même du pays.

Et ce n'est pas uniquement au moyen des votes
des minorités que ce système d'élection élèverait
le niveau intellectuel de la chambre des communes. Les majorités seraient contraintes de chercher
des membres d'une plus grande valeur. Lorsque les
individus composant la majorité ne seraient plus
réduits comme Hobson, soit à voter pour la personne mise en avant par leurs chefs locaux, soit à
ne pas voter du tout; lorsque le candidat des chefs
aurait à subir la concurrence, non pas seulement
du candidat de la minorité, mais de tous les hommes d'une réputation établie dans le pays, qui seraient disposés à le servir, il deviendrait désormais
impossible d'imposer aux électeurs la première

personne qui se présenterait avec la *réclame* du parti
sur les lèvres et trois ou quatre mille livres sterling dans sa poche. La majorité insisterait pour
avoir un candidat digne de son choix, sinon elle
donnerait son vote ailleurs, et la minorité l'emporterait : l'esclavage de la majorité à la portion
la moins estimable d'elle-même, aurait un terme.
On mettrait en avant de préférence les meilleurs et
les plus capables parmi les notables locaux, et autant que possible ceux d'entre eux qui seraient
connus d'une façon avantageuse au delà de la localité, afin que leur force locale eût la chance
d'être fortifiée par des votes conférés du dehors.
Les corps de commettants se disputeraient les
meilleurs candidats ; il y aurait rivalité entre eux
à qui choisirait parmi les hommes de science et de
relations locales, ceux qui seraient les plus distingués sous tous les rapports.

La tendance naturelle du gouvernement représentatif, comme de la civilisation moderne, incline
vers la médiocrité collective : et cette tendance est
accrue par toutes les réductions et toutes les exclusions du droit électoral, leur effet étant de placer
le pouvoir principal entre les mains de personnes,
de plus en plus inférieures au niveau le plus élevé
d'instruction dans la communauté. Mais, quoique
les intelligences et les caractères supérieurs aient
nécessairement le dessous comme nombre, qu'ils

soient entendus on non fait une grande différence.
Dans la fausse démocratie, qui au lieu de donner
la représentation à tous, la donne seulement aux
majorités locales, la voix de la minorité instruite
peut n'avoir pas d'organe du tout dans le corps
représentatif. C'est un fait reconnu, que dans la
démocratie américaine qui est construite sur ce
mauvais modèle, les membres très-cultivés de la
communauté, excepté ceux d'entre eux qui sont
disposés à sacrifier leurs opinions et leurs manières de penser, et à devenir les organes serviles
de leurs inférieurs en savoir, ne se présentent
même pas au congrès ou aux législations d'État,
tant il est certain qu'ils n'ont aucune chance d'ê-
tre nommés. Si, par bonheur, un plan, comme
celui de M. Hare, s'était présenté aux fondateurs
éclairés et désintéressés de la république américaine, les assemblées fédérales et les assemblées
d'État auraient contenu un grand nombre de ces
hommes distingués, et la démocratie aurait évité
le plus grand reproche qu'on puisse lui faire, et un
de ses maux les plus formidables. Contre ce mal,
le système de représentation personnelle proposé
par M. Hare est presque un spécifique. La minorité
d'esprits instruits, épars dans les corps de commettants locaux, s'unirait pour nommer un nombre,
proportionné à son propre nombre, des hommes
les plus capables que renferme le pays. Elle aurait

les raisons les plus fortes pour choisir de pareils
hommes, puisque d'aucune autre façon sa petite
force numérique n'arriverait à quelque chose de
grand.

Les représentants de la majorité, outre qu'ils
seraient eux-mêmes améliorés par l'effet du système, n'auraient plus désormais tout le champ à
eux seuls. A la vérité, ils dépasseraient les autres
en nombre, dans la même proportion qu'une classe
d'électeurs dépasse l'autre dans le pays ; ils pourraient toujours l'emporter sur les autres à la pluralité des voix, mais ils parleraient et voteraient en
leur présence, et en butte à leur critique. Quand
il s'élèverait quelque discussion, ils désireraient
répondre aux arguments de la minorité instruite,
par des raisons puissantes, au moins en apparence : et comme ils ne pourraient pas, à la façon
des gens qui ont un auditoire unanime et prévenu,
affirmer simplement qu'ils sont dans le vrai, il
leur arriverait à l'occasion de se convaincre qu'ils
sont dans le faux. Comme ils seraient en général
bien intentionnés (car on peut raisonnablement
s'attendre à cela de la part d'une représentation
nationale, choisie avec impartialité), leurs propres
esprits seraient élevés insensiblement par l'influence des esprits avec lesquels ils se trouve-
raient en contact et même en lutte. Les champions
des doctrines impopulaires n'exposeraient pas

leurs opinions, simplement dans des livres et dans
des publications périodiques, lues de leur seul
parti ; les rangs adverses se rencontreraient face
à face, main à main, et il y aurait une comparaison loyale de leur force intellectuelle en présence
du pays. On découvrirait bientôt si l'opinion qui
l'emporte par le nombre, l'emporte aussi par le
poids. La multitude a souvent un instinct juste,
qui lui fait distinguer un homme capable, quand
il a carrière pour déployer devant elle ses talents.
Si un pareil homme n'obtient pas tout ce à quoi
il a droit, c'est la faute des institutions ou des usages qui le maintiennent dans l'obscurité. Dans les
démocraties antiques, il n'y avait pas moyen de
maintenir un homme de talent dans l'obscurité ; la
tribune lui était ouverte, il n'avait besoin du consentement de personne pour devenir un conseiller
public. Il n'en est pas ainsi dans le gouvernement
représentatif, et les meilleurs amis de la démocratie
représentative ne peuvent s'empêcher de craindre
que le Thémistocle ou le Démosthène, dont les
conseils auraient sauvé la nation, ne soit incapable,
durant toute sa vie, de jamais obtenir un siége au
parlement. Mais si l'on peut assurer la présence
dans l'assemblée représentative d'un certain nombre, fût-il très-faible, des premiers esprits du pays,
on peut être sûr, quoique le reste consiste uniquement
ment d'esprits ordinaires, que l'influence de ces

esprits éminents se fera sentir fortement dans les délibérations générales, quand même ils seraient connus pour être, sous beaucoup de rapports, opposés au sentiment et à l'opinion populaire. Il m'est impossible de concevoir une autre combinaison qui assure aussi positivement la présence de telles supériorités que celle de M. Hare.

Cette portion de l'assemblée serait aussi l'organe propre d'une grande fonction sociale, pour laquelle on n'a pris aucune précaution dans les démocraties existantes, qui cependant, si elle demeure inaccomplie dans un gouvernement, condamne à coup sûr ce gouvernement à dégénérer et à dépérir. On peut l'appeler la fonction d'antagonisme. Dans tout gouvernement il y a un pouvoir plus fort que tout le reste. Or, le pouvoir qui est le plus fort tend perpétuellement à devenir le seul pouvoir. Moitié avec intention, moitié sans s'en douter, il s'efforce toujours de faire céder tout devant lui, et il n'est pas satisfait tant qu'il y a quelque chose qui lui résiste sans relâche, quelque influence qui n'est pas d'accord avec son esprit. Néanmoins, s'il réussit à supprimer toute influence rivale, à mouler toute chose d'après lui-même, le progrès est à son terme dans ce pays et le déclin commence. Le progrès humain est le produit de facteurs nombreux, et nul pouvoir constitué jusqu'ici parmi les hommes, ne les renferme tous. Le pouvoir le plus

bienfaisant ne contient lui-même que quelques-
unes des conditions du bien ; et si le progrès doit
continuer, il faut en chercher les autres conditions
à quelqu'autre source. Aucune communauté n'a
été longtemps progressive, que là où il y avait lutte
entre le pouvoir le plus fort dans la communauté,
et quelqu'autre pouvoir rival, entre les autorités spirituelles et les autorités temporelles, entre
les autorités militaires ou territoriales et les
classes laborieuses, entre le roi et le peuple, entre
les orthodoxes et les réformateurs religieux. Quand
la victoire d'un côté ou de l'autre a été assez complète pour mettre fin à la lutte, et qu'aucune autre
dispute ne s'est élevée à la place, il y a d'abord sta-
gnation, puis déclin.

L'ascendant de la majorité numérique est moins
injuste et à tout prendre moins nuisible que beaucoup d'autres ; mais il a exactement les mêmes
dangers et même il les a plus certainement. En
effet, quand le gouvernement est aux mains d'un
seul ou d'un petit nombre, le grand nombre existe
toujours comme un pouvoir rival, qui peut ne
jamais être assez fort pour contrôler l'autre, mais
dont l'opinion et le sentiment sont un appui moral et même social pour tous ceux qui, soit par
conviction, soit par opposition d'intérêts, sont
ennemis d'une tendance quelconque de l'autorité
gouvernante. Mais quand la démocratie est le pou-

voir suprême, il n'y a pas *un seul* ou un petit *nom-bre* assez fort pour soutenir les opinions dissiden-tes, et les intérêts menacés ou blessés. On trouve maintenant que la grande difficulté d'un gouverne-ment démocratique est de mettre dans une so-ciété démocratique ce qui s'est rencontré jusqu'à présent dans toutes les sociétés capables d'un pro-grès supérieur et soutenu — un soutien social, un point d'appui pour les résistances individuelles aux tendances du pouvoir gouvernant ; une protection, un point de ralliement pour les opinions et les in-térêts que l'opinion publique et prédominante regarde avec défaveur. Faute de ce point d'appui, les sociétés antiques et presque toutes les sociétés modernes, à l'exception d'un petit nombre, ou sont tombées en dissolution, ou sont devenues station-naires (ce qui signifie une lente détérioration) à cause de la prédominance exclusive d'une partie seulement des conditions du bien-être social et mental.

Or, le système de la représentation nationale est fait pour suppléer à ce défaut, de la manière la plus parfaite qui soit possible, dans les circonstan-ces où se trouve la société moderne. On ne peut chercher un supplément ou un correctif aux ins-tincts d'une majorité démocratique, que dans la minorité instruite ; mais avec la manière ordinaire de constituer la démocratie, cette minorité n'a pas

d'organes. Le système de M. Hare lui en donne un.
Les représentants qui seraient nommés au parlement par l'agrégation des minorités, fourniraient
cet organe dans sa plus grande perfection. Une
organisation séparée des classes instruites serait,
même si la chose était faisable, un sujet d'envie,
et ne pourrait être inoffensive qu'à condition de ne
pas avoir la moindre influence. Mais si l'élite de
ces classes faisait partie du parlement au même
titre que ses autres membres, en représentant le
même nombre d'électeurs, la même fraction numérique de la volonté nationale, sa présence ne
donnerait d'ombrage à personne : tandis que cette
élite serait dans la position la plus avantageuse, et
pour faire entendre son opinion et son avis sur
tous les sujets importants, et pour prendre une
part active aux affaires publiques. Ses talents lui
vaudraient sans doute plus que sa part numérique
dans l'administration réelle du gouvernement :
ainsi, les Athéniens ne confiaient pas de fonctions
publiques responsables à Cléon ou à Hyperbolus
(la mission de Cléon à Pylus et à Amphipolis fut une
pure exception) tandis que Nicias, Théramène,
Alcibiade, étaient constamment employés soit à
l'intérieur, soit au dehors, quoique connus pour
sympathiser plus avec l'oligarchie qu'avec la démocratie. La minorité instruite compterait seulement comme nombre dans le vote réel ; mais,

comme pouvoir moral, elle compterait pour beaucoup plus en vertu de son savoir et de l'influence que ce savoir lui donnerait sur le reste de l'assemblée.

Il serait difficile à l'esprit humain d'imaginer un arrangement plus propre à maintenir l'opinion populaire dans les limites de la raison et de la justice, et à la préserver des nombreuses influences dégradantes qui menacent le côté faible de la démocratie. Un peuple démocratique aurait là ce qui autrement lui manquerait à coup sûr : des chefs qui seraient ses supérieurs en esprit et en caractère. La démocratie moderne aurait à l'occasion ses Périclès, et à l'ordinaire sa pléiade d'esprits supérieurs et dirigeants.

A côté de tant de raisons, pour résoudre affirmativement la question, y en a-t-il quelques-unes pour une solution négative? Il n'y en a pas de plausibles, si toutefois le peuple peut être amené à prendre en sérieuse considération une chose nouvelle. A la vérité, il y a des gens qui, sous couleur de justice et d'égalité, se proposent seulement de transporter aux pauvres l'ascendant de classe qui aujourd'hui appartient aux riches : ceux-là sans doute ne voudront pas d'un plan qui met les deux classes à niveau. Mais je ne crois pas qu'un pareil désir existe à présent chez les classes ouvrières de notre pays, sans pouvoir garantir cependant que l'occasion, que les artifices démagogiques n'y puissent jamais faire naître ce sentiment. Aux États-Unis, où la majorité numérique a été longtemps en pleine possession du despotisme collectif, elle serait probablement aussi peu disposée à s'en départir qu'un despote ou qu'une aristocratie. Mais la démocratie anglaise se contenterait, je suppose, pour le moment, d'être protégée contre une législation faite par d'autres, sans réclamer le droit d'exercer à son tour ce privilége.

Parmi les personnes qui font ostensiblement des objections au plan de M. Hare, quelques-unes prétendent que, selon elles, ce plan est impraticable : mais on découvrira généralement que ces personnes n'ont fait qu'en entendre parler, ou bien l'examiner d'une façon très-légère et très-rapide. D'autres ne peuvent prendre leur parti de voir se perdre ce qu'elles appellent le caractère local de la représentation. A leurs yeux, une nation ne se compose pas d'hommes, mais d'unités artificielles, la création de la géographie et des statistiques. Le parlement doit représenter des villes et des comtés, et non des êtres humains. Mais personne ne cherche à détruire les villes et les comtés. On peut supposer que les villes et les comtés sont représentés, lorsque les êtres humains qui les habitent, sont représentés. Les sentiments locaux ne peuvent pas exister sans quelqu'un qui les ressente, ni les intérêts

locaux sans quelqu'un qui y soit intéressé. Si les
êtres humains qui ont ces intérêts et ces sentiments
obtiennent leur part voulue dans la représentation,
ces sentiments et ces intérêts se trouvent représentés, en même temps que tous les autres sentiments et intérêts de ces personnes. Mais je ne vois
pas pourquoi les sentiments et les intérêts qui par-
quent l'espèce humaine par localités, seraient
regardés comme les seuls dignes d'être représentés,
ni pourquoi les gens qui ont d'autres sentiments et
d'autres intérêts dont ils sont plus soucieux que de
leurs sentiments et de leurs intérêts géographiques,
seraient réduits à ceux-ci comme seul principe de
leur classification politique. L'idée que le Yorckshire
et le Middlesex ont des droits distincts de ceux de
leurs habitants, ou que Liverpool et Exeter sont les
véritables objets des soins du législateur, par opposition à la population de ces villes, est un curieux spécimen de l'illusion produite par des mots.

En général, cependant, les personnes qui font ces
objections tranchent la question, en affirmant que
le peuple anglais n'acceptera jamais un pareil système. Je n'entreprendrai pas de dire ce que le peuple anglais pensera probablement de ceux qui prononcent un jugement aussi sommaire sur son aptitude à comprendre et à juger, et qui trouvent superflu
d'examiner si une chose est bonne ou mauvaise,
avant de déclarer qu'il la rejettera. Pour ma part, je

ne pense pas que le peuple anglais ait mérité d'être
signalé sans avoir été mis à l'épreuve, comme ayant
des préjugés insurmontables contre toute chose
qui peut se trouver bonne, soit pour lui, soit pour
d'autres. Il me semble aussi que lorsque les préjugés persistent obstinément, c'est la faute par-dessus
tout de ceux qui se plaisent à les proclamer insurmontables, pour s'excuser ainsi de ne jamais s'employer à les détruire. Tout préjugé sera insurmontable, si ceux qui ne le partagent pas s'y soumettent,
le flattent et l'acceptent comme une loi de la nature.
Je crois cependant que dans le cas dont il s'agit, il
n'y a aucun préjugé, si ce n'est sur les lèvres de ceux
qui en parlent, et qu'en général tous ceux qui jusqu'à présent ont entendu parler du plan n'y sont
nullement hostiles. Seulement, ils éprouvent cette
défiance naturelle et salutaire qu'inspire toute
nouveauté qui n'a pas été suffisamment discutée
pour que le *pour* et le *contre* de la question soient
bien évidents. Le seul tort sérieux de cette idée,
c'est de n'être pas encore familière aux esprits. A
vrai dire, c'est un tort capital ; car l'imagination
peut se réconcilier beaucoup plus aisément avec
un grand changement en substance, qu'avec un
très-petit changement en noms et en forme. Mais le
défaut de *familiarité* est un désavantage que le
temps suffit à faire disparaître, quand il y a une
valeur réelle dans une idée. Et à notre époque, où

l'on discute, où l'on prend en général un vif intérêt au progrès, ce qui était autrefois l'ouvrage des siècles, ne demande souvent que des années.

Depuis la première publication de cet ouvrage on a fait sur le plan de M. Hare plusieurs critiques qui prouvent au moins, que ce plan a été examiné avec plus de soin et d'intelligence qu'il ne l'avait été jusque-là. Telle est la marche naturelle de tout débat sur les grandes améliorations. Elles rencontrent tout d'abord un préjugé aveugle, et des arguments auxquels un préjugé aveugle peut seul attacher quelque valeur. Le préjugé venant à faiblir, les arguments qu'il emploie pendant quelque temps prennent plus de valeur. En effet, le plan étant mieux compris, ses inconvénients véritables et les circonstances qui s'opposent à ce qu'il produise sur-le-champ tout le bien dont il est capable intrinsèquement, apparaissent au grand jour ainsi que ses mérites. Mais parmi toutes les objections de quelque apparence qui sont venues à ma connaissance, il n'y en a pas une qui n'ait été prévue, examinée et discutée par les partisans du plan, et qui n'ait été démontrée fausse ou légère.

La plus sérieuse en apparence de toutes les objections, à savoir : la prétendue impossibilité d'empêcher la fraude ou le soupçon de la fraude dans les opérations du bureau central, est celle à laquelle on peut répondre le plus brièvement. La publicité et

une complète liberté d'inspecter les bulletins de
votes, après l'élection, étaient les garanties propo-
sées. Mais on affirme que ces garanties ne serviraient de rien, parce que pour vérifier les élections, un votant aurait à recommencer tout l'ouvrage fait par l'état-major des commis. Ceci serait
une objection très-forte, s'il y avait quelque nécessité que les élections fussent vérifiées par chaque
votant individuellement. Tout ce qu'on pourrait
attendre d'un simple votant, par manière de vérifi-
cation, ce serait qu'il vérifiât l'emploi fait de son
propre bulletin de vote ; et à cet effet chaque bulletin devrait être renvoyé, après un laps de temps
convenable, à l'endroit d'où il vient. Mais ce que le
votant ne pourrait pas faire, les candidats malheureux et leurs agents le feraient pour lui. Parmi les
vaincus, ceux qui croiraient qu'ils auraient dû être
élus emploieraient, chacun de leur côté ou tous
ensemble, un intermédiaire pour vérifier la marche
tout entière de l'élection ; et s'ils découvraient une
erreur, les documents seraient renvoyés à un *comité de la chambre des communes*, qui examinerait et
vérifierait toutes les opérations électorales de la
nation, dix fois plus promptement et plus écono-
miquement que ne se fait dans le système actuel,
l'examen d'une seule élection par le *comité d'élection.*

Supposé le plan exécutable, on prétend qu'il y a

deux cas où ses avantages peuvent être détruits et remplacés par des conséquences nuisibles. On dit d'abord qu'un pouvoir excessif serait accordé soit à des groupes ou ligues, à des unions sectaires, à des associations pour des objets spéciaux (tels que la ligue de *la loi du Maine, la société du scrutin* ou de *l'affranchissement,* etc.), soit à des corps unis par des intérêts de classes ou par la communauté de croyance religieuse. On objecte en second lieu que ce système pourrait être employé à favoriser des vues de parti. Un organe central de chacun des partis politiques ferait distribuer dans tout le pays sa *liste* de six cent cinquante-huit candidats, afin que tous les membres du parti, dispersés dans les divers collèges électoraux, votassent pour cette *liste.* Leur vote l'emporterait de beaucoup sur ceux que pourrait obtenir tout candidat indépendant. Le système de ces *listes* à ce que l'on affirme, agirait uniquement, comme cela arrive en Amérique, au profit des grands partis organisés ; leurs *listes* seraient acceptées aveuglément, nul votant n'y changerait rien, et ces partis ne pourraient jamais être battus aux élections, si ce n'est accidentellement par les groupes de sectaires, ou par les associations d'hommes unis par un penchant commun, dont on a déjà parlé.

La réponse à cette objection me paraît concluante. Personne ne prétend qu'avec le plan de

M. Hare, ou avec tout autre plan, l'*organisation*
cesserait d'être un avantage. Les éléments dispersés
ont toujours le désavantage, comparés à des corps
organisés. Comme le plan de M. Hare ne peut pas
changer la nature des choses, il faut s'attendre à ce
que les partis ou sections grandes ou petites qui
possèdent l'organisation, s'en servent autant que
possible pour accroître leur influence. Mais avec le
système actuel, ces influences sont tout. Les éléments dispersés ne sont absolument rien. Les votants qui n'appartiennent à aucune division politique, grande ou petite, n'ont aucun moyen de tirer
parti de leurs votes. Le plan de M. Hare leur en
donne un moyen. Ils pourraient pratiquer ce moyen,
d'une façon plus ou moins habile. Ils pourraient
obtenir leur part d'influence ou beaucoup moins
que leur part ; mais tout ce qu'ils obtiendraient serait autant de bénéfice net. Et quand on affirme
que chaque intérêt mesquin ou chaque association
pour un objet insignifiant, se donnerait une organisation, pourquoi supposerions-nous que le grand
intérêt de l'intelligence et de l'honneur national
serait seul à ne pas en avoir ? S'il y avait une liste
propagée par une société de tempérance, une liste
de l'école des pauvres, etc., est-ce qu'il ne suffirait
pas dans un collége électoral, d'une personne douée
d'une certaine puissance d'opinion pour émettre
une liste du *mérite personnel*, et la répandre dans

tout le voisinage. Est-ce qu'un petit nombre de semblables personnes, se réunissant à Londres, ne pourrait pas choisir sur la liste des candidats les noms les plus distingués, sans avoir égard aux divisions techniques d'opinions, et publier ces noms, moyennant une dépense très-insignifiante, dans tous les colléges électoraux? Il faut se souvenir qu'avec le mode actuel d'élection, l'influence des grands partis est illimitée ; avec le plan de M. Hare, elle serait grande, mais bornée par certaines limites. Les deux grands partis, comme tous les plus petits groupes, ne pourraient élire qu'un nombre de membres proportionné au nombre relatif de leurs partisans. Le système de liste agit en Amérique dans des conditions toutes contraires à celles-ci. En Amérique, les électeurs votent pour la liste du parti, parce que l'élection dépend d'une simple majorité et qu'un vote pour quelqu'un qui est assuré de ne pas obtenir la majorité, est un vote perdu. Mais avec le système de M. Hare, un vote donné pour une personne d'un mérite connu, a autant de chance d'arriver à son but qu'un vote donné à un candidat de parti. On pourrait donc espérer que tout libéral ou conservateur, qui serait quelque chose de plus que simplement un libéral ou un conservateur et qui aurait quelques préférences à lui, outre celles de son parti, effacerait les noms les plus obscurs et les plus insignifiants parmi les

candidats du parti, afin d'inscrire à la place ceux
de quelques-uns des hommes qui sont une gloire
pour la nation. Et la probabilité de ce fait serait un
puissant motif pour ceux qui dresseraient les listes
de parti, de ne pas se borner à prendre des hommes
dévoués au parti, mais d'inscrire également sur
leurs listes respectives, celles d'entre les notabilités
nationales qui seraient plus sympathiques à leur
parti qu'au parti adverse.

La difficulté réelle, car on ne peut se dissimuler
qu'il y a une difficulté, c'est que les électeurs indépendants, ceux qui sont désireux de voter pour des
personnes de mérite sans patronnage, seraient portés à inscrire le nom d'un petit nombre de ces personnes, et à remplir le reste de la liste avec les
noms de simples candidats de parti, créant ainsi
eux-mêmes des adversaires plus nombreux à leurs
candidats préférés. A cela, il y aurait au besoin un
remède bien simple, à savoir : de limiter le nombre
des votes secondaires ou éventuels. Il n'est pas probable qu'un votant ait une préférence indépendante, fondée sur une connaissance intime, pour 658
ou même pour 100 candidats. Il n'y aurait guère
d'objection à ce qu'on limitât à 20, à 50, ou à un
chiffre quelconque, le nombre de ceux qu'il pourrait choisir, pourvu qu'il y ait quelque chance qu'il
fasse ce choix par lui-même, qu'il vote comme un
individu et pas comme un simple soldat du parti.

Mais même, sans cette restriction, le mal se guéri-
rait probablement de lui-même, dès que le système
en viendrait à être bien compris. Détruire ce mal
deviendrait l'objet principal de toutes les associations ou coteries, dont l'influence est si dépréciée.
Dans chacune d'elles, une petite minorité donnerait
ce mot d'ordre : « Votez seulement pour vos candidats spéciaux ou du moins inscrivez leurs noms
en première ligne, afin de leur donner toutes les
chances que leur assure votre force numérique,
d'obtenir la quotité au moyen des premiers votes,
ou du moins sans descendre trop bas sur l'échelle. »
Et les votants qui n'appartiendraient à aucune coterie profiteraient de la leçon.

Les plus petits groupes auraient précisément la
somme de pouvoir qu'ils devraient posséder. L'influence qu'ils pourraient exercer serait exactement
celle à laquelle leur nombre de votants leur donnerait droit et rien de plus, tandis que pour obtenir
même cela, ils auraient un motif d'inscrire comme
représentants de leurs vues spéciales des candidats
assez recommandables d'ailleurs pour gagner les
suffrages de votants étrangers à la secte ou coterie.
Il est curieux d'observer combien le genre d'argument employé pour défendre les systèmes actuels
varie suivant la nature de l'attaque. Il y a quelques
années, l'argument favori à l'appui du système de
représentation qui existait alors, c'est qu'avec ce

système tous les *intérêts* ou *classes* étaient représentés. Et certainement tous les intérêts ou classes
de quelque importance devraient être représentés,
c'est-à-dire devraient avoir des orateurs ou des défenseurs au parlement. Mais on partait de là pour
affirmer qu'on devrait appuyer un système qui
donnerait aux intérêts partiels, non-seulement des
défenseurs, mais le tribunal lui-même. Aujourd'hui,
voyez quel changement ! Le système de M. Hare
rend impossible aux intérêts partiels d'avoir le tribunal à leur disposition, mais il leur assure des défenseurs, et on lui reproche de faire même cela !
Parce qu'il réunit les mérites de la représentation
de classe et ceux de la représentation numérique,
il est attaqué des deux côtés à la fois.

Mais en réalité, ce ne sont point de pareilles objections qui font obstacle à l'adoption du système,
c'est l'idée exagérée où l'on est, des difficultés qu'il
trouverait à passer dans la pratique. La seule manière de répondre complétement à cette objection
serait de mettre le système à l'épreuve. Quand les
mérites du plan seront mieux connus, quand il sera
plus en faveur auprès de tout penseur impartial, on
devra s'efforcer d'obtenir qu'il soit mis à l'épreuve
par un objet limité, par exemple pour l'élection
municipale de quelque grande ville. On en a perdu
une bonne occasion, quand on a décidé de diviser
la partie ouest du Yorckshire pour lui donner qua-

tre membres ; au lieu d'essayer du nouveau principe en laissant le collége électoral intact, et en
permettant à un candidat d'être nommé s'il obte-
nait par les premiers votes ou par des votes secondaires, le quart de la somme totale des votes donnés. De pareilles expériences ne donneraient qu'une
idée très-imparfaite du mérite du plan ; mais elles
montreraient comment il fonctionne, elles prouve-
raient au public que ce plan n'est pas impraticable,
en populariseraient le mécanisme, et fourniraient
certains moyens de juger si les difficultés qu'on
croit si formidables, sont réelles ou seulement ima-
ginaires. Le jour où le parlement sanctionnera une
de ces épreuves partielles, ce jour-là inaugurera,
je crois, une ère nouvelle de réforme parlementaire destinée à donner au gouvernement représentatif une forme digne de sa période mûre et triomphante, lorsqu'il aura achevé la période militante
qui est la seule où le monde l'ait vu jusqu'à présent.

CHAPITRE VIII

DE L'EXTENSION DU SUFFRAGE.

Une démocratie représentative comme celle qu'on vient d'esquisser — où tous seraient représentés, et non pas seulement la majorité — où les intérêts, les opinions, les degrés d'intelligence qui sont en minorité seraient néanmoins entendus, avec chance d'obtenir par le poids de leur réputation et par la puissance de leurs arguments, une influence supérieure à leur force numérique, — cette démocratie où se rencontrerait l'égalité, l'impartialité, le gouvernement de tous par tous, ce qui est le seul type véritable de la démocratie, serait exempte des plus grands maux inhérents à ce qu'on appelle mal à propos aujourd'hui la démocratie, et qui sert de base à l'idée courante de démocratie. Mais dans cette démocratie même, la majorité posséderait, si elle voulait l'exercer, le pouvoir absolu : or, cette majorité serait composée exclusivement d'une seule classe ayant les mêmes penchants, les mêmes préventions, la même manière de penser, et tout cela

sans être hautement cultivée, pour ne pas dire plus.
Par conséquent, la constitution serait encore sujette
aux maux caractéristiques du gouvernement de
classe, à un degré moindre assurément que ce gouvernement exclusif d'une seule classe, qui usurpe
maintenant le nom de démocratie, mais sans autre
frein réel que le bon sens, la modération et la tolérance de la classe elle-même.

Si de pareils freins sont suffisants, la philosophie
du gouvernement constitutionnel n'est qu'une plai-
santerie solennelle. Une constitution n'inspire confiance qu'à condition de garantir, non point que
les dépositaires du pouvoir n'en feront pas mauvais
usage, mais qu'ils ne peuvent pas en faire mauvais
usage. La démocratie n'est pas l'idéal de la meilleure forme du gouvernement, si ce côté faible chez
elle ne peut être fortifié, si elle ne peut être organisée de façon à ce qu'aucune classe, pas même la
plus nombreuse, ne soit capable de réduire à l'in-
signifiance politique tout ce qui n'est pas elle, et de
diriger la marche de la législation et de l'administration d'après son intérêt exclusif de classe. Trouver les moyens d'empêcher cet abus, sans sacrifier
les avantages caractéristiques du gouvernement populaire, voilà le problème.

Ce n'est pas le résoudre que de limiter le suffrage,
ce qui implique qu'une portion des citoyens sera
dépouillée de sa part dans la représentation. Un des

principaux bienfaits d'un gouvernement libre; c'est cette éducation de l'intelligence et des sentiments qui descend jusqu'aux derniers rangs du peuple, lorsqu'il est appelé à prendre sa part dans des actes qui touchent directement aux grands intérêts du pays. J'ai déjà insisté si fortement sur ce point que si j'y reviens, c'est uniquement parce qu'il y a peu de personnes qui semblent attacher à cet effet des institutions populaires, toute l'importance que la chose mérite. On croit qu'il est chimérique d'attendre autant d'une cause qui semble si légère, et de regarder comme un puissant instrument de progrès mental, l'exercice des droits politiques par les travailleurs manuels. Cependant, à moins qu'une véritable culture mentale chez la masse de l'humanité ne soit une pure chimère, voilà par où cette culture viendra. Si quelqu'un en doute, je prends à témoin tout le grand ouvrage de M. de Tocqueville, et en particulier son jugement sur les Américains. Presque tous les voyageurs sont frappés de ce fait, que, dans un certain sens, tout Américain est à la fois un patriote et un homme d'une intelligence cultivée; et M. de Tocqueville a démontré combien ces qualités sont étroitement liées à leurs institutions démocratiques. Une diffusion aussi grande des goûts, des idées et des sentiments qui appartiennent aux esprits cultivés, ne s'est jamais vue et même n'a jamais passé pour possible ailleurs. Pourtant,

ceci n'est rien en comparaison de ce que nous
pourrions obtenir avec un gouvernement aussi démocratique par la largeur de ses bases, mais mieux
organisé sous d'autres rapports également importants. Car la vie politique en Amérique est certes
une école bien précieuse; mais c'est une école où
les professeurs les plus habiles sont exclus de la représentation nationale et des fonctions publiques
en général, tout comme s'ils étaient sous le coup
d'une incapacité légale. En outre, le peuple étant
en Amérique l'unique source du pouvoir, c'est vers
lui que se tourne toute ambition égoïste, de même
que dans les pays despotiques elle se tourne vers le
monarque. Le peuple, comme le despote, est acca-
blé d'adulation et de flatterie; et les effets corrupteurs du pouvoir marchent exactement du même
pas que ses influences bienfaisantes et ennoblissan-
tes. Si, même avec cet alliage, les institutions démocratiques produisent une supériorité aussi marquée de développement intellectuel chez la dernière
classe américaine, comparée à la même classe en
Angleterre et ailleurs, que serait-ce si on pouvait
garder la portion bienfaisante de cette influence,
sans en subir la mauvaise ? Et ceci jusqu'à un certain point peut être réalisé ; mais ce n'est pas en refusant à cette portion du peuple, naturellement la
plus apathique, tous les développements de prévoyance et de pénétration qu'elle acquerra, si elle

en vient à considérer et à manier les affaires publiques.

C'est par la discussion politique que le travailleur manuel, dont l'occupation est une routine, dont la manière de vivre ne le met en contact avec nulle variété d'impressions, de circonstances ou d'idées, parvient à comprendre l'influence de causes éloignées et d'événements accomplis bien loin de là, influence médiate et sensible sur ses intérêts personnels et actuels : et c'est par la discussion politique et par l'action politique collective, qu'un homme dont les intérêts sont bornés par ses occupations journalières à un cercle étroit, apprend à sympathiser avec ses concitoyens, et devient sciemment un membre d'une grande communauté. Mais quand une classe n'a pas de votes et ne cherche pas à en acquérir, les discussions politiques lui passent au-dessus de la tête. Sa situation, par rapport aux électeurs, est celle de l'auditoire dans une cour de justice, comparé aux douze personnes qui sont sur le banc du jury. On ne lui demande pas son suffrage, ce n'est pas son opinion qu'on cherche à influencer ; on fait des appels, on adresse des arguments à d'autres qu'à elle, rien ne dépend de la décision à laquelle elle peut en venir, et il n'y a aucune nécessité et très-peu de raison pour elle d'en venir à une décision quelconque. Dans un gouvernement d'ailleurs populaire, quiconque n'a pas de vote et n'a pas la perspective d'en obtenir, ou sera toujours mécontent, ou aura les sentiments d'un homme que les affaires générales de la société ne regardent pas, d'un homme pour lequel ces affaires doivent être dirigées par d'autres, qui n'a rien à voir aux lois, si ce n'est d'y obéir, et qui est dans la position d'un simple spectateur, quant aux intérêts et aux affaires publiques. Dans cette position, il en saura à peu près autant sur les affaires générales, et il s'en inquiétera à peu près autant que le fait une femme de la classe moyenne, comparée à son mari ou à ses frères.

Indépendamment de toutes ces considérations, c'est une injustice personnelle de refuser à quelqu'un, à moins que ce ne soit pour empêcher de plus grands maux, le privilége élémentaire d'apporter sa voix (et une voix qui doit être comptée pour quelque chose) dans la décision d'affaires où il est aussi intéressé que les autres. Si on l'oblige à payer, s'il peut être obligé à se battre, si on exige qu'il obéisse implicitement, il devrait avoir le droit de savoir pourquoi, de donner ou de refuser son consentement, de voir compter son opinion pour ce qu'elle vaut, mais pas davantage. Dans une nation adulte et civilisée, il ne devrait pas y avoir de parias, pas d'hommes frappés d'incapacité, si ce n'est par leur propre faute. Tout homme est dégradé, qu'il le sache ou non, lorsque d'autres, sans le consulter, s'emparent d'un pouvoir illimité sur sa propre destinée. Et même, en supposant un état bien supérieur à celui où l'esprit humain est parvenu jusqu'à présent, il n'est pas dans la nature, que ceux dont on dispose ainsi soient traités avec autant de justice que ceux qui ont une voix. Les gouvernants et les classes gouvernantes sont dans la nécessité d'avoir égard aux intérêts et aux désirs de ceux qui possèdent le suffrage; mais envers ceux qui en sont exclus, rien n'oblige les gouvernants à cette façon, et si honnêtement disposés qu'ils soient, ils sont en général trop occupés de choses qu'il leur *faut* prendre en considération, pour avoir le loisir de songer à ce qu'ils peuvent négliger impunément. C'est pourquoi nulle combinaison de suffrage ne peut être satisfaisante d'une manière durable, si par cette combinaison une classe ou une personne se trouve exclue absolument, ou si le privilége électoral n'est pas accessible à toutes les personnes adultes qui désirent l'obtenir.

Il y a cependant certaines exclusions motivées par des raisons positives qui ne sont pas en contradiction avec ce principe; et quoique ces exclusions soient un mal en elles-mêmes, elles ne peuvent cesser qu'avec l'état de choses dont elles sont la conséquence. Je regarde comme totalement inadmissible qu'une personne participe au suffrage sans savoir lire, écrire, et j'ajouterai sans savoir les premières règles de l'arithmétique. La justice demande, même quand le suffrage n'en dépend pas, que les moyens d'acquérir ce savoir élémentaire puissent être à la portée de tous, soit gratuitement, soit à un prix qui n'excède pas ce que peuvent donner les plus pauvres, ceux-là même qui gagnent leur pain. S'il en était réellement ainsi, on ne songerait pas plus à donner le suffrage à un homme qui ne saurait pas lire, qu'à un enfant qui ne saurait pas parler; et ce ne serait point la société qui l'exclurait, mais sa propre paresse. Quand la société n'a pas accompli son devoir en rendant ce degré d'instruction accessible à tous, il y a bien injustice, mais c'est une injustice dont il faut prendre son parti. Si la société a négligé de remplir deux obligations solennelles, la plus importante et la plus fondamentale des deux doit être remplie la première; l'enseignement universel doit précéder le suffrage universel. Il n'y a qu'un homme chez lequel une théorie irréfléchie a fait taire le sens commun, qui puisse soutenir qu'on devrait accorder le pouvoir sur autrui, le pouvoir sur toute la communauté, à des gens qui n'ont pas acquis les conditions les plus ordinaires et les plus essentielles pour prendre soin d'eux-mêmes, pour diriger avec intelligence leurs propres intérêts et ceux des personnes qui les touchent de près.

Sans aucun doute, on pourrait pousser plus loin

cet argument, et il pourrait servir à prouver beaucoup plus. Il serait éminemment désirable que
d'autres choses, outre la lecture, l'écriture et le
calcul, fussent les conditions du suffrage, il serait
désirable qu'on pût exiger des électeurs une certaine connaissance de la conformation de la terré
et de ses divisions naturelles et politiques, une
certaine connaissance des éléments de l'histoire
générale, et de l'histoire et des institutions de leur
pays. Mais ce degré de savoir n'est pas accessible
à tout le monde dans notre pays, et probablement
il ne l'est pas davantage dans les États Unis du
Nord. Il n'existe pas non plus un mécanisme digne
de confiance, pour s'assurer si l'on y est parvenu
ou non. Pour le moment, la tentative produirait
de la partialité, de la chicane et toute espèce
de fraude. Il vaut mieux accorder le suffrage sans
distinction, ou même le refuser sans distinction,
que de laisser un fontionnaire public libre de l'accorder aux uns et de le refuser aux autres. Cependant, par rapport à la lecture, à l'écriture et au
calcul, il n'y a pas de difficulté. Il serait facile
d'exiger de quiconque se présenterait à l'inscription électorale, qu'en présence du teneur des re-
gistres, il copiât une phrase dans un livre anglais
et fît une règle de trois ; il serait aisé aussi d'assurer par des règles fixes et par une publicité complète, l'application honnête d'une épreuve aussi

simple. C'est pourquoi cette condition devrait dans tous les cas accompagner le suffrage universel, et au bout de quelques années ceux-là seulement seraient exclus qui se soucieraient si peu du privilége, que leur vote, s'ils le donnaient, ne serait pas l'indication d'une opinion politique réelle.

Il est important aussi que l'assemblée qui vote les impôts généraux ou locaux, soit élue exclusivement par ceux qui payent une portion de ces impôts. Ceux qui ne payent pas d'impôts, disposant par leurs votes de l'argent d'autrui, ont toutes les raisons imaginables pour être prodigues, et aucune pour être économes. Tant qu'il s'agit d'affaires d'argent, tout pouvoir de voter possédé par eux est une violation du principe fondamental d'un gouvernement libre ; une combinaison défectueuse où il y a pouvoir de contrôle et nul intérêt à le bien exercer. C'est la même chose que de permettre aux gens de fouiller dans la poche de leurs voisins, pour tout objet qu'il leur plaira d'appeler un objet public. Chacun sait que c'est là ce qui, dans les grandes villes des États-Unis, a fait monter à un chiffre tellement exorbitant les impôts locaux, dont le poids retombe tout entier sur les classes les plus riches. Que la représentation soit aussi étendue que l'impôt, tout autant, mais pas plus, voilà qui est d'accord avec la théorie des institutions britanniques.

Mais pour concilier ceci, comme condition an-
nexée, avec l'universalité du suffrage, il est essentiel tout comme il est désirable sous beaucoup
d'autres rapports, que l'impôt, sous une forme vi-
sible, descende jusqu'aux classes les plus pauvres.
Dans notre pays, comme dans la plupart des autres,
il n'y a probablement pas de famille de travailleurs
qui ne contribue aux impôts indirects, par l'achat
de thé, de café, de sucre, pour ne pas parler des
narcotiques ou des stimulants. Mais cette manière
de défrayer une partie des dépenses publiques, est
à peine sentie; le contribuable, s'il n'est pas une
personne instruite et réfléchie, n'identifie pas son
intérêt avec la modicité des dépenses publiques,
d'une manière aussi intime que quand l'argent pour
y faire face lui est demandé directement : et même
en supposant qu'il le fît, il aurait soin sans doute,
si excessive que fût la dépense qu'il pourrait imposer par son vote au gouvernement, il aurait soin,
dis-je, que cette dépense ne fût point défrayée par
des impôts additionnels sur les articles qu'il con-
somme. Il vaudrait mieux qu'un impôt direct, sous
la forme d'une capitation, fût levé sur toute personne adulte dans la communauté, ou que toute
personne adulte devînt électeur en se laissant imposer quelque chose de plus qu'elle ne doit, en fait
de taxes mobilières (*assessed taxes*), ou bien enfin
qu'une petite somme annuelle, dont le chiffre va-

rierait suivant le total des dépenses du pays, pût être exigé de tout électeur enregistré, de façon à ce que chacun puisse sentir que l'argent qu'il vote, est en partie le sien, et qu'il est intéressé à en voter le moins possible. Quoi qu'il en soit à cet égard, il me semble que l'assistance de la paroisse devrait être une exclusion pour qui la reçoit. Celui qui ne peut pas se soutenir par son travail, n'a pas le droit de se servir de l'argent d'autrui. Dès qu'il en vient à ce point, de dépendre pour sa subsistance des autres membres de la communauté, il abdique son droit à être traité sur le même pied. Ceux auxquels il doit la continuation de son existence même, peuvent réclamer à juste titre la direction exclusive de ces affaires générales pour lesquelles il n'apporte rien, ou du moins pas autant qu'il emporte. Pour posséder le droit électoral, il faudrait que le postulant n'eût pas été à la charge de la paroisse pendant un certain nombre d'années (disons pendant cinq ans), avant le jour de l'inscription électorale.

Être dans un cas de banqueroute *plus ou moins caractérisé*, ou s'être prévalu de la loi sur ceux qui ne payent pas (*Insolvent Act*) exclurait du suffrage, jusqu'à ce que la personne ait payé ses dettes, ou du moins ait prouvé que depuis assez longtemps elle ne vit pas des aumônes publiques. Le non-payement de l'impôt, quand on y aurait persisté trop longtemps pour que ce ne fût pas une inadvertance, serait, tant que la chose durerait, une cause d'incapacité. Ce système d'exclusion n'est pas permanent de sa nature, il exige des conditions que tous sont capables ou devraient être capables de remplir, s'ils le voulaient. Il laisse le suffrage accessible à tous ceux qui sont dans la condition normale d'un être humain : et si quelqu'un doit s'en passer, c'est qu'il ne s'en soucie pas assez pour faire, à cause du suffrage, ce qu'il est déjà obligé de faire, ou bien c'est qu'il est dans une condition générale de dépression et de dégradation. Quand un homme en est là, le droit politique est peu de chose pour lui, un avantage qu'il ne sent pas : au sortir de là, l'exclusion politique disparaît avec le reste, avec les autres infériorités.

On pourrait donc s'attendre à ce qu'à la longue (en supposant qu'il n'y ait pas d'autres restrictions que celles dont nous venons de parler) tous fussent en possession du droit électoral, tous à l'exception de ceux (dont le nombre, il faut l'espérer, diminuera petit à petit) qui sont à la charge de la paroisse. De cette façon, le suffrage serait universel, à cette légère exception près. Comme nous l'avons vu, il est absolument nécessaire, dans la conception étendue et élevée d'un bon gouvernement, que le suffrage soit répandu aussi largement. Néanmoins, sous cet état de choses, la grande majorité des votants dans la plupart des pays et très-certainement dans celui-ci, se composerait de travailleurs manuels, et le double danger, celui d'un niveau trop bas d'intelligence politique, et celui d'une législation de classe, continuerait d'exister à un degré considérable. Il nous reste à voir s'il y a quelque moyen d'obvier à ces maux.

On peut y obvier, si les hommes le désirent sincèrement, non par une combinaison artificielle, mais en suivant la marche naturelle des choses humaines, qui se recommande à chacun, partout où quelque intérêt, quelque opinion traditionnelle ne va pas à l'encontre. Dans toutes les affaires humaines, toute personne qui est directement intéressée, et qui n'est pas sous une tutelle positive, a le droit d'avoir une voix ; ceci est admis ; et on ne peut sans injustice lui refuser l'exercice de ce droit, quand il n'est pas incompatible avec la sûreté de l'ensemble. Mais si chacun doit avoir une voix, chacun doit-il avoir une voix égale ? Voilà une proposition totalement différente. Quand deux personnes qui ont un intérêt commun dans une affaire, sont d'opinions différentes, la justice exige-t-elle que les deux opinions soient regardées comme ayant exactement la même valeur ? Si, à vertu égale, l'une de ces personnes est supérieure à l'autre en savoir et en intelligence — ou si à intelligence égale, l'une est supérieure à l'autre en vertu — l'opinion de l'être supérieur sous le rapport moral et intellectuel, a plus de valeur que celle de l'être inférieur : et si les institutions du pays affirment virtuellement que ces deux opinions ont la même valeur, elles affirment une chose qui n'est pas. L'un de ces deux êtres, comme le plus sage, ou comme le meilleur, a droit à une influence supérieure. La difficulté est de s'assurer lequel des deux a ce droit : un discernement impossible quant aux individus, mais qui peut s'exercer sur les masses avec une exactitude à peu près suffisante. Il n'y aurait pas de prétexte pour appliquer cette doctrine à tout ce qui peut être regardé avec raison comme un cas de droit individuel et privé. Dans une affaire qui ne regarde qu'une personne sur deux, cette personne a le droit de suivre sa propre opinion, quelque préférable que puisse être celle de l'autre. Mais nous parlons de choses qui regardent deux personnes également; nous parlons d'un cas où, si l'homme le plus ignorant ne cède sa part dans l'affaire à la direction de l'homme le plus sage, l'homme le plus sage devra céder à l'homme le plus ignorant. Lequel des deux expédients est le plus avantageux pour les deux personnes intéressées, et le plus conforme à la convenance générale des choses? Si on estime injuste qu'un des deux ait à céder, quelle est la plus grande injustice? que le meilleur jugement cède au pire, ou le pire au meilleur?

Eh bien! les affaires nationales ressemblent exactement à cette affaire commune, avec cette différence que personne n'est jamais appelé à faire le sacrifice complet de sa propre opinion. Cette opinion peut toujours entrer en ligne de compte, et occuper sa place, un rang plus élevé étant assigné aux suffrages de ceux dont l'opinion mérite plus de considération. Dans ce système, il n'y a rien de nécessairement irritant pour ceux auxquels est assigné un moindre degré d'influence.

N'avoir pas de voix dans les affaires générales est une chose ; voir accorder aux autres une voix plus puissante, à cause d'une capacité plus grande pour la direction des intérêts communs, est une autre chose. Les deux choses ne sont pas simplement différentes, elles sont incommensurables. Chacun a le droit de se sentir insulté de n'être compté pour rien, et d'être regardé comme n'ayant nulle valeur. Personne, si ce n'est un sot, et un sot d'une espèce particulière, ne peut se sentir offensé, parce qu'on reconnaît qu'il y en a d'autres, dont l'opinion et même dont le désir sont autrement à considérer que son opinion et son désir. N'avoir pas de voix sur ce qui est en partie votre affaire, est une chose dont personne ne s'accommodera volontiers ; mais quand ce qui est en partie l'affaire d'un homme est aussi en partie l'affaire d'un autre ; quand cet homme sent que cet autre entend l'affaire mieux que lui, voir compter l'opinion de l'autre pour plus que la sienne, ne le surprend pas et lui paraît d'accord avec la marche ordinaire des choses sur tout autre sujet. Il est nécessaire seulement que cette influence supérieure soit conférée d'après des motifs qu'il puisse comprendre, et dont il soit capable d'apercevoir la justice.

Je me hâte de dire que je regarde comme totalement inadmissible, même à titre de pis aller temporaire, que la supériorité d'influence soit donnée d'après la richesse. Je ne nie pas que la richesse ne soit une espèce de témoignage. Dans la plupart des pays, l'éducation, quoiqu'elle ne soit nullement proportionnée aux richesses, est ordinairement meilleure chez la portion la plus riche de la société que chez la portion la plus pauvre ; mais le critérium est si imparfait, le hasard fait tellement plus que le mérite pour élever les hommes dans le monde, et il est si impossible à une personne qui a acquis un degré quelconque d'instruction, de s'assurer un degré d'élévation analogue sur l'échelle sociale, que cette base du privilége électoral a toujours été et sera toujours odieuse au suprême degré. Si l'on rattachait la pluralité des votes à quelque qualité pécuniaire, non-seulement la chose en elle-même serait sujette à objection, mais ce serait une manière sûre de compromettre le principe, et d'en rendre impossible l'application permanente. La démocratie, au moins dans notre pays, n'est pas jalouse pour le moment de la supériorité person-

nelle ; mais elle est naturellement et très-justement
jalouse de celle qui est fondée sur la richesse toute
seule. L'unique bonne raison qu'on ait de compter
le vote d'une personne pour plus que l'unité, c'est
la supériorité mentale de l'individu ; et ce qui manque, ce sont des moyens approximatifs pour établir
cette supériorité. S'il existait quelque chose comme
une éducation réellement nationale, ou un système
d'examen général digne de confiance, l'éducation
pourrait être prise comme critérium direct. Faute
de cela, la nature de l'occupation d'une personne
est une espèce de témoignage. Un maître est plus
intelligent qu'un ouvrier ; car il faut qu'il travaille
avec sa tête, et pas seulement avec ses mains. Un
contre-maître est généralement plus intelligent
qu'un ouvrier ordinaire, et un ouvrier dans les métiers d'adresse, l'est plus qu'un ouvrier dans les
métiers grossiers. Un banquier, un négociant ou
un manufacturier, sera probablement plus intelligent qu'un boutiquier, parce qu'il a des intérêts
plus étendus et plus compliqués à diriger. Dans
tous les cas que voici, ce n'est pas simplement
d'être chargé de la fonction supérieure, mais de
s'en bien acquitter qui prouve les qualités. Pour
cette raison, aussi bien que pour empêcher les gens
de prendre nominalement une occupation, afin
d'avoir le droit de voter, il serait convenable d'exiger qu'on eût persévéré dans ladite occupation

pendant un temps donné (disons 3 ans). Moyennant quelque condition semblable, on pourrait accorder deux ou trois votes à toute personne qui exercerait une des ces fonctions supérieures. Les professions libérales, lorsqu'on les exerce d'une façon réelle et non pas nominale, impliquent naturellement un degré encore plus élevé d'instruction. Et toutes les fois qu'un examen suffisant, ou bien que certaines conditions sérieuses d'éducation sont exigées avant d'entrer dans une carrière, on peut accorder sur-le-champ à tous ceux qui l'ont embrassée, la pluralité des votes.

On pourrait appliquer la même règle aux gradés des universités, et même à ceux qui peuvent prouver qu'ils ont fait d'une manière satisfaisante les études exigées par une des écoles où l'on enseigne les plus hautes branches de la science, pourvu qu'on soit assuré que l'enseignement est réel, et que ce n'est pas un pur prétexte. Les examens *locaux* ou de *moyenne classe*, pour le degré d'*associé*, établis par l'université d'Oxford dans un esprit public si louable, et tous ceux du même genre qui peuvent être institués par d'autres corps compétents, fournissent (à condition d'êtres accessibles à tous ve nants sans distinction) une base, d'après laquelle la pluralité des votes pourrait être accordée avec grand avantage à tous ceux qui ont passé par cette épreuve. Toutes ces vues peuvent donner lieu à de grandes discussions de détails, et à des objections qu'il n'est pas nécessaire de prévoir pour le moment. Le temps n'est pas venu de mettre à exécution de pareils plans, et je ne voudrais pas être lié par les propositions particulières que j'ai émises. Mais, selon moi, il est évident que c'est dans cette direction que se trouve le véritable idéal du gouvernement représentatif, et que s'y acheminer par les meilleures combinaisons pratiques qu'on puisse trouver, c'est préparer le véritable progrès politique.

Si l'on demande jusqu'où l'on peut pousser le principe, ou combien de votes peuvent être accordés à un individu en vertu de qualités supérieures, je répondrai que la chose en soi n'a pas grande importance, pourvu que les distinctions et les gradations ne soient pas faites arbitrairement, mais bien de façon à être comprises et acceptées par la conscience et l'intelligence générales. Mais c'est une condition absolue de ne pas dépasser la limite prescrite par le principe fondamental posé dans un autre chapitre, comme condition d'excellence de la constitution d'un système représentatif.

La pluralité des votes ne doit, sous aucun prétexte, être poussée assez loin, pour que ceux qui possèdent le privilége ou pour que la classe (s'il y en a une) à laquelle il appartient principalement, puisse au moyen de ce privilége, l'emporter sur tout le

reste de la communauté. La faveur accordée à l'é-
ducation, qui est juste en elle-même, se recommande en outre fortement parce qu'elle garantit
ceux qui ont reçu de l'éducation, contre une législation de classe, émanée de ceux qui n'en ont point
reçu. Mais elle ne doit pas aller jusqu'à mettre les
premiers en état d'exercer eux-mêmes à leur profit,
cette législation. Qu'on me permette d'ajouter
que, selon moi, une des conditions essentielles de
la pluralité des votes, c'est que le plus pauvre individu dans la communauté puisse réclamer ce privilége s'il est capable de prouver que, malgré toutes
les difficultés et tous les obstacles, il y a droit par
son intelligence. Il devrait y avoir des examens volontaires où qui que ce soit pourrait se présenter,
pourrait prouver qu'il est parvenu au degré de savoir et de talent déclaré suffisant, et pourrait être
admis en conséquence à la pluralité des votes. Un
privilége accessible à tous ceux qui peuvent prouver qu'ils ont réalisé les conditions sur lesquelles ce
privilége repose en théorie et en principe, ne bles-
serait nul sentiment de justice, mais à coup sûr il
en serait autrement, si tandis qu'on l'accorde, d'a-
près des présomptions générales et pas toujours
infaillibles, on le refusait sur une preuve directe.

Le vote plural, quoiqu'on le pratique tant aux
élections de paroisse que pour choisir les administrateurs de *la loi des pauvres*, est chose si peu fami-

lière pour les élections du parlement, qu'il n'y a
guère de chance qu'on l'adopte promptement ni volontiers : mais comme le temps viendra certainement où l'on n'aura le choix qu'entre cette manière
de voter et le suffrage égal et universel, ceux qui
ne désirent pas le suffrage universel ne peuvent
commencer trop tôt à se réconcilier avec l'autre
manière. En même temps, quoique pour le moment cet aperçu ne soit peut-être pas d'une grande
utilité pratique, il servira à montrer ce qu'il y a de
mieux en principe, et nous en pourrons mieux juger de la valeur de tous les moyens indirects (soit
existants, soit susceptibles d'être adoptés) qui peuvent conduire à la même fin, d'une manière moins
parfaite.

Une personne peut avoir un double vote d'une
autre façon qu'en présentant deux votes aux mêmes *Hustings*, elle peut avoir un vote dans deux
corps de commettants différents, et quoique ce
privilége exceptionnel appartienne plutôt pour le
moment à la supériorité de richesse qu'à la supériorité d'intelligence, je ne voudrais pas l'abolir là
où il existe ; car jusqu'à ce qu'on ait adopté un
meilleur critérium d'éducation, il serait déraisonnable de mettre de côté celui qui résulte des circonstances pécuniaires, si imparfait qu'il soit. On
pourrait trouver moyen d'étendre le privilége de
manière à le rattacher plus directement à une édu-

cation supérieure. En tout *bill* de réforme abaissant d'une manière sensible les conditions pécuniaires de l'électorat, ce serait une sage disposition que d'appeler tous les gradés des universités, toutes les personnes qui ont fréquenté avec succès les plus hautes écoles, tous les membres des professions libérales et peut-être même quelques autres, à se faire inscrire spécialement comme électeurs à ce titre, avec le pouvoir de voter dans le collége où il leur plaît de se faire inscrire, sans préjudice de leurs votes comme simples citoyens dans les localités qu'ils habitent.

Jusqu'à ce qu'on ait trouvé, et jusqu'à ce que l'opinion populaire soit disposée à accepter un mode de vote plural, qui assigne à l'éducation, comme telle, le degré d'influence supérieure qui suffit à contrebalancer le poids numérique de la classe la moins cultivée — jusque-là, les bienfaits d'un suffrage complétement universel seront toujours accompagnés (à ce qu'il me semble) d'une source de maux plus qu'équivalente. Il est possible à la vérité (et c'est peut-être une de ces transitions par où nous devons passer, dans notre marche vers un système représentatif réellement bon) que les barrières qui restreignent le suffrage, puissent être complétement détruites dans certains colléges électoraux, dont les représentants par conséquent seraient nommés surtout par des travailleurs manuels. Ailleurs, le droit électoral resterait ce qu'il est, ou si on le modifiait, ce serait en groupant les colléges électoraux de façon à empêcher la classe ouvrière de devenir prépondérante au parlement. Par un tel compromis, es anomalies qui existent dans la représentation, seraient non-seulement conservées, mais aggravées. Ceci n'est pourtant pas une objection concluante; car, si le pays ne veut pas poursuivre des fins utiles par un système régulier qui y conduise directement, il doit se contenter d'un pis aller irrégulier, comme étant grandement préférable à un système exempt d'irrégularité, mais conduisant régulièrement à des fins mauvaises ou omettant des choses nécessaires. Une objection beaucoup plus grave, c'est que cet arrangement est incompatible avec le concours réciproque entre les divers colléges électoraux qu'exige le plan de M. Hare; c'est qu'avec cet arrangement, chaque votant demeurerait emprisonné dans un ou plusieurs corps de commettants, où son nom serait inscrit et ne serait pas représenté du tout, s'il ne voulait pas voter pour un des candidats de ces localités.

J'attache tant d'importance à l'émancipation de ceux qui ont déjà des votes mais auxquels ces votes sont inutiles parce qu'ils ont le nombre contre eux; j'attendrais tant de l'influence naturelle de la vérité et de la raison, si on pouvait leur assurer un au-

ditoire et des avocats compétents — que je ne dé-
sespérerais pas de l'effet même du suffrage égal et
universel, si on le rendait réel par la représentation proportionnelle de toutes les minorités, d'a-
près le principe de M. Hare. Mais quand les plus
belles espérances qui peuvent être formées sur ce
sujet seraient des certitudes, je soutiendrais encore
le principe de vote plural. Je ne propose pas la
pluralité comme une chose qui en elle-même n'est
pas désirable, comme une chose qui de même que
l'exclusion politique d'une partie de la communauté, peut être supportée temporairement, pour
empêcher de plus grands maux. Je ne regarde pas
le vote égal comme une de ces choses qui sont
bonnes en elles-mêmes, pourvu qu'on puisse se
prémunir contre leurs inconvénients ; je le regarde
comme une chose qui n'est bonne que relativement,
comme une chose moins contestable que l'inégalité de priviléges, fondée sur des circonstances ac-
cidentelles ou insignifiantes — mais, selon moi,
c'est une chose fausse en principe, parce qu'elle
reconnaît un type faux et qu'elle exerce une mauvaise influence sur l'esprit des votants.

Il n'est pas utile, mais nuisible, que la constitution du pays proclame l'ignorance et la science
également fondées en droit à gouverner le pays.
Tout ce que touchent les institutions nationales,
elles devraient le placer devant l'esprit du citoyen,

sous le jour le plus avantageux pour lui, et comme il lui est avantageux de penser que chacun a droit à quelque influence, mais que les meilleurs et les plus sages ont droit à plus d'influence que les autres, il est important que l'État professe cette doctrine et que les institutions nationales la mettent en pratique.

Ce sont là de ces choses qui constituent l'esprit des lois d'un pays, cette portion de leur influence la moins considérée par les penseurs en général et surtout par les penseurs anglais, quoique les institutions de tout pays, où il n'y a pas une grande et positive oppression, produisent plus d'effet par leur esprit que par aucune de leurs mesures directes, puisque c'est leur esprit qui forme le caractère national. Les institutions américaines ont imprimé fortement dans l'esprit américain l'idée que tout homme (qui a la peau blanche) vaut autant qu'un autre, et l'on s'aperçoit que cette fausse croyance est étroitement liée à quelques-uns des points les plus défavorables du caractère américain. C'est un mal et un grand mal, que la constitution d'un pays vienne à sanctionner ce principe: y croire d'une manière plus ou moins expresse, est presque aussi nuisible à l'excellence morale et intellectuelle, que les pires effets dont la plupart des formes du gouvernement sont susceptibles.

On va peut-être dire qu'une constitution qui

donne une influence égale, homme pour homme,
aux classes les plus cultivées et à celles qui le sont
le moins, conduit néanmoins au progrès, parce que
les appels faits constamment aux classes les moins
instruites, l'exercice qu'on donne à leurs facultés
mentales, et les efforts que les classes les plus cultivées sont obligées de faire pour éclairer le jugement des autres classes et pour les débarrasser de
leurs erreurs et de leurs préjugés, sont de puissants
stimulants aux progrès de celles-ci en intelligence.
Que cet effet des plus désirables, suive réellement
l'admission des classes les moins cultivées à une
part, et même à une large part du pouvoir, je l'ai
déjà ardemment soutenu. Mais la théorie et l'expérience prouvent également que lorsque ces classes
sont absolument prépondérantes, il s'établit un
courant contraire. Ceux qui possèdent le pouvoir
suprême sur toutes choses, que ce soit un *seul*, un
petit nombre ou un *grand nombre*, n'ont plus besoin
désormais des armes de la raison ; ils peuvent faire
prévaloir leur simple volonté, et des gens auxquels
on ne peut pas résister sont ordinairement bien trop
satisfaits de leurs propres opinions pour être disposés à en changer, ou a écouter sans impatience
quiconque leur dit qu'ils sont dans le faux. La position qui donne le plus vif stimulant aux développements de l'intelligence, c'est la conquête du pouvoir, et non le pouvoir conquis ; et parmi tous les

temps d'arrêt, temporaires ou permanents, qui se trouvent sur le chemin de la conquête, celui qui développe les qualités les meilleures et les plus élevées, c'est le point où l'on est assez fort pour faire prévaloir la raison et non assez pour prévaloir contre la raison. Telle est la position où devraient être placés, d'après les principes que nous avons établis, les riches et les pauvres, les gens instruits et les ignorants et toutes les autres classes entre lesquelles la société se divise : en combinant ce principe avec le principe, juste d'ailleurs, qui accorde la supériorité d'influences à la supériorité des qualités intellectuelles, une constitution réaliserait cette sorte de perfection relative, qui est seule compatible avec la nature compliquée des affaires humaines.

Dans l'argumentation qui précède, en faveur du suffrage universel mais gradué, je ne me suis nullement inquiété de la différence du sexe. Je regarde la chose comme aussi entièrement insignifiante, quant aux droits politiques, que la différence de taille ou de couleur de cheveux. Tous les êtres humains ont le même intérêt à avoir un bon gouvernement, leur bien-être à tous en est également affecté, et ils ont tous un égal besoin d'une voix pour s'assurer leur part de ses bienfaits. S'il y a quelque différence, les femmes en ont plus besoin que les hommes, puisqu'étant physiquement plus faibles, elles dépendent plus de la loi et de la société pour leur protection.

L'humanité a depuis longtemps abandonné les seuls principes sur lesquels se fonde cette conclusion, que les femmes ne devraient pas avoir de votes. Personne ne soutient aujourd'hui que les femmes devraient être asservies, qu'elles devraient n'avoir d'autre pensée, d'autre désir, d'autre occupation, que d'être les esclaves domestiques de leurs maris, de leurs pères, de leurs frères. On permet aux femmes non mariées, et il s'en faut de peu qu'on ne le permette aux femmes mariées, de posséder une fortune à elle et d'avoir des intérêts pécuniaires, des intérêts d'affaires, tout comme les hommes; on estime désirable et convenable que les femmes pensent, écrivent et enseignent. Du moment où ces choses sont admises, l'incapacité politique ne repose plus sur aucun principe. L'opinion dans le monde moderne se prononce avec une force croissante contre le droit de la société à décider pour les individus de ce dont ils sont ou ne sont pas capables, et de ce qu'on leur permettra ou de ce qu'on leur défendra d'essayer. Si les principes politiques modernes et les principes d'économie politique sont bons à quelque chose, c'est à prouver que les individus seuls peuvent juger sainement sur ces matières, et qu'avec une complète liberté de choix, partout où il y a des diversités réelle d'aptitudes, le plus grand nombre s'appliquera aux choses dont il est en moyenne le plus capable, tandis que les exceptions seules agiront d'une manière exceptionnelle. Ou la tendance du progrès social moderne est fausse, ou il faut la pousser jusqu'à l'abolition totale de toutes les exclusions et de toutes les incapacités qui ferment une occupation honnête à un être humain.

Mais il n'est même pas nécessaire d'en affirmer si long, pour prouver que les femmes devraient posséder le suffrage. S'il était aussi juste qu'il est injuste que les femmes soient une classe subordonnée, confinée aux occupations domestiques, et soumises à une autorité domestique, elles n'en auraient pas moins besoin de la protection du suffrage pour être garanties contre l'abus de cette autorité. Les hommes, aussi bien que les femmes, ont besoin des droits politiques, non-seulement pour gouverner, mais pour qu'on ne puisse pas les mal gouverner. La majorité du sexe masculin est et ne sera rien autre chose, pendant toute sa vie, que des travailleurs dans les champs ou dans les manufactures ; mais ceci ne rend pas le suffrage moins désirable pour cette majorité, ni son droit au suffrage moins irrésistible, quand elle n'est pas portée à en faire un mauvais usage. Personne ne prétend dire que les femmes feraient un mauvais usage du suffrage. Ce que l'on dit de pire, c'est qu'elles voteraient comme de simples machines, d'après l'ordre de leurs parents du sexe masculin. S'il doit en être ainsi, qu'il en soit ainsi. Si elles pensent par elles-mêmes, ce sera un grand bien, et sinon il n'y aura aucun mal. C'est un bienfait pour les êtres humains qu'on leur retire leurs fers, même quand ils ne désirent pas marcher. Ce serait déjà un grand progrès dans la position morale des femmes, de n'être plus désormais déclarées par la loi incapables d'avoir une opinion et d'exprimer une préférence, sur les intérêts les plus élevés du genre humain. Il y aurait quelque avantage pour elles, individuellement, si elles avaient quelque chose à donner que leurs parents du sexe masculin ne pussent leur prendre de force et fussent néanmoins désireux d'avoir. Ce ne serait pas peu de chose non plus, que le mari dût nécessairement discuter la question avec sa femme, et que le vote ne fût plus son affaire exclusive, mais bien une affaire commune. On ne réfléchit pas assez non plus à quel point le fait qu'une femme possède, indépendamment de l'homme, une certaine influence sur le monde extérieur, augmente sa dignité et sa valeur aux yeux d'un homme vulgaire, et inspire à celui-ci un respect qu'il n'aurait jamais ressenti pour les qualités personnelles d'un être dont il peut s'approprier entièrement toute l'existence sociale.

En outre, la qualité du vote lui-même serait

améliorée. L'homme serait souvent obligé de trouver en faveur de sa manière de voter, des raisons assez honnêtes pour décider un caractère plus droit et plus impartial à servir sous la même bannière. Souvent, grâce à l'influence de sa femme, il demeurerait fidèle à son opinion sincère. Souvent aussi l'influence de la femme serait exercée, non au profit du bien public, mais au profit de l'intérêt personnel ou de la vanité mondaine de la famille. Mais partout où telle serait la tendance de l'action féminine, elle se fait déjà sentir pleinement dans cette mauvaise direction ; et cela d'autant plus certainement, qu'avec la loi et la coutume actuelle, la femme est trop complétement étrangère à la politique, dès qu'un principe y est mêlé, pour sentir qu'il y a là un point d'honneur. Or, la plupart du temps, nous avons aussi peu de sympathie pour le point d'honneur des autres, quand ce n'est pas le nôtre, que nous en avons pour les sentiments religieux de ceux qui ne professent pas la même religion que nous.

Donnez un vote à la femme, et elle sent l'effet du point d'honneur. Elle apprend à regarder la politique comme une chose sur laquelle on lui permet d'avoir une opinion, et au sujet de laquelle chacun doit agir d'après son opinion ; elle acquiert un sentiment de responsabilité personnelle dans la question, et elle ne pense plus désormais, comme elle le fait aujourd'hui, que (quelque dose de mauvaise influence qu'elle puisse exercer), pourvu qu'elle persuade l'homme, tout est bien et que la responsabilité de celui-ci couvre tout. C'est seulement lorsqu'on l'encourage à se former une opinion, et à se faire une idée intelligente des raisons qui doivent l'emporter chez elle sur les tentations de l'intérêt personnel et de l'intérêt de famille, qu'elle peut cesser d'agir comme une force dissolvante sur la conscience politique de l'homme. On ne peut empêcher son action indirecte d'être nuisible qu'en la changeant en action directe.

J'ai supposé que le droit au suffrage repose sur des conditions de valeur personnelle, et c'est ainsi qu'à bien voir, il devrait en être. Mais, là où il repose, comme dans ce pays-ci et dans beaucoup d'autres, sur des conditions de richesse, la contradiction est encore plus évidente. Il y a quelque chose d'extraordinairement déraisonnable dans ce fait, que lorsqu'une femme peut fournir toutes les garanties qu'on exige d'un électeur masculin, lorsqu'elle a une fortune indépendante, qu'elle est propriétaire et chef de famille, qu'elle paye l'impôt, qu'elle accomplit enfin toutes les conditions exigées, on met de côté le principe même et le système d'une représentation fondée sur la richesse, pour une incapacité exceptionnelle et personnelle dont l'unique objet est d'exclure la femme.

Quand on ajoute que le pays où l'on agit ainsi est
gouverné par une femme, et que le plus glorieux
souverain qu'ait jamais eu ce pays était une femme,
ce tableau d'une déraison et d'une injustice à peine
voilée, est complet. Espérons que, comme on détruit aujourd'hui, l'un après l'autre, tous les dé-
bris de l'édifice chancelant du monopole et de la
tyrannie, celui-ci disparaîtra promptement ; espérons que l'opinion de Bentham, de M. Samuel
Bailey, de M. Hare et de beaucoup des penseurs
politiques les plus puissants de notre siècle et de
notre pays (pour ne parler que de ceux-ci) aura
son effet sur tous les esprits qui ne sont pas en-
durcis par l'égoïsme ou par des préjugés invété-
rés ; espérons enfin qu'avant la prochaine génération, l'accident du sexe pas plus que celui de la
couleur de la peau, ne sera regardé comme un motif suffisant pour dépouiller un être humain de la
sécurité commune et des justes priviléges d'un
citoyen.

CHAPITRE IX

Dans certaines constitutions représentatives on s'est decidé à choisir les membres du corps représentatif, au moyen d'un double procédé, les électeurs choisissant seulement d'autres électeurs, et ceux-ci nommant les membres du parlement. On a probablement imaginé cette combinaison pour mettre un léger obstacle au libre cours du sentiment populaire. Par là on donne le suffrage et en même temps le pouvoir suprême au grand nombre ; mais on l'oblige à ne l'exercer que par les mains d'un petit nombre, comparativement parlant, lequel, à ce qu'on suppose, sera moins accessible que le peuple aux transports des passions populaires. Or, comme on peut s'attendre à ce que les électeurs étant déjà un corps d'élite, seront par l'intelligence et le caractère au-dessus du niveau ordinaire de leurs commettants, on a pensé que leur choix serait probablement fait d'une manière plus éclairée et plus soigneuse, et en tous cas avec le sentiment d'une responsabilité plus grande que l'élection des masses. Cette manière de *filtrer*, pour ainsi dire, le suffrage populaire, au moyen d'un corps intermédiaire, peut être défendue d'une manière très-plausible. En effet, on peut dire avec une grande apparence de raison, qu'il faut moins d'intelligence et d'instruction pour juger lequel de nos voisins est le plus capable de bien choisir un membre du parlement, que pour juger lequel est le plus capable d'être ce membre lui-même.

Mais d'abord, si l'on peut croire que les dangers auxquels est sujet le pouvoir populaire, sont diminués par cet arrangement indirect, ses bienfaits le sont également, et ce dernier effet est beaucoup plus certain que le premier.

Pour que ce système puisse marcher comme on le désire, il faut qu'il soit mis à exécution dans l'esprit où il a été conçu; il faut que les électeurs se servent du suffrage comme le suppose la théorie, c'est-à-dire que chacun d'eux ne doit pas se demander qui devrait être membre du parlement, mais simplement à qui il voudrait voir choisir ce membre pour lui. La chose est évidente ; les avantages que possède (à ce qu'on suppose) l'élection indirecte sur l'élection directe, veulent cette disposition d'esprit chez le votant, et ne seront réalisés que s'il prend au sérieux cette doctrine que sa

seule affaire c'est de choisir, non le membre lui-
même, mais ceux qui le choisiront. Il faut suppo-
poser que l'électeur ne se préoccupera point
d'opinions ni de mesures politiques, ni d'hommes
politiques, mais qu'il sera guidé par son respect
personnel pour un individu privé auquel il donnera un pouvoir général de procureur pour agir à
sa place.

Or, si l'électeur adopte cette manière d'envisager
sa position, c'en est fait de l'avantage qu'on trouve
d'ordinaire à lui donner un vote : la fonction politique qu'il va remplir ne saurait développer chez
lui l'esprit public et l'intelligence politique, ni
attirer sur les affaires générales son intérêt et sa cu-
riosité. On suppose là des conditions qui s'excluent ;
car si le votant ne ressent aucun intérêt pour le
résultat final, comment ou pourquoi peut-on s'attendre à ce qu'il en ressente pour le procédé qui y
mène ? Désirer avoir pour son représentant au parlement tel individu particulier, est chose possible à
une personne d'une intelligence et d'une vertu
très-ordinaire, et désirer choisir un électeur qui
nomme cet individu, en est la conséquence naturelle. Mais qu'une personne qui ne se préoccupe
point de l'élection du membre ou qui se sent obligée
à mettre de côté cette considération, prenne un
intérêt quelconque à nommer simplement la personne la plus digne d'en élire un autre suivant son

propre jugement... ceci implique un zèle pour ce qui est bien en soi, un principe habituel de devoir pour l'amour du devoir, qui ne peut se rencontrer que chez des personnes assez cultivées, lesquelles prouvent par cette qualité même qu'elles sont dignes de posséder le pouvoir politique sous une forme plus directe. De toutes les fonctions publiques qu'on puisse accorder aux membres les plus pauvres de la communauté, celle-ci est à coup sûr la moins propre à éveiller leurs sentiments : une fonction dont on ne peut arriver à faire cas, que par une vertueuse détermination d'accomplir consciencieusement tous ses devoirs ! Et si les électeurs se souciaient assez des affaires politiques pour attacher quelque valeur à une part aussi limitée de ces mêmes affaires, il est probable qu'ils ne se contenteraient pas de si peu.

Même en supposant qu'une personne qui, à cause de son peu de culture, ne peut bien juger des qualités voulues chez un candidat au parlement, puisse être un juge suffisant de l'honnêteté et de la capacité générale de quelqu'un qu'elle nommerait pour choisir ce membre à sa place, je remarquerai que si le votant acquiesce à cette estimation de ses aptitudes, et désire réellement charger une personne en qui il a confiance, de choisir pour lui, il n'y a nul besoin d'une mesure constitutionnelle à cet effet. Le votant n'a qu'à demander en particulier à cette personne de confiance, pour qui il ferait le mieux de voter. Dans ce cas, les deux modes d'élections coïncident dans leurs résultats, et on obtient avec l'élection directe, tous les avantages de l'élection indirecte. Les systèmes ne diffèrent dans leur opération, qu'à condition de supposer que le votant préférerait se servir de son propre jugement pour le choix d'un représentant, et qu'il ne laisse un autre choisir pour lui que parce que la loi ne lui permet pas d'agir plus directement. Mais si tel est l'état de son esprit, si sa volonté n'est pas satisfaite de la limite que la loi lui impose, et s'il désire faire un choix direct, il le peut malgré la loi. Il n'a qu'à choisir pour électeur un partisan connu du candidat qu'il préfère, ou quelqu'un qui s'engagera à voter pour ce candidat. Et ceci est tellement l'effet naturel de l'élection à deux degrés, qu'excepté dans un pays ou l'indifférence politique est complète, on ne peut guère s'attendre à ce que cette institution agisse autrement.

C'est ainsi qu'a lieu, en fait, l'élection du président aux États-Unis. Nominalement, l'élection est indirecte; la masse de la population ne vote pas pour le président, elle vote pour des électeurs qui choisissent le président. Mais les électeurs sont toujours choisis, à la condition expresse de voter pour un candidat donné, et jamais un citoyen ne vote pour un électeur, à cause de quelque préférence pour l'homme; il vote pour le billet *Bricken-ridge* ou pour le billet *Lincoln*. Il faut se rappeler qu'on ne choisit pas les électeurs pour qu'ils parcourent le pays, afin de trouver l'homme le plus digne d'être président, ou d'être nommé membre du parlement: S'il en était ainsi, il y aurait quelque chose à dire en faveur de cette coutume : mais il n'en est pas, et il n'en sera jamais ainsi, jusqu'à ce que l'espèce humaine en général pense avec Platon que la personne la plus digne de posséder le pouvoir, est celle qui est le moins disposée à l'accepter. Les électeurs doivent choisir une des personnes qui se sont présentées comme candidats, et ceux qui choisissent ces électeurs, savent déjà qui sont ces candidats. S'il y a quelque activité politique dans le pays, tous les électeurs qui se soucient le moindrement de voter, ont décidé lequel de ces candidats ils désirent voir nommer, et n'auront pas d'autres considérations en donnant leur vote. Les partisans de chaque candidat auront toutes prêtes leurs listes d'électeurs qui se seront tous engagés à voter pour cet individu, et la seule question qu'on adressera par le fait à l'électeur primaire sera de lui demander laquelle de ces listes il compte appuyer.

Le cas où l'élection à deux degrés opère bien en pratique, c'est celui où les électeurs ne sont pas choisis uniquement comme électeurs, mais ont à remplir d'autres fonctions importantes; par où ils

cessent d'être élus, uniquement comme délégués
pour donner un vote particulier. Une autre institution américaine, le sénat des États-Unis, offre un
exemple de cette combinaison de circonstances. On
estime que cette assemblée, la chambre haute pour
ainsi dire du congrès, ne représente pas le peuple
directement, mais les États, comme *tels*, et doit être
la gardienne de cette portion de leurs droits souverains, auxquels ils n'ont point renoncé. Comme
la souveraineté intérieure de chaque État est par la
nature d'une fédération égale, également sacrée,
quelle que soit la taille ou l'importance d'un État,
chacun envoie au sénat le même nombre de membres (deux), que ce soit le petit Delaware ou l'État-
Empire de New-York. Ces membres ne sont pas
choisis par la population, mais par les législatures
d'États qui sont elles-mêmes élues par le peuple de
chaque État. Mais comme toute la besogne ordinaire d'une assemblée législative, la législation intérieure et le contrôle de l'exécutif, retombe sur ces
corps, ils sont élus en vue de ces objets plutôt que
de l'autre ; et en nommant deux personnes pour représenter l'État au sénat fédéral, ils exercent la
plupart du temps leur propre jugement, sauf les
égards envers l'opinion publique, qu'un gouvernement démocratique doit toujours lui témoigner.
Les élections ainsi faites ont réussi au plus haut degré, et sont évidemment les meilleures de toutes les

élections dans les États-Unis, le sénat étant composé invariablement des hommes les plus distingués parmi ceux qui se sont fait suffisamment connaître dans la vie publique. Après un tel exemple, on ne peut pas dire que l'élection populaire indirecte n'est jamais avantageuse. Moyennant certaines conditions, c'est le système le meilleur qu'on puisse adopter. Mais ces conditions ne peuvent guère se rencontrer que dans un gouvernement fédéral, comme celui des États-Unis, où l'élection peut être confiée à des corps locaux dont les autres fonctions comprennent les affaires les plus importantes de la nation. Chez nous, les seuls corps dans une position analogue qui existent ou qui aient chance d'exister, sont les municipalités, ou les autres conseils qui ont été ou qui peuvent être créés pour un but également local. Cependant, peu de personnes regarderaient comme une amélioration à la constitution de notre parlement, que les membres pour la cité de Londres fussent choisis par les aldermen et par le conseil municipal, et que les membres pour le bourg de Marylebone fussent choisis ouvertement, comme ils le sont déjà virtuellement, par les assemblées des paroisses. Même si ces corps, en les regardant simplement comme des conseils locaux, étaient sujets à moins d'objections qu'ils ne le sont, les qualités qui les rendent propres aux fonctions particulières et bornées de l'édilité

municipale ou paroissiale, ne garantissent nullement chez eux une aptitude spéciale à juger des
qualités respectives des candidats au parlement.
Ils ne rempliront probablement pas mieux ce devoir qu'il n'est rempli par les habitants, au moyen
du vote direct: songez en outre que si l'aptitude à
élire les membres du parlement devait être prise en
considération lorsqu'on nomme une assemblée de
paroisse ou un conseil municipal, beaucoup de ceux
qui sont le plus propres à cette fonction plus limitée en seraient inévitablement exclus, quand ce ne
serait que par la nécessité de choisir des personnes
dont les sentiments, en fait de politique générale,
fussent d'accord avec ceux des votants. Déjà l'influence politique simplement indirecte des conseils
municipaux, en faisant des élections municipales
une affaire de parti, a fait de ces élections tout
autre chose qu'elles ne devaient être. Si c'était une
partie du devoir d'un commis ou d'un régisseur de
choisir le médecin de son maître, le maître n'aurait
probablement pas un meilleur médecin qu'en le
choisissant lui-même; mais il serait borné dans son
choix d'un commis ou d'un régisseur, ne pouvant
prendre pour cet office que celui qui pourrait s'acquitter sans grand danger pour sa santé de l'autre
office.

On voit donc qu'on peut jouir, avec l'élection
directe, de tous les avantages de l'élection indi-

recte ; et que quant à ceux de ces avantages dont on
ne peut jouir avec l'élection directe, on n'en jouirait
pas plus avec l'élection indirecte, tandis que cette
dernière a des désavantages considérables qui lui
sont particuliers. Le simple fait que c'est une roue
additionnelle et superflue dans le mécanisme, n'est
pas une légère objection. On s'est déjà appesanti
sur son infériorité décidée comme moyen de cultiver l'esprit public et l'intelligence politique : si
elle fonctionnait réellement, c'est-à-dire si les
électeurs abandonnaient complétement à leurs
délégués le choix de leur représentant au parlement, elle empêcherait le votant de s'indentifler
avec son membre du parlement, et diminuerait
beaucoup chez celui-ci le sentiment de responsabilité envers ses commettants. En outre, le petit
nombre, comparativement parlant, des personnes
entre les mains desquelles se trouverait à la fin
l'élection d'un membre du parlement, fournirait
beaucoup plus de facilités pour l'intrigue et pour
toutes les formes de corruption compatibles avec
la condition sociale des électeurs. Les colléges
électoraux seraient universellement réduits, sous
le rapport des facilités offertes pour la corruption,
à la condition des petits bourgs d'aujourd'hui. Il
suffirait de gagner un petit nombre de personnes
pour être certain d'être nommé. Si on dit que les
électeurs seraient responsables envers ceux qui les

auraient élus, la réponse toute prête, c'est que, n'occupant ni une fonction permanente ni une fonction publique, ils ne risqueraient rien, en votant d'une manière intéressée, si ce n'est de ne plus être nommés électeurs : une menace peu alarmante. La grande ressource serait toujours les pénalités contre la corruption, ressource dont l'expérience a hautement démontré l'insuffisance dans tous les petits colléges électoraux. Le mal serait proportionné exactement au degré de liberté laissé aux électeurs choisis. Le seul cas où ils n'oseraient probablement employer leur vote au profit de leur intérêt personnel, serait celui où ils auraient été élus comme de simples délégués, moyennant un engagement formel de porter pour ainsi dire le vote de leurs commettants aux *hustings*. Du moment que le double degré d'élection commencerait à avoir quelque effet, il commencerait à avoir un mauvais effet. Et nous trouverons que ceci est vrai du principe de l'élection indirecte, n'importe où on l'applique, excepté dans des circonstances semblables à celles de l'élection des sénateurs aux États-Unis.

Il est inutile, en tant qu'il s'agit de l'Angleterre, de parler plus longtemps contre une combinaison qui n'a aucune base dans les traditions nationales; peut-être même doit-on s'excuser d'en avoir tant dit contre un expédient politique qui ne compte-

rait peut-être pas dans notre pays un seul partisan.
Mais une conception si plausible à première vue
et qui a tant de précédents historiques, pourrait à
la rigueur, dans le chaos général des opinions politiques, remonter à la surface, et reparaître çà et
là avec le don de séduire certains esprits ; il n'est
pas permis à ce compte, même quand on n'aurait
en vue que le lecteur anglais, de la passer tout à
fait sous silence.

CHAPITRE X

DE LA MANIÈRE DE VOTER.

La question la plus importante, par rapport à la manière de voter, est celle du secret ou de la publicité, et c'est celle-là que nous aborderons sur-le-champ.

Ce serait une grande méprise d'introduire dans la discussion, des phrases sur la sournoiserie ou la poltronnerie. Le secret est justifiable dans un grand nombre de cas, nécessaire quelquefois ; et ce n'est pas poltronnerie que de chercher à se garantir de maux qu'on peut honnêtement éviter. On ne peut non plus soutenir raisonnablement, qu'il n'y a aucun cas imaginable où le vote secret soit préférable au vote public. Mais je prétends que dans des affaires d'un caractère politique, ces cas sont l'exception et non la règle.

Le cas actuel est un des cas nombreux où, comme j'ai déjà eu occasion de le remarquer, l'*esprit* d'une institution, l'impression qu'elle fait sur le citoyen, est une des parties les plus importantes de son effet.

L'esprit du vote par scrutin — la manière dont l'interprétera probablement l'électeur — c'est que le suffrage lui est donné pour lui-même, pour son usage et pour son profit particulier, et point du tout comme une charge publique. Car si c'est vraiment une charge, si le public a un droit sur son vote, pourquoi le public n'a-t-il pas le droit de connaître ce vote? Cette impression fausse et pernicieuse peut bien être celle de la masse, puisque c'était l'impression de tous ceux qui, depuis quelques années, ont été les défenseurs marquants du scrutin.

Ce n'est pas ainsi que la doctrine était comprise par ceux qui la favorisèrent les premiers; mais on voit mieux l'effet d'une doctrine sur l'esprit, chez ceux qui sont formés par cette doctrine, que chez ceux qui la forment. M. Bright et son école de démocrates se croient fortement intéressés à soutenir que le privilége électoral est ce qu'ils appellent un droit, et non une charge. Or, cette idée, en prenant racine dans l'esprit général, fait un mal moral qui l'emporte sur tout le bien que pourrait faire le scrutin, en mettant tout au mieux. De quelque façon que l'on définisse ou que l'on comprenne l'idée d'un droit, personne ne peut avoir droit (si ce n'est dans le sens légal) au pouvoir sur autrui : toutes les fois qu'on permet à un homme de posséder un semblable pouvoir, il a là moralement une charge dans toute la force du terme.

Or, l'exercice de toute fonction politique, soit comme électeur, soit comme représentant, c'est le pouvoir sur autrui. Ceux qui disent que le suffrage n'est pas une charge, mais un droit, n'ont sûrement pas examiné les conséquences auxquelles mène leur doctrine. Si le suffrage est un droit, s'il appartient au votant pour lui-même, comment le blâmer parce qu'il le vend ou parce qu'il l'emploie de façon à se faire bien venir d'une personne à laquelle il veut plaire pour quelque motif intéressé ? On ne demande pas à une personne de ne consulter que l'intérêt public dans l'usage qu'elle fait de sa maison, de son 3 0/0, ou de tout ce que à quoi elle a réellement droit. A la vérité, un homme *doit* posséder le suffrage afin (entre autres raisons) de pouvoir se protéger lui-même ; mais seulement contre un traitement dont il doit également préserver ses concitoyens, autant que la chose dépend de son vote.

Son vote n'est pas une chose à laisser à son caprice ; ses désirs personnels n'ont rien à y voir, pas plus qu'au verdict d'un juré. C'est strictement une affaire de devoir ; il est obligé de voter suivant son opinion la plus éclairée et la plus consciencieuse du bien public. Quiconque se fait une autre idée du suffrage n'est pas capable de le posséder ; son esprit en est perverti et non point élevé. Au lieu d'ouvrir son cœur à un noble patriotisme et à l'obliga-

tion du devoir public, le suffrage éveille et nourrit
chez un semblable individu la disposition à se servir
d'une fonction publique suivant son intérêt, son
plaisir ou son caprice : ce sont, sur une plus petite
échelle, les sentiments et les vues qui guident un
despote et un oppresseur.

Il est certain qu'un citoyen ordinaire, placé dans
une position publique ou chargé d'une fonction sociale, pensera et sentira par rapport aux obligations
qu'elle lui impose, exactement ce que la société
semble penser et sentir, en la lui donnant. Ce que
la société semble attendre de lui, voilà son modèle,
son type, au-dessous duquel il restera peut-être,
mais au-dessus duquel il ne s'élèvera certainement
pas. Et quant à la manière dont il interprétera le
vote secret, on peut être presque sûr qu'il croira ne
pas être obligé, en donnant son vote, d'avoir égard
à ceux auxquels on ne permet pas de savoir comment il vote ; il pensera qu'il est libre d'en disposer
comme bon lui semble.

Voilà la raison décisive pour laquelle on ne peut
appliquer aux élections du parlement l'usage du
scrutin, quoiqu'il soit adopté dans les cercles et
dans les sociétés privées. Un membre d'un club est
réellement, lui, dans la position où l'électeur croit
faussement être ; il n'est obligé de considérer les
désirs ni les intérêts de qui que ce soit. Il ne déclare
rien par son vote, si ce n'est qu'il veut ou qu'il ne

veut pas s'associer d'une manière plus ou moins
étroite, avec une personne donnée. C'est un sujet
sur lequel (la chose est admise) sa fantaisie ou son
inclination est absolument souveraine : il vaut
beaucoup mieux pour tout le monde, y compris la
personne rejetée, qu'il puisse le faire sans risquer
une querelle. Une autre raison pour laquells ici le
scrutin est à sa place, c'est qu'il ne mène pas nécessairement ou naturellement à mentir. Les personnes intéressées sont de la même classe ou du
même rang, et ce serait une inconvenance chez l'une
d'elles d'en presser une autre de questions, sur la
manière dont elle a voté. Il en est tout autrement
pour les élections parlementaires et il continuera
d'en être autrement, aussi longtemps qu'existeront
les relations sociales qui font désirer le scrutin,
aussi longtemps qu'un homme aura sur un autre
une supériorité suffisante pour se croire le droit de
dicter son vote. Et tandis qu'il en est ainsi, on peut
être sûr que le silence ou une réponse évasive seront regardés comme une preuve que le vote n'a
pas été donné dans le sens voulu.

En toute élection politique, même dans le cas du
suffrage universel (et à plus forte raison dans le cas
du suffrage restreint), il y a pour le votant une obligation morale absolue de considérer non son intérêt privé, mais l'intérêt du public, et de voter suivant son jugement le plus éclairé, exactement

comme il serait obligé de le faire, s'il était le seul votant et que l'élection dépendît de lui seul. Ceci étant admis, c'est au moins une conséquence, *primâ facie*, que le devoir de voter, comme tout autre devoir public, soit accompli devant les yeux du public, sous le coup de la critique du public dont chaque membre est non-seulement intéressé à l'accomplissement de ce devoir, mais encore peut à bon droit trouver qu'on lui fait tort, si le devoir n'est pas accompli honnêtement et soigneusement. Sans aucun doute, cette maxime de moralité politique n'est pas plus absolument inviolable qu'une autre; elle peut être dominée par des considérations encore plus puissantes. Mais elle est d'un tel poids que les cas qui permettent une infraction, doivent être tout à fait exceptionnels. Sans doute, il se peut très-bien que si nous essayons par la publicité de rendre le votant responsable de son vote envers le public, il deviendra par le fait responsable envers quelque individu puissant dont l'intérêt est plus opposé à l'intérêt général de la communauté que ne le serait l'intérêt du votant lui-même, si, protégé par le secret, il était exempt de toute responsabilité. Quand telle est, à un très-haut degré, la condition d'un grand nombre des votants, le scrutin peut être le moindre de deux maux. Quand les votants sont des esclaves, on peut tolérer tout ce qui les rend capables de secouer le joug. Le cas où le scrutin est le plus avantageux, c'est celui où le pouvoir nuisible du petit nombre sur le grand nombre tend à croître. Pendant le déclin de la République romaine, il y avait en faveur du scrutin des raisons irrésistibles. L'oligarche devenait tous les ans plus riche et plus tyrannique, le peuple plus pauvre et plus dépendant, et il devenait nécessaire d'élever des barrières de plus en plus fortes contre un abus du droit électoral, qui en faisait un instrument de plus entre les mains de personnages éminents et égoïstes. On ne peut pas douter non plus que le scrutin, autant qu'il existait dans la constitution athénienne, n'y ait eu un effet avantageux. Même dans la moins instable des républiques grecques, la liberté pouvait être détruite pour un temps par un seul vote populaire obtenu déloyalement ; et quoique le votant athénien ne fût pas dans une dépendance suffisante pour qu'on pût user de contrainte envers lui, il aurait pu être corrompu ou intimidé par les violences illégales de quelque bande d'individus, comme il s'en trouvait même à Athènes, parmi les jeunes gens riches et de haute naissance. Dans ces cas, le scrutin était un précieux élément d'ordre et conduisait à la bonne administration qui distinguait Athènes parmi les anciennes républiques. Mais dans les pays plus avancés de l'Europe moderne et spécialement dans le nôtre, le pouvoir de contraindre les votants a décliné et décline encore aujour-

d'hui; la cause d'un mauvais vote ne serait pas précisément les influences étrangères suspendues sur
le votant, mais bien plutôt les intérêts *sinistres* et
les sentiments peu avouables qui le caractérisent,
soit individuellement, soit comme membre d'une
classe. Le préserver du premier de ces maux, en
laissant le champ libre au second, ce serait échan-
ger un mal moindre et qui tend à décroître, contre
un mal plus grand et qui tend à croître. Dans une
brochure sur la réforme parlementaire, j'ai traité
ce sujet et la question en général, par rapport à
l'Angleterre contemporaine, dans des termes que
je me permettrai de transcrire ici, ne me sentant
pas capable de faire mieux.

« Il y a trente ans, il était encore vrai qu'aux
« élections des membres du parlement, le mal
« contre lequel il fallait surtout prendre des pré-
« cautions, était celui qu'aurait empêché le scrutin;
« la contrainte exercée par les propriétaires, les
« maîtres et la clientèle. A présent, j'appréhende
« infiniment plus l'égoïsme ou les inclinations
« égoïstes du votant lui-même.

« A présent, j'en suis convaincu, un vote bas et
« malfaisant tient beaucoup plus souvent à l'inté-
« rêt personnel, ou à l'intérêt de classe du votant,
« ou à quelque vil sentiment chez lui, qu'à la
« *crainte* ou à la *contrainte* d'autrui : or, avec le
« scrutin il serait libre de s'abandonner à ces in-

« fluences, sans aucun sentiment de honte ou de
« responsabilité.

« Il y a peu de temps encore, les classes les plus
« élevées et les plus riches étaient en pleine pos-
« session du gouvernement. Leur pouvoir était le
« principal grief du pays. L'habitude de voter au
« gré d'un maître ou d'un propriétaire était si so-
« lidement enracinée, que, pour l'ébranler, il fallait
« un de ces violents enthousiasmes populaires qui
« n'existent guère que pour une bonne cause. Un
« vote donné en opposition à ces influences était
« donc en général un vote honnête et plein d'esprit
« public, mais en tous cas et par quelque motif
« qu'il fût dicté, c'était presque à coup sûr un bon
« vote, puisque c'était un vote contre le mal *monstre*,
« contre l'influence dominante de l'oligarchie. Si, à
« ce moment, le votant avait pu en toute sûreté
« exercer librement son privilége, quand même il
« ne l'aurait fait ni honnêtement ni intelligem-
« ment, c'eût été un grand pas en avant ; car c'était
« secouer le joug du pouvoir alors dominant, du
« pouvoir qui avait créé et qui maintenait tout ce
« qu'il y avait de mauvais dans les institutions et
« dans l'administration de l'État, le pouvoir des
« propriétaires et des marchands de bourgs-pourris.

« Le scrutin n'a pas été adopté ; mais la marche
« des circonstances a fait et fait encore de plus en
« plus, sous ce rapport, l'œuvre du scrutin. L'état

« politique et l'état social de ce pays ont grande-
« ment changé, en tant qu'ils affectent cette ques-
« tion et changent tous les jours. Aujourd'hui, les
« classes les plus élevées ne sont plus maîtresses du
« pays. Il faut fermer les yeux sur tous les signes
« du temps, pour croire que les classes moyennes
« sont aussi soumises aux classes élevées, et que
« les classes ouvrières sont aussi dépendantes des
« classes élevées et moyennes, qu'elles l'étaient il
« y a vingt-cinq ans.

« Les événements de ces vingt-cinq dernières an-
« nées, non-seulement ont enseigné à chaque classe
« quelle était sa force collective, mais encore ont
« mis les individus d'une classe moins élevée en
« position de porter la tête autrement haute devant
« ceux d'une classe plus élevée. Dans la plupart des
« cas, le vote des électeurs, qu'il soit en opposition
« ou qu'il soit d'accord avec les désirs de leurs su-
« périeurs, n'est pas maintenant le fruit d'une con-
« trainte qu'on n'a plus désormais les mêmes moyens
« d'exercer ; c'est l'expression de leurs inclinations
« politiques ou personnelles. Les vices mêmes du
« système électoral actuel en sont une preuve. On
« se plaint hautement de ce que la corruption aug-
« mente, de ce qu'elle gagne des endroits qui,
« jusque-là, en avaient été exempts ; donc les
« influences locales ne sont plus désormais toutes
« puissantes, donc les électeurs votent maintenant

« à leur gré et non plus au gré d'autrui. Sans doute,
« il y a encore, dans les comtés et dans les plus
« petits bourgs, une forte dose de dépendance ser-
« vile ; mais l'esprit de l'époque lui est contraire,
« et la force des événements tend constamment à
« la diminuer. Un bon fermier peut sentir qu'il
« est aussi précieux à son propriétaire, que son
« propriétaire lui est précieux ; un commerçant
« heureux peut se donner le luxe de se sentir in-
« dépendant de tout client particulier. A chaque
« élection, les votes deviennent de plus en plus
« *ceux* des votants eux-mêmes. C'est leur esprit,
« bien plus que leur position, qu'il faut maintenant
« émanciper. Ils ne sont plus désormais les instru-
« ments passifs de la volonté d'autrui, de simples
« machines destinées à mettre le pouvoir entre les
« mains d'une oligarchie contrôlante. Les électeurs
« eux-mêmes deviennent l'oligarchie.

   « Plus le vote d'un électeur est déterminé par sa
« propre volonté, et non par celle d'un autre qui
« est son maître, plus sa position ressemble à celle
« d'un membre du parlement. La publicité est donc
« indispensable, tant qu'une portion de la commu-
« nauté n'est pas représentée : l'argument des char-
« tistes contre le scrutin, joint à un suffrage res-
« treint, est inattaquable. Les électeurs actuels et la
« majorité de ceux que tout *bill* de réforme proba-
« ble admettrait au rang d'électeurs, appartiennent

« à la classe moyenne et ont à ce titre un intérêt
« de classe distinct de celui des classes ouvrières,
« ou des propriétaires, ou des grands manufactu-
« riers. Si l'on accordait le suffrage à tous les ou-
« vriers habiles, ceux-là même encore auraient ou
« pourraient avoir un autre intérêt de classe que les
« ouvriers inhabiles. Supposons qu'on accorde le
« suffrage à tous les hommes ; supposons que ce
« qui était autrefois faussement appelé le suffrage
« universel et qu'on appelle sottement aujourd'hui
« le suffrage viril, devienne la loi, les votants au-
« raient encore un intérêt de classe distinct de celui
« des femmes. Supposons que le législateur agitât
« une question qui concerne spécialement les
« femmes, comme de savoir si les femmes pourraient
« prendre des grades aux universités, ou si les pei-
« nes légères infligées aux scélérats, qui chaque
« jour battent leurs femmes presque au point de les
« tuer, ne devraient pas être changées contre quel-
« que chose de plus efficace ; ou, supposons qu'on
« propose au parlement anglais ce qui aux États-
« Unis est le fruit non d'une simple loi, mais d'une
« mesure spéciale dans leur constitution révisée —
« à savoir, que les femmes mariées aient un droit
« sur leurs propres fortunes, — est-ce que la femme
« et les filles d'un homme n'ont pas le droit de sa-
« voir s'il vote pour ou contre un candidat qui sou-
« tiendra ces propositions ?

« Naturellement on objectera que ces arguments
« tirent toute leur force de ce qu'on suppose un
« état injuste du suffrage, et que si l'opinion des
« non-électeurs a chance de faire voter l'électeur
« plus honnêtement ou plus avantageusement qu'il
« ne voterait à lui tout seul, ils sont plus propres
« que lui à être électeurs, et devraient posséder ce
« droit. On nous dira que quiconque est capable
« d'influencer les électeurs, est capable d'être un
« électeur; que ceux envers lesquels les votants
« devraient être responsables, ceux-là devraient
« être eux-mêmes des votants, et avoir comme tels
« la protection du scrutin pour les garantir contre
« l'influence illégale de classes ou d'individus puis-
« sants, envers lesquels ils ne devraient pas être
« responsables.

« Cet argument est spécieux, et autrefois je l'ai
« cru concluant. Maintenant il me paraît fallacieux.
« Tous ceux qui sont capables d'influencer les élec-
« teurs ne sont pas par cette raison capables d'être
« eux-mêmes électeurs. Le dernier pouvoir est
« beaucoup plus important que le premier, et ceux
« qui peuvent être propres à la moindre des deux
« fonctions politiques pourraient ne pas être capa-
« bles de remplir utilement la fonction supérieure.
« Les opinions et les désirs de la classe ouvrière la
« plus pauvre et la plus grossière peuvent être très-
« utiles comme une influence, entre autres, sur

« l'esprit des votants et sur celui du législateur : et
« cependant il pourrait être hautement nuisible de
« leur donner l'influence prépondérante, en les ad-
« mettant, dans l'état actuel de leur moralité et
« de leur intelligence, à exercer pleinement le droit
« de suffrage. C'est précisément cette influence in-
« directe de ceux qui n'ont pas le suffrage sur ceux
« qui l'ont, qui, par son développement progressif,
« prépare les voies à toute extension du suffrage,
« quand le moment est venu d'opérer paisiblement
« cette extension. Mais il y a une autre considé-
« ration encore plus profonde, qu'on ne devrait ja-
« mais perdre de vue dans les spéculations politi-
« ques. La notion que la publicité et le sentiment
« de la responsabilité envers le public ne sont d'au-
« cune utilité, si le public n'est pas capable de ju-
« ger sainement, cette notion est sans fondement.
« Il faut avoir une idée très-superficielle de l'utilité
« de l'opinion publique, pour ne la croire avanta-
« geuse que lorsqu'elle réussit à faire tout plier
« servilement. Être sous le regard d'autrui, avoir à
« se défendre contre autrui, n'est jamais plus im-
« portant que pour ceux qui agissent en opposi-
« tion à l'opinion d'autrui : car alors ils sont obli-
« gés d'avoir un motif bien fondé. Rien n'est tel
« pour agir d'une manière rassise et réfléchie, que
« d'agir contre une pression. En laissant de côté
« l'effet temporaire d'une excitation temporaire, nul

« ne fera ce qu'il s'attend à voir blâmer haute-
« ment, à moins d'avoir un projet arrêté et pré-
« conçu, chose qui prouve toujours un caractère
« arrêté et réfléchi et qui procède en général,
« excepté chez des hommes radicalement mauvais,
« de convictions personnelles fortes et sincères.
« Même le simple fait d'avoir à rendre compte de
« sa conduite est une raison puissante pour se con-
« duire d'une façon dont on puisse au moins ren-
« dre compte décemment. Si quelqu'un croit que
« la simple obligation d'observer les règles de la
« décence n'est pas un obstacle très-considérable
« à l'abus du pouvoir, c'est qu'il n'a jamais fait at-
« tention à la conduite de ceux qui ne sont pas dans
« la nécessité d'observer ces règles. La publicité est
« inappréciable, même quand elle ne fait qu'empê-
« cher ce qui ne peut être défendu d'une manière
« plausible, imposant la réflexion, obligeant cha-
« cun à mûrir avant l'action ce qu'il dira, s'il est
« appelé à rendre compte de ses actions !

« Mais on peut nous dire que plus tard, quand
« tous seront aptes à avoir des votes et que tous
« les hommes et toutes les femmes seront admis à
« voter en vertu de leur aptitude, il n'y aura plus
« alors à craindre une législation de classe ; qu'alors
« les électeurs étant la nation ne pourront plus
« avoir un intérêt distinct de l'intérêt général ; que
« même si quelques individus votaient encore d'a-

« près des motifs intéressés, il n'en serait plus ainsi
« pour la majorité ; que comme alors il n'y aura
« plus de non-électeurs envers qui elle devrait être
« responsable, l'effet du scrutin n'écartant que les
« influences pernicieuses sera complétement avan-
« tageux.

. « Je ne puis, même dans cette hypothèse, ac-
« quiescer au scrutin.

. « Je ne veux pas croire que, même si le peuple
« était digne de suffrage universel et l'avait obtenu,
« le scrutin serait désirable. D'abord parce qu'on
« ne peut pas en de telles circonstances supposer
« qu'il soit utile. Examinons l'état de choses que
« l'hypothèse implique : un peuple où l'éducation
« est universellement répandue et où tout être hu-
« main adulte possède un vote. Si même, quand un
« petit nombre seulement a le droit électoral et
« que la majorité du peuple est presque sans édu-
« cation, l'opinion publique est déjà, comme cha-
« cun le voit aujourd'hui, le pouvoir dominant en
« dernier ressort, c'est une chimère de supposer
« que les propriétaires et les gens riches pour-
« raient, lorsque tous sauraient lire et posséde-
« raient un vote, exercer sur une communauté,
« contrairement à sa propre inclination, un pou-
« voir auquel il lui serait difficile de résister. Mais
« si la protection du secret devient alors inutile, le
« contrôle de la publicité est plus utile que jamais.

« On s'est bien trompé dans l'observation de l'es-
« pèce humaine, si l'on se figure que le simple fait
« d'être un membre de la communauté et de ne pas
« avoir un intérêt décidément contraire à celui du
« public, suffit pour garantir l'accomplissement d'un
« devoir public, sans le stimulant ou sans la con-
« trainte qui dérive de l'opinion de nos semblables.

« La part d'un homme dans l'intérêt public ne
« suffit point, même quand son intérêt privé ne le
« tire pas d'un autre côté, pour lui faire accomplir
« son devoir envers le public ; on a trouvé qu'en
« règle générale il fallait quelque autre stimulant.
« On ne peut pas non plus admettre que, même
« si tous avaient des votes, tous voteraient aussi
« honnêtement en secret qu'en public.

« En examinant cette proposition que les élec-
« teurs, quand ils composent l'ensemble de la
« communauté, ne peuvent avoir un intérêt à voter
« contre l'intérêt de la communauté, on s'aper-
« cevra qu'elle n'a pas grand sens. Quoique la
« communauté comme ensemble puisse ne pas
« avoir (ainsi que l'impliquent ces expressions) un
« autre intérêt que son intérêt collectif, chaque
« individu dans la communauté peut en avoir un
« autre.

« L'intérêt d'un homme consiste dans ce à quoi
« il prend intérêt. Chacun a autant d'intérêts diffé-
« rents qu'il a de sentiments, de sympathies ou

« d'antipathies, soit égoïstes, soit d'une meilleure
« espèce. On ne peut pas dire que chacun de ces
« sentiments, pris séparément, constitue « l'inté-
« rêt » d'un homme. Cet homme est bon ou mau-
« vais, selon qu'il préfère une classe de ces intérêts
« ou l'autre. Un homme qui est un tyran chez lui,
« sera porté à sympathiser avec la tyrannie (quand
« elle ne s'exerce pas sur lui), il est presque cer-
« tain qu'il ne sympathisera pas avec la résistance
« à la tyrannie. Un homme envieux votera contre
« Aristide, parce qu'on l'appelle le juste. Un homme
« égoïste préférera un avantage individuel, même
« léger, à sa part de l'avantage que son pays tirerait
« d'une bonne foi, parce que les intérêts qui lui
« sont particuliers sont ceux qu'il est le plus porté,
« par les habitudes de son esprit, à considérer et à
« priser. Un grand nombre d'électeurs auront deux
« genres de préférences, les unes fondées sur des
« motifs privés ; les autres, sur des motifs publics.
« Ces dernières sont les seules que l'électeur vou-
« drait avouer. Le meilleur côté de leur caractère
« est celui que les hommes sont désireux de mon-
« trer, même à ceux qui ne valent pas plus qu'eux.
« Les gens voteront d'une manière malhonnête ou
« basse (par avarice, par méchanceté, par rancune,
« par rivalité personnelle et même à cause des inté-
« rêts ou des préjugés de classe ou de secte) beau-
« coup plus volontiers, si le vote est secret que s'il

« est public. Il existe des cas — et il se peut qu'ils
« deviennent plus fréquents — où le seul frein qui
« contienne une majorité de coquins, c'est son res-
« pect involontaire pour l'opinion d'une minorité
« honnête. Dans un cas comme celui des États ban-
« queroutiers de l'Amérique du Nord, est-ce que
« la honte de regarder un honnête homme en face
« n'est pas un frein pour le votant sans principes ?
« Puisque tout ce bien serait perdu avec le scru-
« tin, même dans les circonstances qui lui sont le
« plus favorables, il faut, pour en rendre l'adoption
« désirable, un cas beaucoup plus urgent qu'on ne
« peut en trouver aujourd'hui, et ce cas devient de
« plus en plus rare (1). »

Quant aux autres points contestables qui se rapportent à la manière de voter, il n'est pas nécessaire d'en parler aussi longuement. Le système de
représentation nationale, tel que l'organise M. Hare,
rend nécessaire l'emploi de bulletins de votes. Mais
il me paraît indispensable que la signature de l'é-
lecteur soit apposée au bulletin dans un bureau public d'enregistrement, ou, s'il n'y en a pas de com-
modément accessible, dans quelque endroit ouvert
à tout le monde et en présence d'un fonctionnaire
public responsable. Je regarderais comme funeste

---

(1) *Pensées sur la réforme parlementaire*, 2ᵉ édition, pages
32-36.

la proposition qui a été émise de permettre au votant de remplir chez lui les bulletins de votes, et de les renvoyer par la poste, à moins qu'ils ne fussent recueillis par un fonctionnaire public. L'acte serait fait en l'absence de toutes les influences salutaires et en présence de toutes les influences pernicieuses. Le corrupteur pourrait, à l'abri du secret, voir de ses propres yeux l'accomplissement de son marché. Et l'intimidateur verrait sur-le-champ devenir irrévocable la soumission qu'il aurait extorquée. Tandis que l'influence contraire et bienfaisante, exercée par la présence de ceux qui connaissent les sentiments réels du votant, l'effet encourageant de la sympathie des gens de son parti ou de son opinion, seraient complétement perdus (1).

(1) On a beaucoup recommandé cet expédient, et parce qu'il est économique et parce que de cette façon on recueillerait les votes d'un grand nombre d'électeurs qui autrement ne voteraient pas, et qui sont regardés par les défenseurs du plan comme une classe de votants particulièrement désirable. On a mis ce plan à exécution pour l'élection des administrateurs de la loi des pauvres, et comme on s'en est bien trouvé, on rappelle ce succès pour faire adopter le cas plus important de l'élection d'un membre de la législature ; mais les deux cas me semblent différents quant au point d'où dépendent les avantages de l'expédient. Dans une élection locale, pour une espèce particulière de besogne administrative qui consiste principalement dans la dispensation de fonds publics, il faut empêcher le choix d'être exclusivement entre les mains de ceux qui s'en occupent d'une manière active ; l'intérêt public qui s'attache à l'élection étant limité et assez faible la plupart du temps, la disposition à s'occuper de la chose ne se trouve guère que chez des personnes qui espèrent tourner leur acti-

Les endroits pour voter (*polling-places*) seraient assez nombreux pour être à la portée de tout votant, et l'on ne permettrait sous aucun prétexte de mettre les frais de transports à la charge du candidat. Les infirmes, et encore moyennant un certificat médical, auraient seuls le droit de demander à être transportés en voiture aux frais de l'État ou de la localité. Les *hustings* (ou assemblées électorales), les commis préposés au dépouillement des votes (*pollcserks*) et tout le mécanisme nécessaire des élections, seraient payés par le public. Non-seulement on n'exigerait pas grande dépense d'un candidat pour son élection ; mais on ne lui permet-

vité à leur profit particulier, et il peut être très-désirable que l'intervention d'autres personnes soit rendue aussi peu onéreuse que possible, quand ce ne serait que pour confondre ces intérêts privés. Mais quand il s'agit de la grande affaire du gouvernement national, où doit s'intéresser tout homme qui ne songe pas qu'à lui exclusivement, ou même qui songe à lui d'une façon intelligente, il faut bien plutôt empêcher de voter ceux à qui la chose est indifférente, que de les pousser à voter d'une autre façon qu'en éveillant leurs esprits engourdis. L'homme qui ne se soucie pas assez de l'élection pour aller donner son vote, est précisément l'homme qui, s'il peut voter sans cette légère peine, donnera son vote à la première personne qui le lui demandera, ou le donnera d'après le motif le plus insignifiant ou le plus frivole. Un homme qui ne se soucie nullement de voter, ne s'inquiétera pas beaucoup de la façon dont il vote, et celui qui est dans cet état d'esprit n'a aucun droit moral à voter, puisque, s'il le fait, un vote qui n'est pas l'expression d'une conviction, compte pour autant et contribue tout autant au résultat final, qu'un vote qui représente les pensées et les vues de toute une vie (*Pensées sur la réforme parlementaire*, p. 39.)

trait de faire qu'une dépense limitée et très-insignifiante. M. Hare regarde comme désirable qu'on
exige une somme de 50 livres sterling de quiconque
se met sur la liste des candidats, pour empêcher
les personnes qui n'ont aucune chance de succès et
aucune intention réelle de persévérer, de se poser
comme candidats, simplement par étourderie ou
par amour de notoriété, et de distraire quelques
votes nécessaires à la nomination de candidats plus
sérieux. Il y a une dépense à laquelle ne peuvent
échapper les candidats ou leurs partisans, et on ne
peut guère s'attendre à voir le public la payer pour
tous ceux à qui il plairait de la demander : je veux
parler de la nécessité pour un candidat de faire
connaître ses droits aux électeurs par des avertis-
sements, des affiches, des circulaires. Pour toutes
les dépenses nécessaires de cette espèce, les 50 livres de M. Hare (on pourrait au besoin porter ce
chiffre à 100), si on permettait de les employer à ces
objets, devraient suffire. S'il plaisait aux amis du
candidat de se mettre en frais pour des comités,
des brigues, etc., il n'y aurait pas moyen de les en
empêcher ; mais de telles dépenses de la part du
candidat ou toute dépense excédant les 50 (ou 100)
livres, seraient illégales ou punissables.

S'il y avait quelque apparence que l'opinion re-
fusât de se prêter au mensonge, on exigerait de
tout membre, en prenant son siége, une déclaration

par serment ou sur l'honneur que pour son élection
il n'a pas dépensé ou ne dépensera pas, en argent
ou en valeur quelconque, directement ou indirec-
tement, plus de 50 livres, et s'il était prouvé que
l'assertion était fausse ou que le serment n'a pas
été tenu, le membre serait sujet aux peines du parjure. Il est probable que ces peines, en montrant
que le législateur prend la chose au sérieux, la feraient prendre de même par l'opinion et empêche-
raient le public de regarder, ainsi qu'il l'a fait jusqu'ici, comme une simple peccadille, ce crime des
plus graves envers la société. Quand une fois cet
effet aurait été produit, il n'y a aucun doute qu'on
se regarderait comme lié après une déclaration sur
l'honneur ou par serment (1). « L'opinion ne tolère

(1) Plusieurs des témoins devant le comité de la Chambre des
communes, en 1860, sur l'effet de l'acte contre la corruption
(*corrupt practices prevention act*) dont quelques-uns avaient une
grande expérience pratique de tout ce qui touche aux élections,
étaient favorables (soit absolument, soit en dernier ressort)
au principe qui exige une déclaration des membres du parlement (Preuves, pages 46, 54, 57, 67, 123, 198, 202, 208). Le
commissaire en chef de *Wakefield Inquiry* disait (en parlant
certainement d'une proposition différente) : « Si on voit que la
législature prend la chose au sérieux, le mécanisme marchera.....
Je suis tout à fait convaincu, que si quelque stigmate personnel
était infligé dans le cas de corruption démontrée (*bribery*), la
direction de l'opinion publique en serait changée. » (Pages 26
et 86.) Un membre distingué de ce comité et du cabinet actuel paraissait trouver de graves objections à ce qu'on attachât
les pénalités du parjure à un serment contenant simplement
une promesse, parce que c'est autre chose qu'un serment affirmatif; mais on lui a rappelé que le serment prêté par un
témoin devant une cour de justice, est un serment qui con-

un parjure que quand elle tolère la chose à cause
de laquelle a lieu le parjure. » Ceci est notoirement
le cas, quant à la corruption électorale. Il n'y a jamais eu parmi les hommes politiques un effort réel
et sérieux pour empêcher la corruption, parce qu'il
n'y a jamais eu un désir réel que les élections ne
fussent pas coûteuses. Leur cherté est un avantage
pour ceux qui peuvent faire cette dépense, parce
qu'elle exclut une foule de rivaux ; et l'on maintient

tient une promesse et sa réponse que la promesse du témoin
se rapporte à un acte qui va être fait sur-le-champ, tandis que
celle du membre serait une promesse pour l'avenir, ne signi-
fierait quelque chose, que s'il était possible de supposer que la
personne qui prête serment peut oublier l'obligation qu'elle a
contractée, ou la violer sans s'en douter ; autant d'éventualités
qui dans le cas actuel sont hors de question.

Une difficulté plus réelle, c'est qu'une des formes que revêt
le plus souvent la dépense faite pour une élection, est celle de
souscriptions aux œuvres de bienfaisance locales ou à d'autres
objets locaux ; et ce serait une mesure violente que d'empêcher le membre nommé par une ville, d'y faire des charités.
Quand de pareilles souscriptions sont *bona fide*, la popularité
qu'on peut en retirer, est un avantage qu'il semble presque
impossible de refuser à des richesses supérieures. Mais le mal
consiste surtout en ce que le produit de ces versements est
employé (c'est l'euphémisme dont on se sert) à maintenir l'intérêt du membre. Pour empêcher cet abus, il faudrait qu'en
prêtant serment le membre s'engageât à faire passer par les
mains de l'auditeur d'élection (*election auditor*) toutes les
sommes qu'il dépenserait pour la ville, ou pour quelque objet
ayant rapport à la ville, ou à un de ses habitants (excepté
peut-être la dépense courante de sa maison), afin que ces
sommes fussent appliquées à l'usage déclaré par l'auditeur et
non par le membre lui-même ou par ses amis.

Le principe de mettre toutes les dépenses légitimes des élections aux frais, non des candidats, mais des localités, a été
soutenu par deux des meilleurs témoins (pages 20, 65, 70, 277).

avec soin, comme ayant une tendance conservatrice, toute chose, si nuisible qu'elle soit, du moment que, grâce à elle, le parlement n'est accessible
qu'aux gens riches. Ceci est un sentiment enraciné
parmi nos législateurs des deux partis politiques,
et c'est presque le seul point sur lequel je les crois
réellement mal intentionnés. Qui votera les inquiète
peu, pourvu que l'objet du vote ne puisse être
qu'une personne de leur classe ; ou du moins cette
assurance leur est plus précieuse que tout.

Ils savent qu'ils peuvent compter sur le sentiment de confraternité qui unit entre eux tous les
membres de leur propre classe, qu'ils peuvent
compter plus sûrement encore sur la soumission
des nouveaux enrichis qui frappent à la porte de
cette classe, et que rien de fatal aux intérêts de
cette classe et aux sentiments des riches ne doit
être redouté, même avec le suffrage le plus démocratique, tant qu'on peut fermer aux démocrates
l'accès du parlement. Mais à leur point de vue
même, c'est une mauvaise politique de balancer un
mal par un mal, au lieu de combiner un bien avec
un bien. Il s'agit de fondre ensemble les meilleurs
membres des deux classes dans des conditions où
chacun abandonne ses intérêts de classe, où tous
poursuivent de concert la voie tracée par l'intérêt
commun, au lieu de donner libre cours dans les
colléges électoraux au sentiment de classe du grand

nombre pour le contraindre ensuite à agir par l'intermédiaire de personnes imbues des sentiments de classe du petit nombre.

Les institutions politiques ne sont jamais aussi nuisibles, moralement parlant. — Elles ne font jamais tant de mal par leur esprit — que lorsqu'elles représentent les fonctions politiques comme une faveur à accorder, comme une chose que le dépositaire doit solliciter comme s'il la désirait pour lui, et même qu'il doit payer comme si on la lui donnait pour son profit à lui; les hommes ne sont pas disposés en général à donner de grosses sommes pour obtenir la permission d'accomplir un devoir laborieux. Platon avait une idée beaucoup plus juste des conditions d'un bon gouvernement, quand il soutenait que les hommes à rechercher pour en faire des gouvernants, sont ceux qui y éprouvent le plus d'aversion, et que le seul motif sur lequel on puisse compter pour décider au gouvernement les *meilleurs*, c'est la crainte d'être gouvernés par les *pires*. Que doit penser un électeur quand il voit trois ou quatre *gentlemen*, dont jusque-là aucun ne s'était fait remarquer par la prodigalité de sa bienfaisance désintéressée, luttant à qui dépensera le plus d'argent pour pouvoir écrire sur leurs cartes : *Membre du parlement?* Va-t-il supposer que c'est dans son intérêt qu'ils font toute cette dépense? Et s'il se forme une opinion nette

de leur motif, quelle obligation morale va-t-il ressentir pour son propre compte? Les hommes politiques regardent volontiers comme une chimère
d'illuminé la supposition qu'il puisse exister un
corps électoral incorruptible : une chimère sans
aucun doute, tant qu'ils ne s'efforceront pas eux-
mêmes d'être sans reproche en matière électorale;
car ce sont les candidats qui, en fait de moralité,
donnent le ton aux électeurs. Tant que le membre
élu paye son siége de quelque façon que ce soit,
on échouera à faire de l'élection autre chose qu'un
marché pour toutes les parties. Tant que le candidat lui-même et que le public sembleront regarder
la fonction d'un membre du parlement moins
comme un devoir à remplir que comme une faveur
à solliciter, on ne fera jamais croire à un électeur
ordinaire que l'élection d'un membre du parlement
est une affaire de devoir, et qu'il n'est pas libre de
considérer uniquement là dedans sa convenance
personnelle.

Le même principe qui veut qu'aucune dépense ne
soit demandée ni permise au candidat pour son
élection, dicte une autre conclusion dont la tendance, quoiqu'elle semble contraire, mène pourtant
au même but. Ce principe rejette ce qu'on a souvent proposé comme un moyen de rendre le parlement accessible à tous sans distinction : le paye-
ment des membres du parlement. Si, comme dans

quelques-unes de nos colonies, il n'y avait guère
de personnes capables qui pussent se charger d'une
occupation non payée, le traitement serait une in-
demnité pour la perte de temps ou d'argent, et
pas un salaire. La facilité plus grande de choix que
donnerait un salaire, est un avantage illusoire.
Quelle que fût la rémunération attachée à la fonction, ce ne serait point un attrait pour les personnes
engagées sérieusement dans d'autres professions
lucratives avec la perspective d'y réussir. Par conséquent l'occupation d'un membre du parlement
deviendrait, en soi, une occupation poursuivie
comme d'autres professions, en vue uniquement de
ses profits pécuniaires et sujette aux effets démo-
ralisants d'une occupation essentiellement précaire. Ce serait la convoitise des aventuriers de bas
étage. Les six cent cinquante-huit personnes qui
posséderaient le poste, et celles (en nombre dix ou
vingt fois plus grand) qui espéreraient y parvenir,
s'efforceraient sans cesse de gagner ou de conserver les suffrages des électeurs, en leur promettant
toutes espèces de choses honnêtes ou malhonnêtes,
possibles ou impossibles : elles se feraient, à qui
mieux mieux, les complaisantes des sentiments les
plus bas et des préjugés les plus ignorants de la portion la plus vulgaire de la foule. L'enchère entre
Cléon et le marchand de saucisses dans Aristophane
est une caricature exacte de ce qui se passerait jour-

nellement. Une pareille institution serait un vésica-
toire appliqué à demeure aux parties les plus fragiles
de la nature humaine. Cela équivaut à offrir six cent
cinquante-huit prix aux flatteurs les plus heureux,
aux corrupteurs les plus adroits d'une portion du
peuple. On n'a vu sous aucun despotisme un système de culture aussi bien organisé pour faire une
récolte abondante de courtisanerie (1). Quand, à
cause de qualités prééminentes (ce qui peut quelquefois se rencontrer), il est désirable qu'une personne n'ayant aucune fortune, ni aucun moyen d'en
acquérir, soit nommée au parlement pour rendre
des services que nulle autre ne rendrait aussi bien,
il y a la ressource d'une souscription publique : le
membre peut, comme André Marvel, vivre pendant
qu'il est au parlement, des contributions de ses

---

(1) Comme le remarque M. Lorimer, en créant pour les personnes de la dernière classe un motif pécuniaire de se consacrer aux affaires publiques, on inaugurerait formellement la
profession du démagogue. Rien n'est à fuir comme une combinaison où l'intérêt privé d'un groupe de personnes actives
est de pousser la forme du gouvernement dans la direction qui
est déjà celle de ses mauvais penchants naturels. Ce qu'on
voit d'une multitude ou d'un individu, lorsqu'on les abandonne
simplement à leurs propres faiblesses, ne donne qu'une faible
idée de ce que ces faiblesses deviendraient si elles étaient
excitées par un millier de flatteurs. S'il y avait 658 places,
avec des appointements sûrs quoique modestes, et qu'on pût
les gagner en persuadant à la multitude que l'ignorance vaut
autant et mieux que le savoir, vous la verriez (cela du moins
est terriblement à craindre) penser et agir d'après ce principe.
(Article dans *Fraser magasine*, avril 1859, intitulé : *Des écrivains récents sur la réforme*.)

commettants. A cela il n'y a rien à dire ; car on ne rendra jamais un pareil honneur à la pure servilité. Les masses ne se soucient pas assez de la différence qu'il y a entre un flatteur et un autre, pour prendre un individu particulier à leur charge, afin d'être flattées par lui. Elles n'agiront ainsi qu'en faveur de qualités personnelles extraordinaires, lesquelles, si elles ne prouvent pas d'une façon absolue l'aptitude d'un homme à être un représentant national, peuvent toujours la faire présumer, et prouvent en tous cas jusqu'à un certain point que cet homme possède une opinion et une volonté indépendantes.

CHAPITRE XI

Au bout de combien de temps les membres du parlement doivent-ils être réélus ? Ici les principes sont évidents ; la difficulté est de les appliquer. D'une part, un membre ne devrait pas conserver son siége assez longtemps pour en venir à oublier sa responsabilité, à ne pas s'inquiéter de ses devoirs, à les remplir en vue de son intérêt personnel ou à négliger les conférences libres et publiques avec les commettants, lesquelles, soit qu'il se trouve d'accord, soit qu'il diffère d'opinion avec eux, sont un des avantages du gouvernement représentatif.

D'autre part, il faut qu'il se sente assuré de garder son poste pendant un temps suffisant pour pouvoir être jugé, non d'après un acte isolé, mais d'après l'ensemble de sa conduite. Il est important qu'il ait la plus grande latitude d'opinion et de détermination individuelle, compatible avec le contrôle populaire indispensable en tout gouvernement libre ; et à cet effet il faut (ce qui en tout cas est préférable) que le contrôle soit seulement exercé, quand celui qui en est l'objet a eu le temps de montrer toutes les qualités qu'il possède, et de prouver à ses commettants qu'il peut se rendre un représentant désirable et digne de confiance, sans être précisément l'organe et l'avocat littéral de leurs opinions.

Il est impossible de faire en termes généraux la part de chacun de ces principes. Lorsque le pouvoir démocratique dans la constitution est faible ou trop passif et a besoin de stimulants, lorsque le représentant, après avoir quitté ses électeurs, entre sur-le-champ dans une atmosphère de cour ou d'aristocratie où toutes les influences tendent à détourner sa conduite de la direction populaire, à diminuer tous les sentiments populaires qu'il pouvait avoir et à lui faire oublier les désirs et négliger les intérêts de ceux qui l'ont élu, il est indispensable pour tenir son caractère et ses sentiments à la hauteur voulue, qu'il ait à revenir souvent à la source de ses pouvoirs. En pareil cas, trois ans même sont presque une période trop longue, et un terme plus long est absolument inadmissible.

Lorsqu'au contraire la démocratie est le pouvoir dominant, lorsque ce pouvoir tend à augmenter encore et que son action a plutôt besoin d'être modérée qu'encouragée, lorsqu'une publicité sans bornes et des journaux toujours présents donnent au représentant l'assurance que chacun de ses actes sera immédiatement connu, discuté, jugé par ses commettants, et que sans cesse il perd ou gagne du terrain dans leur estime, tandis que par les mêmes moyens, l'influence de leurs sentiments et toutes les autres influences démocratiques se maintiennent vivantes et actives dans l'esprit du représentant, en ce cas-là, disons-nous, une période de moins de cinq ans serait à peine suffisante pour empêcher une dépendance timide. Le changement qui s'est opéré sous tous les rapports dans la politique anglaise, explique pourquoi aujourd'hui on se soucie très-peu et on parle très-rarement des parlements annuels qui, il y a quarante ans, formaient une partie si importante de la doctrine des réformateurs les plus avancés. Il y a un fait qui mérite d'être pris en considération : c'est que quelle que soit la durée d'un parlement, pendant la dernière année ses membres sont dans la position où ils seraient toujours si les parlements étaient annuels. De sorte que si la durée en était très-courte, il y aurait véritablement des parlements annuels pendant la plus grande partie du temps. Au point où en sont les choses maintenant, ce n'est guère la peine de changer la période de sept ans, quoiqu'elle soit d'une longueur inutile, surtout puisque la possibilité toujours imminente d'une dissolution plus prompte,

rappelle constamment au membre la nécessité d'ê-
tre en rapport avec ses commettants.

Quel que soit le terme le meilleur pour la durée
du mandat, il pourrait sembler naturel que chaque
membre abandonnât son siége à l'expiration de ce
terme (en le faisant courir du jour de son élection)
et qu'il n'y eût pas un renouvellement général de
toute la chambre. On pourrait parler beaucoup en
faveur de ce système, si l'on avait, en le proposant,
quelque but pratique. Mais il est condamné par
des raisons beaucoup plus fortes que celles qu'on
pourrait alléguer à son appui. Une de ces raisons
c'est qu'il n'y aurait aucun moyen de se débarrasser promptement d'une majorité dont la conduite
serait nuisible à la nation. La certitude d'une élection générale après une période limitée qui souvent
serait presque expirée, et la possibilité de cette
élection toutes les fois que le ministre la désire
pour lui-même ou croit par là se rendre populaire,
ont pour effet probable d'empêcher cette grande
divergence entre les sentiments de l'assemblée et
ceux des colléges électoraux, qui pourrait subsister
indéfiniment, si la majorité de la chambre avait
toujours plusieurs années devant elle, si elle rece-
vait goutte à goutte de nouvelles infusions, lesquelles probablement prendraient plutôt qu'elles
ne modifieraient l'esprit de l'assemblée. Il est
aussi essentiel que le sentiment général de la

17

chambre soit d'accord en gros avec celui de la nation, qu'il est essentiel que les individus distingués
puissent, sans perdre leur siége, exprimer librement les sentiments les plus impopulaires. Il y a
une autre raison très-puissante contre le renouvellement graduel et partiel d'une assemblée représentative. Il est utile qu'il y ait une revue générale
et périodique des forces opposées, pour mesurer
l'état de l'esprit public et pour juger avec toute
certitude de la force relative des différents partis et
des différentes opinions. On n'y arrive pas d'une
manière décisive avec un renouvellement partiel,
même lorsqu'une portionnombreuse de la chambre, lec inquième ou le tiers, est renouvelée à la fois,
comme dans quelques-unes des constitutions fran-
çaises.

Les raisons qu'il y a pour accorder à l'*exécutif* le
pouvoir de dissolution seront examinées dans un
chapitre subséquent, relatif à la constitution et aux
fonctions de l'*exécutif* dans un gouvernement représentatif.

CHAPITRE XII

Un membre de la législature doit-il être tenu d'obéir aux instructions de ses commettants ? Doit-il être l'organe de leurs sentiments ou des siens? leur ambassadeur à un congrès, ou leur agent professionnel, ayant pouvoir non-seulement d'agir pour eux, mais de juger pour eux de ce qui doit être fait ? Ces deux théories du devoir d'un législateur dans un gouvernement représentatif ont chacune leurs partisans, et chacune est la doctrine reconnue de quelque gouvernement représentatif. En Hollande, les membres des états généraux étaient de simples délégués, et cette doctrine était poussée si loin, que, s'élevait-il une question importante non prévue dans leurs instructions, ils devaient en référer à leurs commettants, tout comme un ambassadeur en réfère au gouvernement qu'il représente. Dans notre pays, et dans la plupart de ceux qui possèdent une constitution repré-

sentative, la loi et la coutume permettent à un
membre du parlement de voter suivant son appréciation de ce qui est juste, quelque différente qu'elle
puisse être de l'opinion de ses commettants. Mais
il existe une notion opposée, dont l'effet pratique
est considérable sur beaucoup d'esprits, même sur
les membres du parlement : c'est là ce qui fait
que souvent ceux-ci, indépendamment de leur
désir de se rendre populaires ou de se faire réélire,
se trouvent tenus en conscience d'agir de façon à
ce que leur conduite, par rapport à des questions
sur lesquelles leurs commettants ont une opinion
décidée, soit l'expression de cette opinion plutôt
que de la leur. En dehors de la loi positive et des
traditions d'un peuple, laquelle est préférable de
ces deux notions des devoirs d'un représentant?

Contrairement aux questions que nous avons
traitées jusqu'à présent, celle-ci n'est pas une question de législation constitutionnelle, mais pour
mieux dire, de moralité constitutionnelle — un
point qui tient aux mœurs du gouvernement représentatif. Elle ne touche pas tant aux institutions
qu'à l'esprit dans lequel les électeurs devraient
remplir leurs fonctions, qu'aux idées qui devraient
prévaloir quant aux devoirs moraux des électeurs.
En effet, quel que soit le système de représentation, les électeurs peuvent, si bon leur semble, le
changer en un système de simple délégation.

Aussi longtemps qu'ils sont libres de ne pas voter ou de voter comme il leur plaît, on ne peut les empêcher de mettre à leurs votes toutes les conditions qu'ils jugeront convenables. En refusant d'élire quiconque ne veut pas s'engager à adopter toutes leurs opinions et même, s'ils l'exigent, à les consulter sur tout sujet important et imprévu, ils peuvent réduire leur représentant à être simplement leur interprète ou l'obliger en conscience à donner sa démission, le jour où cette position lui déplaît. Et comme ils ont le pouvoir de faire cela, la théorie de la constitution devrait supposer qu'ils désireront le faire. Car le principe même du gouvernement constitutionnel repose sur cette présomption, que ceux qui possèdent le pouvoir politique en abuseront à leur profit : non point qu'il en soit toujours ainsi, mais parce que telle est la tendance naturelle des choses, tendance à laquelle les institutions libres ont pour objet principal de mettre ordre. C'est pourquoi, quelque tort ou quelque sottise qu'il y ait aux électeurs à convertir leur représentant en délégué, cette extension du principe électoral étant naturelle et nullement improbable, on devrait prendre les mêmes précautions que si elle était certaine. Nous pouvons espérer que les électeurs n'agiront pas ainsi; mais un gouvernement représentatif doit être organisé de façon à ce que, s'ils agissent ainsi, ils ne puissent pas faire ce dont aucun corps ne devrait être capable : une législation de classe à leur profit.

Quand on dit que la question est seulement une question de moralité politique, on ne diminue pas son importance. Les questions de moralité constitutionnelle ne sont pas d'une moindre importance pratique que celles qui ont rapport à la constitution elle-même.

L'existence même de certains gouvernements et tout ce qui en rend d'autres supportables, repose sur l'observance pratique de doctrines de moralité constitutionnelle; sur des notions traditionnelles dans l'esprit des différentes autorités constituées, qui modifient l'usage qu'elles pourraient faire sans cela de leurs pouvoirs.

Dans les gouvernements où il n'y a nulle balance — la monarchie pure, l'aristocratie pure, la démocratie pure — de telles maximes sont le seul obstacle qui empêche le gouvernement de se livrer aux derniers excès dans la direction de sa tendance caractéristique. Dans des gouvernements où la balance est imparfaite, où l'on a essayé d'opposer des limites constitutionnelles aux impulsions du pouvoir le plus fort, mais où ce pouvoir est assez fort pour les dépasser impunément, ce sont les doctrines de moralité constitutionnelle qui savent lui imposer un certain respect pour les fins et les limites de la constitution. Dans des gouvernements bien pondérés, où le pouvoir suprême est partagé, où chaque partageant est protégé contre les usurpations des autres de la seule manière possible, c'est-à-dire au moyen de ce qu'il est pourvu pour sa défense d'armes aussi fortes que celles des autres pour l'attaque — le gouvernement ne peut marcher que si l'on s'abstient de tous les côtés d'exercer ces pouvoirs extrêmes, à moins d'être provoqué par une conduite également extrême de la part de quelque autre possesseur du pouvoir ; et dans ce cas-là, nous pouvons dire avec vérité que c'est seulement le respect inspiré par les maximes de moralité constitutionnelle qui maintient l'existence de la constitution. La question du mandat impératif n'est pas une de celles qui touchent d'une manière vitale l'existence du gouvernement représentatif ; mais elle est d'une grande importance quant à son effet bienfaisant. Les lois ne peuvent prescrire aux électeurs les principes d'après lesquels ils dirigeront leur choix ; mais les principes par lesquels ils croient devoir le diriger font une grande différence en pratique, et l'on embrasse l'ensemble de cette grande question lorsqu'on recherche si les électeurs doivent mettre pour condition au représentant qu'il adoptera certaines opinions imposées par ses commettants..

Ceux qui ont lu ce traité, ne peuvent douter un seul instant de la conclusion qui, par rapport à cette question, résulte des principes généraux professés jusqu'ici. Dès le début, nous avons affirmé et jamais nous n'avons perdu de vue, l'importance égale des deux grandes conditions de gouvernement : 1° la responsabilité envers ceux au profit politique desquels le gouvernement devrait fonctionner, et fait profession de fonctionner ; 2° l'exercice de cette fonction (pour qu'elle soit bien remplie) par des esprits supérieurs qu'une longue méditation et une discipline pratique ont préparés à cette tâche spéciale.

Si ce second objet vaut la peine d'être poursuivi, il vaut la peine d'être payé son prix. Des pouvoirs d'esprit supérieurs, et des études profondes ne serviraient de rien, si elles ne conduisaient pas quelquefois un homme à des conclusions différentes de celles où arrivent sans étude des facultés ordinaires ; et si l'on tient à obtenir des représentants supérieurs sous le rapport intellectuel aux électeurs ordinaires, on doit s'attendre à ce que le représentant ne soit pas toujours d'accord avec la majorité de ses commettants, comme aussi à ce qu'en pareil cas, son opinion soit presque toujours la meilleure des deux. Il s'en suit que les électeurs n'agiront pas sagement, s'ils exigent pour prix de leur vote une conformité absolue à leurs opinions.

Jusqu'ici le principe est évident ; mais il y a des difficultés réelles à l'appliquer, et nous commencerons par les exposer dans toute leur force. S'il est important que les électeurs choisissent un représentant plus instruit qu'eux, il n'est pas moins nécessaire que cet homme plus sage soit responsable envers eux : en d'autres termes, ils sont juges de la manière dont il remplit sa fonction, et comment en jugeront-ils si ce n'est d'après le criterium de leurs propres opinions? Et même comment le choisiront-ils tout d'abord si ce n'est d'après le même criterium? Il ne conviendrait pas de le choisir simplement pour l'éclat, pour la supériorité de quelque don brillant. Les témoignages d'après lesquels un homme ordinaire peut juger d'avance du talent d'un candidat sont très-imparfaits; tels qu'ils sont, ils se rapportent presque exclusivement à l'art de s'exprimer, et très-peu ou pas du tout à la valeur de ce qu'on exprime. La première des deux choses ne peut pas faire supposer l'autre : or, si les électeurs doivent mettre de côté leurs propres opinions, quel criterium leur reste-t-il pour juger de l'aptitude à bien gouverner? Ils ne devraient pas non plus même s'ils pouvaient reconnaître d'une manière infaillible l'homme le plus capable, lui donner pleine liberté de juger pour eux, sans avoir aucun égard à leurs propres opinions. Le candidat le plus capable peut être un tory, et les électeurs des libéraux; ou un libéral, et les électeurs des tories. Les questions politiques du jour peuvent être des questions religieuses, et il se peut que le représentant soit un partisan de la religion dominante ou un rationaliste, tandis que les électeurs sont des dissidents ou appartiennent à la religion évangélique, ou *vice versa*. En pareil cas, les talents du représentant ne feront que le rendre capable d'aller plus loin ou d'agir plus efficacement dans une direction que ses commettants peuvent regarder en conscience comme mauvaise ; et ils peuvent être amenés par leurs convictions sincères à trouver plus important d'être représentés par un homme qui partage sur ces questions leurs idées de devoir, que par un homme doué de talents exceptionnels. Ils peuvent avoir aussi à examiner, non-seulement comment ils seront le mieux représentés, mais comment ils parviendront à faire représenter leur position morale particulière et leur manière de voir.

L'influence de toute manière de voir, qui est celle d'un grand nombre, devrait se faire sentir dans la législation : or, la constitution étant censée avoir pris ses précautions pour que les manières de penser adverses soient également représentées, assurer à leur propre manière de penser la meilleure représentation, peut être la chose la plus importante dont les électeurs aient à s'occuper dans une occasion donnée. Dans d'autres cas aussi, il peut être nécessaire que le représentant ait les mains liées, afin qu'il reste fidèle aux intérêts de ses com-

mettants, ou plutôt à l'intérêt public tel qu'ils le
conçoivent. Ceci ne serait pas nécessaire avec un
système politique qui assurerait aux électeurs un
choix illimité de candidats honnêtes et sans préjugés. Mais avec le système actuel, où les électeurs
sont presque toujours obligés à cause des dépenses
de l'élection et des circonstances générales de la
société, de choisir leur représentant parmi des personnes dont la position sociale diffère beaucoup de
la leur et qui ont un intérêt de classe différent du
leur, qui affirmera qu'ils doivent se mettre complétement à la discrétion de leur représentant?
Pouvons-nous blâmer un électeur des classes les
plus pauvres, qui n'a le choix qu'entre deux ou trois
hommes riches, parce qu'il exige de celui qu'il
nomme l'engagement de voter pour des mesures
qu'il considère comme une émancipation à l'égard
des intérêts de classe des riches. De plus, il arrivera
toujours à certains membres du corps électoral
d'être obligés d'accepter le représentant choisi par
une majorité de leur propre parti. Mais quoiqu'un
candidat de leur choix n'ait aucune chance, leurs
votes peuvent être nécessaires au succès de celui
qu'on a choisi pour eux, et leur seule manière
d'exercer leur part d'influence sur sa conduite ultérieure, peut être d'exiger de lui en retour du vote
certaines promesses.

Ces considérations et celles qui les combattent

sont tellement liées les unes aux autres, — il est si important que les électeurs choisissent leur représentant plus sage qu'eux-mêmes et consentent à être gouvernés selon cette sagesse supérieure, tandis qu'il est impossible que la conformité à leurs opinions (quand ils ont des opinions) n'influe pas grandement sur leur manière de juger, par rapport au candidat qui possède la sagesse et aux preuves qu'il en a données, — qu'il faut désespérer d'établir une règle positive de devoir pour l'électeur : et le résultat dépendra moins d'un précepte établi ou d'une doctrine fixe de moralité politiques, que du tour général des esprits dans le corps électoral, touchant cette condition importante : la déférence pour la supériorité intellectuelle.

Les individus et les peuples qui sentent vivement la valeur de la sagesse supérieure la reconnaîtront probablement, là où elle existe, par d'autres signes que la conformité à leurs opinions ; ils la reconnaîtront même en dépit d'une grande différence d'opinions, et lorsqu'ils l'auront reconnue, ils seront bien trop désireux de se l'assurer à tout prix raisonnable, pour être tentés d'imposer comme loi leur propre opinion aux personnes qu'ils respectent à cause de cette sagesse supérieure.

D'un autre côté, il y a des caractères qui ne ressentent de considération pour personne, qui ne regardent l'opinion de personne comme meilleure que

la leur ou comme aussi bonne que celle environ
d'une centaine ou d'un millier de gens faits comme
eux. Là où les électeurs ont ce tour d'esprit, ils ne
nommeront personne qui n'ait pas, ou du moins
qui ne professe pas leurs propres sentiments ; et ils
ne garderont leur représentant qu'aussi longtemps
que ces sentiments se réfléchiront dans sa conduite.
Tous ceux qui aspirent aux honneurs politiques es-
saieront, comme dit Platon dans le *Gorgias*, de se
modeler sur le type du *Démos*, et d'y ressembler le
plus possible. On ne peut pas nier que la démocratie n'ait une forte tendance à donner ce pli aux
sentiments des électeurs ; la démocratie n'est pas
favorable à l'esprit de respect. Qu'elle détruise le
respect pour la simple position sociale, ceci doit
être regardé comme un des effets heureux et non
fâcheux de son influence ; quoiqu'en agissant ainsi
elle ferme la principale *école* de respect (quant aux
relations purement humaines) qui existe dans la
société. Mais, comme la démocratie, dans son essence même, attache infiniment plus de prix à l'é-
galité générale des hommes qu'aux titres particuliers qui élèvent une personne au-dessus d'une
autre, ce respect pour la supériorité, même personnelle, restera probablement au-dessous de ce qu'il
devrait être. Voilà pourquoi, entr'autres raisons,
je regarde comme si important que les institutions
d'un pays établissent comme un droit l'influence

supérieure des personnes cultivées sur celles qui
ne le sont pas; et je serais encore d'avis, en dehors
de toutes conséquences politiques directes, l'accorder la pluralité de votes à la supériorité prouvée
d'éducation, quand ce ne serait que pour donner le
ton au sentiment public.

S'il existe dans le corps électoral un juste sentiment de la différence extraordinaire de valeur qu'il
peut y avoir entre une personne et une autre, les
indices ne manqueront pas à ce corps pour reconnaître les personnes les plus capables d'atteindre
les fins qu'il se propose. Naturellement, des services publics réels seraient la première des indica-
tions: avoir occupé une position élevée et y avoir
fait des choses importantes dont les résultats ont
prouvé la sagesse, avoir été l'auteur de mesures qui
semblent sagement conçues d'après leurs effets,
avoir fait des prédictions que l'événement a souvent
vérifiées et rarement ou jamais démenties, avoir
donné des conseils dont le pays s'est trouvé bien
ou qu'on a regretté de n'avoir point suivis; tout cela
serait autant d'indices. Il y a sans aucun doute beaucoup de vague et d'incertitude dans ces témoignages
de sagesse, mais nous en cherchons qui puissent
être consultés par des personnes douées d'un discernement ordinaire.

Elles feront bien de ne pas trop s'en rapporter à
un seul indice que le reste ne confirme pas. Dans

leur appréciation du succès ou du mérite d'un effort pratique, elles devront attacher beaucoup d'importance à l'opinion générale des personnes désintéressées qui connaissent le sujet en question. Les indices dont j'ai parlé ne peuvent s'appliquer qu'à des hommes éprouvés, et l'on doit ranger dans cette catégorie ceux qui, n'ayant pas fait leurs preuves d'une façon pratique, les ont faites d'une manière spéculative; ceux qui, dans des discours ou dans des écrits, ont discuté les affaires publiques de manière à montrer qu'ils les ont sérieusement étudiées. De semblables hommes peuvent avoir prouvé, simplement comme penseurs politiques, qu'ils ont les mêmes droits à la confiance publique que ceux qu'on a vus à l'œuvre en qualité d'hommes d'État.

Quand il est nécessaire de choisir des personnes qui n'ont jamais été mises à l'épreuve, les meilleurs criteriums possibles sont la réputation de talent dont ces hommes jouissent parmi ceux qui les connaissent, puis la confiance que leur accordent et l'appui que leur prêtent des personnes déjà respectées; au moyen de pareilles preuves, les colléges électoraux qui attachent un juste prix à la valeur intellectuelle et qui la recherchent ardemment, réussiront en général à se procurer des hommes au-dessus du médiocre, et souvent des hommes qui peuvent être abandonnés à leur propre jugement quant à la direction des affaires publiques, et aux-

quels on ne pourrait demander, sans insulte, qu'ils
renonçassent à ce jugement sur l'ordre de leurs
inférieurs en savoir. Si de pareilles personnes,
consciencieusement cherchées, ne doivent pas se
rencontrer, alors à la vérité les électeurs ont le
droit de prendre d'autres précautions : car naturellement ils ne mettront de côté leurs opinions
particulières que pour s'assurer les services d'une
personne dont le savoir est supérieur au leur. A la
vérité, ils feraient bien, même dans ce cas, de se
souvenir qu'une fois élu le représentant, s'il se
consacre à son devoir, a plus d'occasions de rectifier
un jugement faux à l'origine, que n'en ont la plupart de ses commettants : une considération qui en
général les empêcherait (à moins qu'ils ne fussent
contraints par la nécessité de choisir une personne
en l'impartialité de laquelle ils n'auraient pas toute
confiance) d'exiger de leur représentant la promesse
de ne pas changer son opinion, ou d'abandonner
son siége, s'il en changeait. Mais lorsqu'on nomme
pour la première fois une personne inconnue sur
laquelle aucune autorité élevée ne fournit de ren-
seignements certains, on doit s'attendre à ce que
l'électeur exige comme condition élémentaire la
conformité à ses propres sentiments : il suffit qu'il
ne regarde pas un changement d'opinion ultérieur,
changement avoué avec candeur, et dont les motifs seraient exposés sans déguisement, comme

une raison péremptoire pour retirer sa confiance.

Même, en supposant chez le représentant les talents les plus éprouvés et une élévation de caractère reconnue, les opinions propres des électeurs ne doivent pas être mises complétement de côté. La déférence pour la supériorité intellectuelle ne doit pas aller jusqu'à l'anéantissement de soi-même, jusqu'au sacrifice de toute opinion personnelle. Mais, quand la différence d'opinion ne porte pas sur les bases fondamentales de la politique, si prononcés que soient les sentiments des électeurs, ils devraient songer que lorsqu'un homme capable n'est pas de leur avis, il y a grande apparence qu'ils sont dans le faux : et en fût-il autrement, ils peuvent bien renoncer à leur opinion sur des choses qui ne sont pas essentielles, pour payer l'inestimable avantage de voir un homme capable agir en leur nom, dans beaucoup de circonstances où ils ne seraient pas en position de se former un jugement. En pareil cas, l'électeur essaie souvent de tout concilier en amenant l'homme capable à sacrifier sa propre opinion sur les points qui font dissidence ; mais, de la part de celui-ci, accepter ce compromis serait trahir sa mission spéciale, abdiquer les devoirs propres de la supériorité intellectuelle, dont un des plus sacrés est de ne pas déserter la cause qui a contre elle la clameur publique, et de ne pas priver de ses services celles de ses opinions qui en ont le plus besoin.

Un homme d'une conscience et d'un talent reconnus devrait exiger la pleine liberté d'agir selon
ce qu'il juge le mieux, et il ne devrait pas accepter
de servir à d'autres conditions. Mais les électeurs
ont le droit de savoir comment il compte agir, d'a-
près quelles opinions il entend diriger sa conduite.
en tout ce qui touche son devoir public. Si quelques-
unes de ses opinions leur paraissent inacceptables,
c'est à lui de leur prouver qu'il mérite néanmoins
d'être leur représentant ; et s'ils sont raisonnables,
ils passeront, en faveur de son mérite général, sur
beaucoup de graves dissidences. Il en est toutefois
qui ne peuvent être traitées légèrement. Tout
homme qui ressent pour le gouvernement de son
pays la dose d'intérêt que doit ressentir un être libre, a certaines convictions touchant les affaires
nationales, qui sont pour lui comme le sang de ses
veines, des convictions dont il est tellement pénétré
qu'il ne peut là-dessus accepter de compromis, ni
s'en rapporter au jugement de quelque personne
ou de quelque supériorité que ce soit. De telles
croyances, quand elles existent chez un peuple ou
chez une portion appréciable d'un peuple, ont droit
à de l'influence par le seul fait qu'elles existent, et
non pas seulement en raison de leur valeur probable. Un peuple ne peut être bien gouverné contrairement à ses notions élémentaires du bien, ces

notions fussent-elles erronées à certains égards.
Une juste appréciation des relations qui devraient
exister entre les gouvernants et les gouvernés
n'exige pas que les électeurs consentent à être représentés par quelqu'un qui se propose de les gouverner contrairement à leurs convictions fondamentales. Si les électeurs tirent parti des talents
que possède d'ailleurs leur représentant, aussi
longtemps qu'il n'y a aucune probabilité de voir
discuter les points sur lesquels il n'est pas d'accord
avec eux, ils ont parfaitement le droit de le renvoyer dès qu'il s'élève une discussion là-dessus, et
qu'il n'y a pas en faveur de ce qui leur semble juste
une majorité assez assurée pour que la voix dissi-
dente de cet individu soit sans importance.

Ainsi (je cite des noms propres pour plus de lumière sans aucune intention personnelle) on pouvait passer par-dessus les opinions de M. Cobden
et de M. Bright sur la résistance aux agressions
étrangères, au moment de la guerre de Crimée,
quand le sentiment national emportait la balance
du côté opposé; et cependant ces opinions auraient
très-bien pu leur valoir un échec auprès des électeurs au moment de la querelle avec la Chine (la
question étant par elle-même plus douteuse), parce
qu'alors il y eut pendant quelque temps hésitation,
et que leur manière d'envisager la chose ne fut pas
très-loin de prévaloir.

Voici maintenant ce qu'on peut affirmer comme la conséquence de ce qui précède : 1° on ne devrait pas exiger d'engagements formels, à moins que par suite de circonstances sociales défavorables ou d'institutions vicieuses, les électeurs ne soient tellement bornés pour leur choix, qu'ils aient à prendre une personne soupçonnée par eux de subir des influences hostiles à leurs intérêts ; 2° les électeurs ont le droit de connaître à fond les opinions et les sentiments politiques du candidat, et non-seulement ils ont le droit, mais souvent ils sont tenus de refuser un candidat qui n'est pas d'accord avec eux sur les quelques articles qui forment la base de leur croyance politique ; 3° les électeurs doivent, lorsqu'ils ont une haute opinion de la supériorité mentale d'un candidat, prendre leur parti de le laisser agir d'après des opinions différentes des leurs, pour toute chose qui n'est pas comprise dans leurs articles de foi ; 4° les électeurs ne doivent pas se lasser de chercher un représentant tel, qu'ils puissent le laisser complétement libre d'obéir aux inspirations de son propre jugement ; 5° les électeurs doivent regarder comme un devoir envers leurs concitoyens, de faire tout leur possible pour donner le pouvoir à des hommes de cette valeur, et ils doivent bien se persuader qu'il est beaucoup plus important pour eux d'être représentés par un homme semblable, que par tel autre qui professera un plus grand nombre de leurs opinions ; car dans le premier cas, ils sont assurés de recueillir les avantages du talent, tandis que la question de savoir qui a tort ou raison sur les points de dissidence, est très-douteuse.

J'ai discuté toute cette question d'après la supposition que le système électoral, dans tout ce qui dépend de l'institution positive, est conforme aux principes établis dans les chapitres précédents. Même dans cette hypothèse, la théorie de représentation par délégation me semble fausse et nuisible dans ses effets, quoiqu'en pareil cas le mal soit contenu dans certaines limites. Mais si les garanties dont je me suis efforcé d'entourer le principe représentatif ne sont pas reconnues par la constitution, si l'on n'a pas pris de mesures pour la représentation des minorités, ou si l'on n'admet aucune différence dans la valeur numérique des votes, d'après un criterium quelconque de la dose d'éducation possédée par les votants... dans ce cas, nulle parole ne peut exagérer l'importance qu'il y a, en principe, à laisser au représentant pleine et entière liberté : car ce serait alors la seule chance qu'on eût sous le régime du suffrage universel, pour que d'autres opinions que celles de la majorité pussent se faire entendre au parlement. Dans cette démocratie faussement nommée, qui n'est en réalité que le gouvernement exclusif des classes ouvrières, la

seule chance d'échapper à la législation de classe
sous sa forme la plus étroite, et à l'ignorance politique sous sa forme la plus dangereuse, repose
sur la tendance que peuvent avoir les masses sans
éducation à choisir des représentants ayant de l'é-
ducation et à s'en rapporter à leurs opinions. On
pourrait s'attendre raisonnablement à rencontrer
une certaine dose de cette tendance, et alors il
s'agirait seulement de la développer le plus possible. Mais si une fois maîtresses de toute la puissance
politique, les classes ouvrières imposaient volontairement, de cette façon ou d'une autre, une
contrainte considérable à leur propre volonté et à
leur propre opinion, elles se montreraient plus
sages qu'aucune classe maîtresse du pouvoir absolu ne s'est jamais montrée, et nous pouvons bien
le dire ne se montrera jamais, sous cette influence
corruptrice.

CHAPITRE XIII

D'UNE SECONDE CHAMBRE.

De toutes les questions relatives à la théorie du gouvernement représentatif, aucune n'a été plus controversée, particulièrement sur le continent, que la question des deux chambres, comme on l'appelle. Elle a bien plus occupé l'attention des penseurs qu'un grand nombre de questions dix fois plus importantes, et on l'a regardée comme une sorte de pierre de touche pour reconnaître, soit les partisans de la démocratie limitée, soit les partisans de la démocratie illimitée. Pour ma part, j'attache peu de valeur au frein que peut imposer une seconde chambre à une démocratie que rien ne modère d'ailleurs, et j'incline à penser que si l'on est venu à une conclusion juste sur toutes les autres questions constitutionnelles, il est peu important, comparativement parlant, que le parlement se compose de deux chambres ou d'une.

S'il y a deux chambres, elles peuvent être composées d'une manière ou semblable, ou dissemblable.

Si la composition des deux chambres est semblable, elles seront soumises toutes deux aux mêmes influences, et quiconque aura la majorité dans une des chambres sera presque assuré de l'avoir dans l'autre.

Il est vrai que la nécessité d'obtenir le consentement des deux chambres, pour faire passer une mesure, peut être parfois un obstacle matériel au progrès, puisqu'en admettant que les deux assemblées soient représentatives et égales en nombre, un nombre dépassant de peu de chose le quart de la représentation peut empêcher un bill de passer, tandis que s'il n'y a qu'une chambre, le bill est assuré de passer avec une simple majorité. Mais quoique la chose ne soit pas impossible, elle n'est guère probable. Il n'arrivera pas souvent que de deux chambres composées de la même façon, l'une soit presque unanime et l'autre divisée en deux portions presque de même force.

Si dans l'une des chambres une mesure est rejetée par la majorité, cette mesure aura généralement rencontré dans l'autre chambre une forte minorité défavorable. Donc tout progrès qui pourrait être ainsi entravé serait la plupart du temps un progrès qui n'aurait guère pour lui qu'une simple majorité dans le corps tout entier, et le pire qui puisse s'ensuivre serait ou un léger retard apporté au triomphe de la mesure, ou un nouvel appel fait aux électeurs pour s'assurer que la petite majorité dans le parlement répond à une majorité effective dans la nation.

L'inconvénient du retard et l'avantage de l'appel à la nation pourraient être regardés dans ce cas comme se contrebalançant.

J'attache peu d'importance à l'argument qu'on présente le plus souvent en faveur des deux chambres : à savoir que c'est un moyen d'empêcher la précipitation et d'imposer une seconde délibération. En effet, il faut qu'une assemblée représentative soit bien mal constituée, si les formalités établies pour l'expédition des affaires n'exigent pas toujours beaucoup plus de deux délibérations. La considération qui parle le plus dans mon esprit en faveur des deux chambres (et celle-ci je la regarde comme d'une certaine importance) c'est le mauvais effet produit sur l'esprit de tout possesseur du pouvoir, que ce soit un individu ou une assemblée, par le sentiment qu'il n'a que lui à consulter. Il est important que nulle assemblée d'hommes ne puisse, même temporairement, faire prévaloir son *sic volo* sans demander le consentement de personne autre. Une majorité dans une assemblée unique, quand elle a pris un caractère permanent, qu'elle est composée des mêmes personnes agissant habituellement ensemble et qu'elle est toujours assurée de la victoire, devient aisément despotique et outrecuidante, lorsqu'elle est délivrée de la nécessité d'examiner si ses actes seront approuvés par une autre autorité constituée.

Il est désirable qu'il y ait deux chambres, par la même raison qui faisait nommer deux consuls aux Romains, pour que ni l'une ni l'autre ne puissent être exposées à l'influence corruptrice du pouvoir absolu, même pendant l'espace d'une seule année. Une des qualités les plus indispensables pour la direction des affaires publiques et surtout pour le maniement des institutions libres, c'est la conciliation, la promptitude à transiger, l'empressement à faire des concessions aux adversaires, et à rendre de bonnes mesures aussi peu blessantes que possible pour les personnes d'une opinion opposée.

Céder d'un côté, exiger de l'autre, ainsi que cela se pratique entre deux assemblées, est une école permanente de cette salutaire habitude ; école utile dès à présent, et dont l'utilité se ferait probablement sentir encore davantage avec une constitution plus démocratique de la législature.

Mais il se peut que les deux chambres ne soient pas composées de la même façon, qu'on ait cherché en les composant à les modérer l'une par l'autre. Si l'une est démocratique, l'autre naturellement sera constituée en vue de mettre un frein à la démocratie ; mais sous ce rapport, son utilité dépend complétement de l'appui social sur lequel elle peut

compter en dehors d'elle-même. Une assemblée qui
n'a pas pour base quelque grand pouvoir dans le
pays, est peu de chose auprès d'une autre qui a
cette base. Une chambre aristocratique n'est puissante que dans un état de société aristocratique. La
chambre des lords fut autrefois le pouvoir le plus
fort dans notre constitution, et la chambre des
communes un pouvoir seulement modérateur ; mais
alors les barons étaient presque le seul pouvoir
dans la nation.

Je ne puis pas croire que dans un état de société
véritablement démocratique, la chambre des lords
aurait aucune valeur réelle comme modératrice de
la démocratie. Quand un parti est faible, le moyen
de le fortifier n'est pas de le ranger en ligne de bataille devant son adversaire plus puissant, et de
déployer à ciel ouvert leurs forces respectives. Une
pareille tactique assurerait la défaite complète du
plus faible. Celui-ci ne peut opérer sainement qu'en
prenant position parmi la foule plutôt que contre la
foule : au lieu de se tenir à l'écart et de contraindre
chacun à se déclarer pour lui ou contre lui, il doit
attirer à lui les éléments les plus capables de fusion : il ne faut pas qu'il se pose en corps ennemi,
ce qui provoquerait un ralliement général contre
lui, mais bien qu'il opère comme l'un des éléments
d'une masse mélangée, infusant son levain et souvent faisant le parti le plus fort de celui qui aurait

été le plus faible, en lui prêtant l'appui de son influence. Le pouvoir réellement modérateur dans
une constitution démocratique, doit agir *dans* et *par*
la chambre démocratique.

Je l'ai déjà affirmé, et, selon moi, c'est une maxime
fondamentale de gouvernement : il devrait y avoir
en toute constitution un centre de résistance contre le pouvoir prédominant, et par conséquent dans
une constitution démocratique un moyen de résistance contre la démocratie. Si un peuple qui possède une représentation démocratique, est, par ses
antécédents historiques, plus porté à tolérer un
pareil centre de résistance, sous la forme d'une seconde chambre ou d'une chambre des lords, que
sous toute autre forme, cela constitue une forte
raison pour que le centre existe sous cette forme.
Mais enfin elle ne me semble pas la meilleure, ni
la plus propre à atteindre son but.

S'il y a deux chambres, l'une qui est regardée
comme représentant le peuple, l'autre comme représentant une classe seulement ou comme n'étant
pas représentative du tout, je ne puis pas croire que
là où la démocratie est le pouvoir dominant, la seconde chambre aurait aucun pouvoir réel de résister, même aux aberrations de la première : on pourrait la laisser vivre par déférence pour les habitudes
et les souvenirs, mais non comme un contre-poids
effectif. Si elle exerçait une volonté indépendante,

on exigerait qu'elle se contentât de réparer les ou-
blis accidentels de la branche la plus populaire de
la législature, ou de rivaliser avec elle en fait de
mesures populaires.

La possibilité d'un frein réel à l'ascendant de la
majorité, dépend donc de la façon dont le pouvoir
est réparti dans la branche la plus populaire du
gouvernement, et j'ai indiqué la meilleure manière,
à mon avis, d'y balancer les forces. J'ai démontré
également ceci : dans le cas même où on permettrait à la majorité numérique d'exercer une prépondérance complète par l'entremise d'une majorité
correspondante au parlement, si cependant on permet aussi aux minorités d'exercer le droit qui leur
appartient également d'après des principes strictement démocratiques, d'être représentées en proportion de leur nombre, cette précaution garantira
la présence constante dans la chambre (au même
titre populaire que ses autres membres) d'un si
grand nombre des premières intelligences du pays,
que sans former bande à part et sans être investie
d'aucune prérogative odieuse, cette portion de la
représentation aura une influence personnelle beaucoup plus grande que sa force numérique, et fournira de la manière la plus parfaite le centre de résistance morale nécessaire. Une seconde chambre
n'est donc pas indispensable pour atteindre ce but:
elle n'y conduirait pas, et même elle pourrait être

un obstacle. Si cependant, par les raisons que j'ai exprimées plus haut, une seconde chambre était jugée nécessaire, elle devrait être composée d'éléments, non pas précisément hostiles aux intérêts de classe de la majorité, mais enclins à lutter contre ces intérêts et capables de s'élever avec autorité contre les erreurs et les faiblesses du plus grand nombre.

Évidemment, ces conditions ne se rencontrent pas dans un corps constitué comme notre chambre des lords. Du moment où le rang conventionnel et les richesses individuelles n'intimident plus la démocratie, une chambre des lords devient insignifiante.

De tous les principes d'après lesquels on peut constituer un corps sagement conservateur, destiné à modérer et à régler l'ascendant démocratique, le meilleur me semble être celui qui avait servi de base au sénat romain, le corps le plus prudent et le plus sagace qui ait jamais administré les affaires publiques. Les défauts d'une assemblée démocratique qui représente le public en général sont les défauts du public lui-même : le manque d'éducation spéciale et de savoir. Ce qu'il faut pour y remédier, c'est de lui associer un corps dont les traits caractéristiques seraient l'éducation spéciale et le savoir. Si une chambre représente le sentiment populaire, l'autre devrait représenter le mérite personnel,

éprouvé et garanti par des services publics réels, et
fortifié par l'expérience pratique. Si l'une est la
chambre du peuple, l'autre devrait être la chambre
des hommes d'État, un conseil composé de tous les
hommes publics qui ont occupé des charges ou des
fonctions politiques importantes. Une pareille chambre pourrait être beaucoup plus qu'un corps simplement modérateur. Ce ne serait pas uniquement
un frein, mais aussi une force impulsive. Là, le
pouvoir de contenir le peuple appartiendrait aux
hommes les plus capables et en général les plus
désireux de le faire avancer dans toute direction
utile. Le conseil auquel serait confiée la mission
de redresser les erreurs du peuple ne représenterait pas une classe suspecte d'antipathie pour les
intérêts du peuple, mais se composerait de ses
chefs naturels dans la voie du progrès. Aucune
autre manière de constituer une seconde chambre
bre ne réussirait à donner autant de poids et d'efficacité à sa fonction modératrice. Il serait impossible, quelque somme de mal qu'il pût empêcher,
de décrier comme un pur obstacle un corps qui
serait toujours le premier à favoriser le progrès.

Si un pareil sénat pouvait trouver sa place en
Angleterre (je n'ai guère besoin de dire que ceci
est une pure hypothèse) il pourrait être composé
des éléments que voici : —Tous ceux qui seraient
ou qui auraient été membres de la commission lé-

gislative décrite dans un des chapitres précédents,
et que je regarde comme un élément indispensable
d'un gouvernement populaire bien constitué —
tous ceux qui seraient ou qui auraient été premiers
juges, ou présidents d'une des cours supérieures,
civile ou criminelle — tous ceux qui pendant cinq
ans auraient été simples juges — tous ceux qui auraient été ministres pendant deux ans ; mais ceux-ci
pourraient entrer aussi à la chambre des communes,
et s'ils en étaient membres, leur pairie ou droit
sénatorial serait suspendu (la condition de temps
est nécessaire, afin d'empêcher de nommer ministres certains hommes, simplement pour leur donner un siége au sénat, et j'ai parlé de deux ans
pour que le même terme qui leur donne droit à une
pension, puisse leur donner droit à une sénatore-
rie) — tous ceux qui auraient rempli la fonction de
commandant en chef, et tous ceux qui, ayant com-
mandé une armée ou une flotte, auraient été re-
merciés par le parlement, pour un succès militaire
ou naval — tous ceux qui auraient rempli pendant
dix ans un emploi diplomatique de première classe
— tous ceux qui auraient été gouverneurs de l'Inde
ou de l'Amérique anglaise, et tous ceux qui auraient
eu pendant dix ans un gouvernement dans quelque
colonie.

Le service civil permanent serait aussi représenté ; on nommerait sénateurs tous ceux qui pendant

dix ans auraient rempli les fonctions importantes
de sous-secrétaires à la trésorerie, de sous-secrétaires d'État permanents, ou d'autres fonctions
également élevées et responsables. Des fonctions
légales, politiques, militaires ou navales, pourraient seules donner droit à la dignité de sénateur.
La distinction scientifique et littéraire est trop in-
définie et trop sujette à discussion ; elle implique
un pouvoir de *selection*, tandis que les autres qualités parlent d'elles-mêmes. Si les écrits qui ont fait
la réputation d'un homme ne touchent pas à la politique, ils ne prouvent point que cet homme ait les
qualités spéciales voulues : tandis que si ce sont
des écrits politiques, les différents ministères pour
raient inonder la chambre d'instruments de parti.

Avec les antécédents historiques de l'Angleterre,
il est presque certain qu'à moins d'une subversion
violente de la constitution actuelle (chose peu probable), on ne pourrait créer une seconde chambre
qu'en l'édifiant sur les fondations de la chambre
des lords. Il est hors de question de songer sérieusement à abolir cette assemblée, pour la rem-
placer par un sénat tel que celui que je viens d'esquisser ou par quelque autre. Mais il pourrait ne
pas y avoir la même difficulté insurmontable, à
fondre dans l'assemblée actuelle, les classes ou les
catégories qu'on vient d'énumérer, en qualité de
pairs à vie.

Une mesure ultérieure et peut-être nécessaire
d'après cette supposition, serait que la pairie héréditaire fût représentée à la chambre par des représentants au lieu d'y siéger personnellement : une
coutume établie déjà pour les pairs d'Écosse et d'Irlande et qui probablement deviendra inévitable un
jour ou l'autre, simplement par l'accroissement de
l'ordre. En se servant du plan de M. Hare, on pourrait facilement empêcher les pairs représentants de
représenter exclusivement le parti qui a la majorité
dans la pairie. Si par exemple on accordait un représentant par dix pairs, chaque groupe de dix
pourrait être admis à se choisir un représentant, et
les pairs pourraient être libres de se grouper à cet
effet, comme bon leur semblerait. Voici comment
on pourrait procéder pour l'élection : on exigerait
de tous les pairs qui seraient candidats pour la représentation de leur ordre, de se déclarer tels et de
porter leurs noms sur une liste. On désignerait le
jour et l'endroit où tous les pairs désireux de voter
devraient être présents, soit en personne, soit par
procuration, suivant la coutume parlementaire ; on
recueillerait les votes ; chaque pair ne votant que
pour un candidat, tout candidat qui aurait dix votes
serait déclaré nommé.

Si un candidat avait plus de dix votes, tous les
électeurs, excepté dix, pourraient retirer leurs votes,
ou bien on en tirerait dix au sort. Ces dix votes for-

meraient son corps de commettants, et le surplus de ceux qui auraient voté pour lui serait libre de voter en faveur de quelque autre. On continuerait d'agir ainsi jusqu'à ce que (autant que possible), chaque pair présent, soit personnellement, soit par procuration, fût représenté. Dans le cas où il en demeurerait moins de dix non représentés, on pourrait encore leur permettre, si le nombre s'en élevait jusqu'à cinq, de choisir un représentant. S'ils étaient moins de cinq, leurs votes seraient perdus, ou bien on pourrait leur permettre de les inscrire en faveur de quelqu'un déjà nommé. A cette exception près, et elle est peu considérable, chaque pair élu représenterait dix membres de la pairie, qui tous, non-seulement auraient voté pour lui, mais l'auraient choisi entre tous les candidats comme celui par qui ils étaient le plus désireux d'être représentés. Comme compensation pour les pairs qui ne seraient pas nommés représentants de leur ordre, ils pourraient être élus à la chambre des communes : une justice qu'on refuse maintenant aux pairs d'Écosse et aux pairs d'Irlande dans leur propre pays, tandis que la majorité de cette pairie a seule le droit d'être représentée dans la chambre des lords.

Cette manière de former un sénat est, non-seulement celle qui semble la meilleure en soi, mais encore celle en faveur de laquelle parlent le plus haut,

et les précédents historiques et de brillants succès
actuels.

Ce n'est pas toutefois l'unique plan qu'on puisse
proposer. Une autre manière de former une seconde
chambre, serait de la faire nommer par la première,
à la condition toutefois que celle-ci ne nommerait
aucun de ses propres membres. Une pareille assemblée, émanant à un degré près du choix populaire
ainsi que le sénat américain, ne serait pas regardée
comme contraire aux institutions démocratiques,
et acquerrait probablement une influence populaire
considérable. Nommée comme elle l'aurait été, il ne
serait guère probable qu'elle pût exciter la jalousie
de la chambre populaire, ou entrer en collision avec
elle. En outre, on serait à peu près sûr (toutes les
précautions étant prises pour la représentation de la
minorité) que la deuxième chambre renfermerait
un grand nombre de ces hommes hautement capables, qui, soit par accident, soit faute de qualités
brillantes, n'auraient pas voulu rechercher ou n'auraient pas pu obtenir les suffrages de commettants
populaires.

La meilleure constitution d'une seconde chambre, est celle qui comprend le plus grand nombre
possible d'éléments exempts des intérêts de classe
et des préjugés de la majorité, mais n'ayant rien
de blessant pour le sentiment démocratique. Je
répète cependant, qu'on ne peut se fier absolu-

ment à une seconde chambre, quelle qu'elle soit, pour tempérer l'ascendant de la majorité. Le caractère d'un gouvernement représentatif est déterminé par la constitution de la chambre populaire. Comparées à cela, toutes les autres questions relatives à la forme du gouvernement sont insignifiantes.

———

CHAPITRE XIV

DE L'EXÉCUTIF DANS UN GOUVERNEMENT REPRÉSENTATIF.

Il serait déplacé de discuter dans ce traité la question de savoir en combien de départements ou de branches, la besogne exécutive du gouvernement peut être divisée le plus avantageusement. Sous ce rapport, les différents gouvernements sont différents, et il n'est guère probable qu'on fasse de grandes bévues dans la classification des services, si les hommes sont disposés à commencer par le commencement et à ne pas se regarder comme liés par la série d'accidents, qui, dans un vieux gouvernement tel que le nôtre, a produit la division actuelle des affaires publiques.

Il suffit de dire que la classification des fonctionnaires devrait correspondre à celle des matières, et qu'il ne devrait pas y avoir plusieurs départements indépendants les uns des autres, pour surveiller les différentes parties d'un même tout ; ce qui existait encore tout récemment dans notre administration militaire et ce qui s'y rencontre aujourd'hui encore mais à un degré moindre. Quand il s'agit d'un seul objet (tel par exemple que d'avoir une armée puissante), une seule autorité devrait être chargée de ce soin. L'ensemble des moyens dirigés vers un seul but, devrait être sous un seul et même contrôle et sous une seule et même responsabilité. S'ils sont divisés entre des autorités indépendantes, les moyens deviennent des fins pour chacune de ces autorités, et ce n'est l'affaire de personne, si ce n'est du chef du gouvernement (qui probablement n'a aucune expérience pratique de la chose donnée), de poursuivre la véritable fin. Les différentes classes de moyens ne sont pas combinées ensemble et adaptées les unes aux autres, sous la direction d'une idée principale ; et tandis que chaque département est tout entier à ses besoins, sans s'occuper des autres départements ni de leurs besoins, l'ensemble, le but de l'opération est perpétuellement sacrifié à l'opération elle-même.

En principe, toute fonction exécutive, supérieure ou subalterne, devrait être le devoir fixe d'un individu. On verrait clairement alors qui fait chaque chose, et de qui est chaque faute, chaque négligence : la responsabilité est nulle, quand personne ne sait qui est responsable, et même quand elle est réelle, elle ne peut être divisée sans être affaiblie. Pour qu'elle demeure tout ce qu'elle peut être, il faut qu'il n'y ait qu'une seule personne qui recueille tout l'honneur de ce qui est bien fait, ou qui supporte tout le blâme de ce qui est mal fait. Il y a cependant deux manières de partager la responsabilité : l'une qui ne fait que l'affaiblir, l'autre qui la détruit complétement. Elle est affaiblie, quand il faut le concours de plus d'un fonctionnaire pour le même acte. Chacun d'eux continue à porter le poids d'une véritable responsabilité ; si l'acte a été mal fait, aucun d'eux ne peut dire qu'il ne l'a pas fait, il y a participé, tout comme un complice participe à un crime ; s'il y a crime légal, tous peuvent être punis légalement, et leur punition ne doit pas être moins sévère que s'il n'y avait qu'une seule personne coupable. Mais il n'en est pas de même pour les pénalités, non plus que pour les récompenses de l'opinion : celles-ci sont toujours diminuées lorsqu'on les partage. Quand il n'y a pas de crime légal défini, pas de corruption, ni de malversations, mais seulement une erreur, ou une imprudence, ou ce qui peut passer pour tel, quiconque y a participé trouve une excuse à ses propres yeux et aux yeux du monde, dans ce fait que d'autres personnes ont agi conjointement avec lui. L'improbité même est une de ces choses dont les hommes se regardent comme absous, si ceux qui auraient dû résister et faire des remontrances n'en ont rien fait, bien plus encore s'ils ont donné leur consentement formel.

Dans ce cas cependant, quoique la responsabilité

soit affaiblie, il y a encore responsabilité ; chacun de ceux qui sont impliqués dans l'affaire a consenti à l'acte et y a pris part selon sa capacité individuelle. Les choses sont bien pires, quand l'acte lui-même est seulement celui d'une majorité — d'un conseil délibérant les portes fermées sans que personne sache ou ait chance de savoir, excepté dans un cas extrême, si un membre a voté pour ou contre l'acte. La responsabilité dans ce cas n'existe que de nom. « Les conseils, a dit spirituellement Bentham, sont des abris. » Ce que fait le conseil n'est l'acte de personne, et personne ne peut en être responsable. La réputation même du conseil ne souffre que dans son caractère collectif, et un membre ne ressent cela qu'autant qu'il est porté à identifier sa propre valeur à celle du corps ; un sentiment souvent très-fort lorsque le corps est permanent et que l'individu y est lié, vaille que vaille ; mais les fluctuations d'une carrière officielle moderne ne laissent pas à un pareil esprit de corps le temps de se former ; et si cet esprit existe, ce n'est que dans les rangs obscurs des subordonnés permanents. Donc, les conseils ne sont pas un instrument convenable pour la besogne exécutive, et l'on ne peut la leur confier que lorsque, pour d'autres raisons, il serait encore pire de donner à un seul ministre plein pouvoir et pleine liberté d'agir.

D'un autre côté, il y a une maxime d'expérience

qui dit que la sagesse se rencontre dans la multitude des conseillers, et qu'un homme juge rarement bien de ses propres intérêts et encore moins
de ceux du public, quand il a l'habitude de ne faire
usage que de son propre savoir ou de celui d'un seul
conseiller. Il n'y a pas nécessairement incompatibilité entre ce principe et l'autre ; il est facile de donner
le pouvoir réel et la complète responsabilité à un seul,
en le pourvoyant (si besoin est) de conseillers dont
chacun n'est responsable que de l'opinion qu'il émet.

En général, le chef d'un département du pouvoir
exécutif est un homme purement politique. Il peut
être un bon politique et un homme de mérite, et
s'il n'en est pas ordinairement ainsi, le gouvernement est mauvais. Mais son talent général et la
connaissance qu'il devrait posséder des intérêts
généraux du pays ne sont pas accompagnés, si ce
n'est accidentellement, par une connaissance égale,
et qu'on pourrait appeler professionnelle, du département dont il est destiné à être le chef. Il faut
donc lui fournir des conseillers professionnels.
Lorsque l'expérience et les connaissances suffisent,
lorsque les qualités voulues dans un conseiller professionnel peuvent se rencontrer toutes chez un
seul individu bien choisi (ce qui a lieu par exemple
quand il s'agit d'un jurisconsulte), une semblable
personne pour les vues et les directions supérieures, avec un état-major de commis pour la

science des détails, est tout ce qu'il faut. Mais la plupart du temps, il ne suffit pas que le ministre consulte une personne compétente, ou, quand il ne connaît pas lui-même le sujet, qu'il suive implicitement l'avis d'une telle personne. Il est souvent nécessaire qu'il écoute, non pas à l'occasion, mais habituellement, une variété d'opinions et qu'il s'éclaire par les discussions d'un corps de conseillers. Ceci, par exemple, est strictement obligatoire pour les affaires militaires et navales. Par conséquent les ministres de la guerre et de la marine, et probablement plusieurs autres, devraient être assistés par un conseil composé, au moins pour les deux départements précités, d'hommes capables et doués d'une grande expérience professionnelle. Afin de réunir malgré tous les changements d'administration les hommes les plus capables, les conseils devraient être permanents.

Je veux dire par là qu'ils ne devraient pas, comme les lords de l'amirauté, se démettre de leurs fonctions en même temps que le ministère qui les a nommés ; mais il est bon que ceux qui ont été choisis pour des positions élevées, qui n'ont pas été appelés par le droit d'une promotion hiérarchique, n'occupent ces positions que pendant un temps déterminé, à moins qu'ils ne soient l'objet d'un second choix; ce qui se fait maintenant pour les nominations dans l'état-major de l'armée.

anglaise. De cette façon, les nominations n'étant pas faites à vie, sont l'objet de moins d'intrigues ; en même temps c'est un moyen de mettre à l'écart sans affront ceux qui ne méritent pas d'être gardés et de nommer des personnes hautement méritantes, de moindre ancienneté, qui ne seraient jamais nommées s'il fallait attendre des morts ou des résignations volontaires.

Les conseils seraient simplement consultatifs en ce sens que la décision finale serait prise par le ministre lui-même, et par le ministre seul ; mais les conseillers ne devraient pas être regardés ni se regarder eux-mêmes comme des zéros, ou comme susceptibles d'être réduits à ce rôle, au gré du ministre. Les conseillers d'un homme puissant et peut-être impérieux devraient être dans des conditions telles qu'il leur fût impossible, honorablement, de ne pas exprimer une opinion, et qu'il fût impossible à cet homme de ne pas écouter et examiner leurs recommandations, qu'il les adopte ou non. On trouve précisément dans la constitution du conseil du gouverneur général et des conseils des présidences aux Indes, un modèle des rapports qui devraient exister entre un chef et des conseillers de cette espèce.

Ces conseils sont composés de personnes qui ont une connaissance professionnelle des affaires de l'Inde, connaissance qui manque ordinairement au gouverneur général et aux autres, et qu'il ne faudrait guère exiger d'eux. Il est entendu en principe que chaque membre du conseil doit exprimer son opinion; un simple acquiescement dans la plupart des cas. Mais s'il y a différentes manières de voir, tous les membres ont la liberté et l'habitude invariable d'exposer les motifs de leur opinion. Le gouverneur général ou gouverneur fait de même. Dans les cas ordinaires, on adopte la décision de la majorité : donc le conseil a une part réelle dans le gouvernement. Mais si le gouverneur général ou gouverneur le juge convenable, il peut mettre de côté l'opinion, même unanime du conseil, en exposant ses motifs. Il en résulte que le chef est individuellement et réellement responsable de tous les actes du gouvernement. Les membres du conseil n'ont que la responsabilité de conseillers. Mais on sait toujours par des documents susceptibles d'être produits et qui sont toujours produits, si le parlement ou l'opinion publique l'exige, ce que chacun a conseillé, et quels motifs il a donnés à l'appui de son opinion.

En même temps, grâce à leur position élevée, grâce à leur participation ostensible à tous les actes du gouvernement, les conseillers ont des raisons presque aussi fortes pour se consacrer aux affaires publiques, et pour exprimer une opinion dûment réfléchie sur toutes les branches du gouvernement, que s'ils portaient toute la responsabilité.

Cette manière de conduire les plus hautes affaires administratives est un des exemples les plus
heureux de l'appropriation des moyens à la fin ; et
l'histoire politique, qui jusqu'à présent n'a pas été
très-fertile en œuvres d'habileté et de combinaison,
n'en offre pas beaucoup d'autres. C'est une des acquisitions dont l'art politique a été enrichi par l'expérience du gouvernement de la compagnie des
Indes : et de même que la plupart des sages combinaisons qui ont conservé l'Inde à ce pays, de
même que tout ce que cette compagnie a produit
de bon gouvernement — dans des circonstances et
avec des matériaux qui en font un objet d'étonne-
ment — ce progrès est sans doute destiné à périr
dans l'holocauste général qui semble attendre
toutes les traditions du gouvernement indien,
depuis qu'elles ont été mises à la merci de l'ignorance publique et de la vanité présomptueuse des
hommes politiques.

Un cri s'élève déjà pour l'abolition des conseils
que l'on traite de roue superflue et onéreuse dans
le mécanisme du gouvernement, tandis qu'on sol-
licite depuis longtemps, et avec des chances de
succès toujours croissantes, l'abrogation du service
civil professionnel, service qui forme les membres
de ces conseils, et qui peut seul garantir leur valeur.

Un principe très-important de bon gouvernement dans une constitution populaire, c'est qu'aucun fonctionnaire exécutif ne soit nommé par l'élection populaire, soit celle du peuple lui-même, soit celle de ses représentants. Gouverner est d'un bout à l'autre une œuvre délicate : les qualités nécessaires pour s'en bien acquitter, sont de ces qualités spéciales et professionnelles dont ne peuvent bien juger que les personnes qui en sont douées elles-mêmes jusqu'à un certain point, ou qui en ont quelque expérience pratique.

Trouver les personnes les plus capables de remplir les fonctions publiques — non pas simplement en choisissant les meilleures parmi celles qui se présentent, mais en cherchant les meilleures dans le sens absolu du mot et en prenant note de toutes les personnes capables qu'on rencontre, afin de pouvoir les retrouver, si besoin il y a — est une besogne très-pénible et qui exige un discernement aussi subtil que consciencieux. Et, comme il n'y a pas en général de devoir public aussi mal rempli, c'est celui où il est le plus important d'imposer la plus forte dose possible de responsabilité personnelle ; il convient d'en faire une obligation spéciale pour les hauts fonctionnaires des différents départements. Tous les fonctionnaires publics subordonnés qui ne sont point nommés d'après quelque examen public, devraient être choisis par le

ministre qui serait leur supérieur, celui-ci étant
directement responsable de son choix. Naturellement le premier ministre choisira tous les autres
ministres, et lui-même, quoique choisi de fait par
le parlement, serait, sous un gouvernement royal,
nommé officiellement par la couronne.

Le fonctionnaire qui nomme devrait être la seule
personne ayant pouvoir de destituer un fonctionnaire subordonné, sujet à destitution ; chose qui la
plupart du temps ne devrait pas exister, si ce n'est
dans le cas de mauvaise conduite personnelle. En
effet, on ne peut s'attendre à ce que les personnes
qui traitent tout le détail des affaires publiques et
dont les qualités sont de beaucoup plus d'importance pour le public que celles du ministre lui-
même, se consacreront à leur profession et se
mettront à acquérir le savoir et l'habileté dans
lesquels le ministre doit souvent placer son entière
confiance, si elles peuvent être mises à la porte
d'un moment à l'autre, sans avoir commis aucune
faute, uniquement parce que le ministre veut
donner la place à quelque autre, soit par calcul
politique, soit pour des raisons à lui personnelles.

Le principe qui condamne la nomination des
fonctionnaires exécutifs par le suffrage populaire,
devrait-il faire une exception, sous un gouvernement républicain, en faveur du chef de l'exécutif ?
La règle qui, dans la constitution américaine, veut

que le président soit nommé tous les quatre ans
par le peuple tout entier, est-elle une bonne règle ?
La question n'est pas sans difficulté. Sans aucun
doute, dans un pays comme l'Amérique, où la
monarchie ne saurait revivre, on trouve un certain
avantage à rendre le premier ministre indépendant
constitutionnellement du corps législatif, et à faire
que les deux grandes branches du gouvernement
(lesquelles sont également populaires quant à l'origine et à la responsabilité) se contiennent réellement l'une l'autre. Ce plan est en concordance avec
le soin jaloux que prennent les Américains, d'éviter
la concentration de grandes masses de pouvoir
entre les mêmes mains. Mais cet avantage est
payé infiniment plus qu'il ne vaut. Il semble beaucoup mieux que le premier magistrat dans une
république soit nommé ouvertement, comme le
premier ministre est nommé virtuellement dans
une monarchie constitutionnelle, par le corps représentatif. De cette façon d'abord, on est certain
que ce sera un homme plus éminent. Si les choses
se passaient de la sorte, le parti qui a la majorité
au parlement nommerait en général son propre chef
qui est toujours un des hommes politiques les plus
importants et souvent le premier de tous, tandis
que le président des États-Unis, depuis que le
dernier survivant des fondateurs de la république a
disparu de la scène, est toujours ou un homme

obscur, ou un homme qui a acquis sa réputation autrement qu'en s'occupant de politique. Et ceci, comme je l'ai déjà observé, n'est pas un accident, mais l'effet naturel de la situation. Les hommes éminents d'un parti ne sont pas ses candidats les plus utiles, pour une élection où tout le pays doit prendre part. Tous les hommes éminents ont des ennemis personnels, ou bien ont fait quelque chose où tout au moins professé quelque opinion qui déplaît à une grande partie de la communauté, et qui, probablement, diminuerait beaucoup le nombre des votes en leur faveur, tandis qu'un homme sans antécédents, dont on ne sait rien si ce n'est qu'il professe les opinions du parti, réunira facilement tous les votes de ce parti. Une autre considération importante, c'est le grand danger de manœuvres électorales incessantes. Quand la plus haute dignité de l'État doit être conférée une fois tous les quatre ans par l'élection populaire, le temps qui s'écoule dans l'intervalle est employé à ce qui est implicitement une brigue. Le président, les ministres, les chefs de parti et leurs partisans sont tous des faiseurs d'élection. En fait de politique, tout le pays n'est profondément occupé que de simples personnalités ; on discute et on décide toute question publique, en ayant égard moins à ses mérites qu'à l'effet qu'elle produira sur l'élection du président. Si l'on avait cherché un système pour faire de l'esprit de parti le principe d'action dominant dans toutes les affaires publiques, et pour créer un motif non-seulement de faire de toute question une question de parti, mais encore de soulever des questions afin de pouvoir fonder là-dessus des partis... il aurait été difficile de trouver un meilleur moyen d'atteindre ce but.

Je n'affirmerai pas qu'il serait toujours et partout désirable que le chef de l'exécutif dépendît des votes d'une assemblée représentative, comme en dépend le premier ministre en Angleterre, et cela sans aucun inconvénient. Si l'on jugeait qu'il vaut mieux éviter ceci, le ministre pourrait (quoique nommé par le parlement) garder ses fonctions pendant un laps de temps déterminé, indépendant d'un vote parlementaire, ce qui serait le système américain, moins l'élection populaire et ses maux. Il y a une autre manière de rendre le chef de l'administration aussi indépendant à l'égard de la législature, que faire se peut, sans nuire aux conditions essentielles d'un gouvernement libre. Il ne dépendrait jamais indûment d'un vote parlementaire, s'il avait le pouvoir que possède en fait le premier ministre anglais, de dissoudre la chambre et d'en appeler au peuple ; si, au lieu d'être révoqué de ses fonctions par un vote hostile, il ne pouvait être réduit par le vote, qu'à l'alternative de donner sa démission ou de dissoudre la chambre.

Il me paraît désirable que le premier ministre possède le pouvoir de dissoudre le parlement, même sous un système où il serait assuré de garder sa place pendant une période déterminée. Il ne devrait pas y avoir en politique de dédales possibles, c'est-à-dire de conflit entre un président et une assemblée, où ils seraient face à face pendant un laps de temps donné (peut-être plusieurs années), sans pouvoir se débarrasser l'un de l'autre. Pour traverser une de ces crises, sans que de côté ou d'autre on recourût à un coup d'État, il faudrait que l'amour de la liberté et l'habitude de l'empire sur soi-même fussent combinés chez un peuple, à un degré qui ne s'est encore rencontré que très-rarement ; et quand même on aurait pris des précautions contre cette extrémité, supposer que les deux autorités ne se paralyseront pas l'une l'autre, c'est croire que la vie politique du pays sera toujours gouvernée par un esprit de tolérance mutuel et de compromis, que ne pourront troubler ni les passions ni les excitations des luttes de parti les plus vives. Un pareil esprit peut exister ; mais il est imprudent, lors même qu'il existe, de le mettre à une trop rude épreuve.

Il est désirable pour d'autres raisons, qu'un pouvoir dans l'État (qui ne peut être que le pouvoir exécutif) ait toujours pleine et entière liberté de convoquer un nouveau parlement. Quand on ne sait pas au juste lequel de deux partis opposés est le plus fort, il est important qu'il existe un moyen constitutionnel de juger la chose. Tant qu'elle restera douteuse, aucune autre matière politique n'a chance d'être traitée d'une façon convenable ; un pareil intervalle est généralement un interrègne pour tous projets d'amélioration législative ou administrative, aucun parti n'ayant assez de confiance en sa force pour tenter des choses capables de provoquer l'opposition de quelque individu collectif ou privé, qui a une influence directe ou indirecte dans la lutte pendante.

Je n'ai pas pris en considération le cas où un grand pouvoir centralisé entre les mains du premier magistrat, et l'attachement insuffisant du peuple pour les institutions libres, donneraient à ce magistrat une chance de réussir dans une tentative pour renverser la constitution et usurper le pouvoir.

Où existe un tel danger, il ne doit pas y avoir de premier magistrat que le parlement ne puisse réduire, d'un seul vote, à la condition d'homme privé. Dans un état de choses où ce manque de foi n'est pas impossible, cette prérogative du parlement, si énorme qu'elle paraisse, n'est qu'une faible sûreté.

De tous les fonctionnaires du gouvernement, ceux qu'il serait le plus fâcheux de voir nommer par le suffrage populaire, ce sont les juges. En même temps que leurs qualités spéciales et professionnelles ne sont pas appréciables pour le peuple, il n'y a pas de fonctionnaires chez qui une impartialité absolue, et l'absence complète de liaisons avec des hommes politiques ou des sections de parti, soit d'une aussi grande importance. Quelques penseurs, entre autres Bentham, ont été d'avis que bien qu'il ne convienne pas d'appliquer aux juges l'élection populaire, les habitants de leur district devraient pouvoir, après les avoir éprouvés suffisamment, les destituer de leur charge. On ne peut nier que l'inamovibilité d'un fonctionnaire public à qui sont confiés de grands intérêts ne soit en elle-même un mal.

Il n'est aucunement désirable qu'il n'y ait pas moyen de se débarrasser d'un juge inique ou ignorant, si ce n'est lorsqu'il s'est conduit de façon à pouvoir être cité devant une cour criminelle : il n'est aucunement désirable qu'un fonctionnaire de qui tant de choses dépendent, se sente libre de toute responsabilité, excepté envers l'opinion et sa propre conscience. Cependant, il s'agit de savoir si, dans la position particulière d'un juge et en supposant qu'on ait pris les sûretés possibles pour que la nomination fût honnête, l'irresponsabilité (excepté à l'égard de la conscience publique et de la sienne propre) n'a pas en somme moins de tendance à pervertir la conduite, que la responsabilité envers le gouvernement ou envers un vote populaire.

L'expérience a depuis longtemps décidé la question dans le sens affirmatif, en ce qui regarde la responsabilité envers l'exécutif; et la chose est tout aussi évidente quand c'est la responsabilité envers le suffrage des électeurs qu'on cherche à imposer. Parmi les bonnes qualités du peuple comme électeur ne figurent point celles qui sont particulièrement nécessaires pour un juge, le calme et l'impartialité : heureusement, ce ne sont point là les qualités nécessaires pour cette intervention du suffrage populaire, qui est essentielle à la liberté.

La justice, quoiqu'elle soit une qualité nécessaire à tous les êtres humains et par conséquent à tous les électeurs, n'est pas le motif qui décide d'une élection populaire. La justice et l'impartialité sont aussi peu nécessaires pour nommer un membre du parlement, qu'elles peuvent l'être dans une transaction humaine. Les électeurs n'ont pas à donner une chose à laquelle chaque candidat ait droit, ni à juger à des intérêts généraux des compétiteurs ; ils doivent déclarer lequel possède leur confiance personnelle, ou lequel représente le mieux leurs convictions politiques. Un juge est tenu de traiter son ami politique ou la personne qu'il connaît le mieux, exactement comme il traite les autres. Mais si un électeur agissait ainsi, il commettrait un oubli de son devoir. On ne peut prendre pour base d'un argument, le bon effet produit sur les juges tout comme sur les autres fonctionnaires, par la juridiction morale de l'opinion ; car, même sous ce rapport, ce qui exerce réellement un contrôle utile sur les actions du juge, quand il est digne de sa fonction, ce n'est pas (sauf dans certains cas politiques), l'opinion de la communauté en général, mais celle du seul public par lequel sa conduite ou ses qualités puissent être dûment appréciées, à savoir : le barreau de sa propre cour. On ne doit pas se figurer que je regarde comme peu importante la participation du public général à l'administration de la justice. C'est chose au contraire de la plus grande importance ; mais de quelle façon ? Lorsque le public accomplit, à titre de juré, une partie des fonctions judiciaires. Ceci est un des cas fort rares en politique, où il vaut mieux que les hommes agissent directement et personnellement que par l'entremise de leurs représentants ; c'est presque le seul cas où les erreurs que peut commettre une personne revêtue de l'autorité, sont plus supportables que les conséquences d'un système où elle serait responsable de ses erreurs.

Si un juge pouvait être destitué de ses fonctions par un vote populaire, le premier individu désireux de le supplanter trouverait un motif à destitution dans tous ses jugements : il en appellerait de ces jugements à une opinion publique totalement incompétente, soit faute d'avoir entendu la cause, soit faute de l'avoir entendue avec les précautions ou l'impartialité qui appartiennent à des oreilles judiciaires : il exciterait la passion et le préjugé populaire là où ils existent, et s'efforcerait de les faire naître là où ils n'existent pas. Et en cela, si la cause était intéressante, et qu'il se donnât les soins voulus, il réussirait complétement; à moins que le juge ou ses amis ne descendissent dans l'arène et ne fissent de leur côté des appels également puissants. Les juges finiraient par sentir qu'ils risquent leurs charges, toutes les fois qu'ils prononcent sur une cause susceptible d'exciter l'intérêt général, et qu'il est moins essentiel pour eux de chercher la décision la plus juste, que de chercher celle qui sera le plus applaudie par le public ou qui prêtera le moins à la perfidie des interprétations. On s'apercevra, je le crains, que la coutume établie par quelques-unes des constitutions américaines nouvelles ou modifiées, de soumettre les juges à une réélection populaire périodique, est une des erreurs les plus dangereuses qu'ait jamais commise la démocratie ; et si le bon sens pratique qui ne fait jamais complétement défaut au peuple américain n'était pas, dit-on, sur le point de produire une réaction profitable à la vérité, on pourrait regarder cette erreur comme le premier indice d'une démocratie qui dégénère sensiblement (1).

Quant à ce corps nombreux et considérable qui constitue la force permanente du service public ; quant à ces hommes qui ne changent pas avec les changements politiques, mais qui demeurent pour aider chaque ministre de leur expérience et de leurs traditions, pour l'éclairer de leur connaissance des affaires, pour diriger les détails officiels sous son contrôle général — ces hommes enfin qui forment la classe des fonctionnaires publics de profession, et qui embrassent cette carrière comme on embrasse les autres, tandis qu'ils sont jeunes avec l'espérance d'y avancer graduellement, en avançant en âge, il est inadmissible évidemment qu'ils puissent être destitués et privés de tout le fruit des services qu'ils ont rendus jusque-là, si ce n'est à cause d'une inconduite positive, prouvée et sérieuse. Donc, puis-

(1) J'ai appris cependant que dans les États où les juges sont élus, le choix n'est pas fait en réalité par le peuple mais par les chefs de parti, et que comme nul électeur ne songe à voter pour un autre que pour le candidat du parti, en conséquence la personne nommée se trouve être ordinairement celle qu'aurait choisie le président ou un ministre de la justice. Ainsi, une mauvaise coutume en borne et en modifie une autre ; et cette habitude de voter en masse sous une bannière de parti, qui fait tant de mal partout où le droit d'élection appartient au peuple à juste titre, cette habitude, dis-je, tend à diminuer un mal plus grand encore, dans le cas où le fonctionnaire à élire devrait être choisi, non *par* le peuple, mais *pour* le peuple.

qu'on ne peut mettre de côté ces fonctionnaires (excepté dans le cas de culpabilité personnelle), qu'en leur accordant une pension aux frais du public, il est de la plus haute importance que les nominations soient bien faites dès le principe : et il nous reste à examiner quelle est la meilleure façon d'atteindre ce but.

Pour les moindres emplois, il n'y a guère à craindre le manque de savoir et d'habileté spéciale chez ceux qui nomment; mais il faut redouter la partialité et l'intérêt privé ou politique. Les candidats étant nommés en général trop jeunes encore, non pas comme ayant appris, mais bien pour apprendre leur profession, la seule chose par où on puisse distinguer les plus méritants d'entre eux, c'est la manière dont ils ont fait les études qui constituent une éducation libérale ; et ceci peut être reconnu sans difficulté, pourvu que les personnes chargées de ce soin prennent la peine et possèdent l'impartialité voulues. On ne peut raisonnablement attendre ces deux choses d'un ministre, qui doit s'en rapporter entièrement aux recommandations et qui, si désintéressé qu'il soit quant à ses désirs personnels, ne résistera jamais aux sollicitations des personnes qui peuvent influer sur sa propre élection, ou dont l'appui politique est important pour le ministère auquel il appartient. C'est d'après ces considérations qu'on a introduit la coutume de faire subir à tous les candidats pour les nominations premières, un examen public dirigé par des personnes qui ne s'occupent point de politique et qui sont de la même classe et du même rang que les examinateurs pour les dignités universitaires. Ce serait probablement le meilleur système pour tous les gouvernements ; mais sous notre gouvernement parlementaire, c'est le seul qui offre une chance, je ne dirai pas que les nominations soient honnêtes, mais qu'on s'abstienne de celles qui sont deshonnêtes d'une façon manifeste et flagrante.

Il est absolument nécessaire que les examens soient des concours, et que les emplois appartiennent à ceux qui se sont le mieux tirés de l'examen. Un simple examen n'exclut en général que ceux qui sont absolument ignorants. Quand il s'agit pour un examinateur ou de ruiner l'avenir d'un individu ou d'accomplir un devoir public qui dans le cas particulier semble rarement d'une grande importance, et quand il sait qu'on lui reprochera amèrement d'avoir ruiné l'individu, tandis que personne ne saura s'il a accompli son devoir on ne lui en saura gré,... le bon naturel l'emporte, à moins que ce ne soit un homme d'une trempe peu commune. Quand on a faibli une fois, il est difficile de ne pas être entraîné à faiblir de plus en plus, jusqu'à ce que le degré de force voulue pour passer l'examen en vienne à être quelque chose de presque méprisable.

En général, dans les universités, les examens pour les *grades* sont aussi insignifiants et aussi faciles à passer, que les examens pour les *dignités* sont sérieux et difficiles. Quand il n'y a aucun motif pour dépasser un certain minimum, le minimum devient le maximum; chacun prend l'habitude de ne pas viser plus haut, et, comme en toutes choses il y a certains hommes qui n'atteignent pas tout ce à quoi ils visent, si peu élevé que soit le but, il y en a toujours plusieurs qui le manquent. Quand au contraire, les emplois sont donnés aux candidats supérieurs parmi tous ceux qui se présentent, et que les plus capables sont choisis parmi les capables, non-seulement chacun est excité à faire le plus qu'il peut; mais l'influence de cette pratique se fait sentir dans tous les établissements où se dispense l'éducation libérale. Avoir fourni des élèves qui ont obtenu de grands succès à ce concours, devient pour tout maître de pension un objet d'ambition et un moyen de succès, et il n'y a guère d'autre mode par où l'État puisse faire autant pour l'amélioration des études dans tout le pays. Quoique le principe des concours pour les emplois publics n'ait été introduit chez nous que tout récemment, et quoiqu'il soit bien imparfaitement développé, puisqu'on ne le voit fonctionner d'une manière complète que pour le service de l'Inde, ce principe commence déjà à produire un effet sensible sur les établissements d'éducation de moyenne classe, malgré les difficultés produites par l'état actuel de l'éducation dans notre pays; état honteux que ces concours même ont mis au grand jour.

Si pitoyable est le degré d'instruction moyennant lequel un jeune homme obtient d'un ministre le droit de se présenter comme candidat, que le concours de pareils candidats produit un résultat plus pauvre que ne serait celui d'un simple examen. Car personne ne songerait à mettre comme condition d'un simple examen aussi peu de chose que ce qui suffit à un jeune homme pour surpasser ses rivaux. Aussi dit-on que d'année en année le mérite des candidats va diminuant, chaque série de candidats faisant un moindre effort, parce que le résultat des examens antérieurs lui a démontré que ses devanciers auraient pu, avec moins d'efforts, atteindre le but où ils sont parvenus. Moitié pour cette diminution d'efforts, et moitié parce que même aux examens pour lesquels il ne faut pas une nomination préalable, l'ignorance qui se rend justice réduit à presque rien le nombre des concurrents, il est advenu que, quoiqu'il y ait toujours eu quelques exemples de grand savoir, le reste des candidats heureux ne représente qu'une dose de sa-

voir très-médiocre ; et nous savons par les commissaires eux-mêmes que presque tous ceux qui
ont échoué ont dû leur insuccès à leur ignorance,
non des plus hautes branches de l'instruction, mais
de ses éléments les plus humbles : — l'orthographe
et l'arithmétique.

La clameur que continuent d'élever contre les
concours quelques organes de l'opinion fait souvent, j'ai le regret de le dire, aussi peu d'honneur
à la bonne foi qu'au bon sens des détracteurs. Ils
se plaisent quelquefois à dénaturer le genre d'ignorance qui cause l'échec des concurrents. Ils citent
avec emphase les questions les plus abstraites (1)
qu'on ait jamais posées, en prétendant que le *sine qua
non* du succès consiste en des réponses irréprocha-
bles à toutes les questions. Or, en fait, laisser les
questions sans réponse n'est pas une exclusion ;
mais les résoudre est une faveur, un avantage.

On nous demande ensuite si l'on croit que la
sorte de savoir supposée par telle ou telle question, peut être de quelque usage au candidat,
après qu'il a atteint son but. Il se rencontre de

(1) Ils ne citent pas toujours cependant les questions les plus
abstraites ; car dernièrement, dans la chambre des communes,
un ennemi des concours a eu la naïveté de citer une série de
questions presque élémentaires sur l'algèbre, l'histoire et la
géographie, pour démontrer quelle somme exorbitante de connaissances scientifiques, les commissaires avaient la cruauté
d'exiger.

grandes différences d'opinions lorsqu'on se met à rechercher quelle sorte de savoir est utile. Il existe des personnes (et un secrétaire d'État aux affaires étrangères était de ce nombre) qui regardent l'or-thographe comme une connaissance inutile chez un attaché d'ambassade, ou chez un commis dans quelque bureau du gouvernement.

Il est une chose sur laquelle tous nos adversaires semblent d'accord, c'est que la culture intellec-tuelle générale n'est pas utile dans ces fonctions, quelles que soient d'ailleurs les choses qui puissent y être utiles. Si cependant (comme j'ose le croire) cette culture générale est utile, ou si une éduca-tion quelconque est utile, on doit faire subir au candidat les épreuves les plus propres à démontrer s'il possède ou non cette éducation. Pour s'assurer qu'il a été bien élevé, il faut l'interroger sur les choses qu'il saura probablement, s'il a été bien élevé; même quand ces choses n'auraient pas un rapport direct avec la fonction à laquelle il va être nommé. Ceux qui s'opposent à ce qu'on le ques-tionne sur les classiques et les mathématiques, dans un pays où les seules choses régulièrement enseignées sont les classiques et les mathémati-ques, voudront-ils nous dire sur quoi ils désire-raient qu'on l'interrogeât? On paraît cependant s'opposer tout autant à un examen sur ces choses, qu'à un examen sur toute autre chose. Si les commissaires — désireux d'ouvrir une porte d'admission à ceux qui n'ont point passé par la routine d'une école de grammaire, ou qui compensent leur peu de connaissance de ce qu'on y enseigne, par une connaissance plus grande de quelque chose autre — accordent des boules blanches au savoir sur tout autre sujet d'une utilité réelle, on le leur reproche également. Rien ne contentera leurs adversaires, si ce n'est l'admission libre de l'ignorance complète.

On nous dit d'un air de triomphe que ni Clive, ni Wellington n'auraient pu subir l'épreuve obligatoire pour un aspirant à une école d'ingénieurs cadets. Comme si, parce que Clive et Wellington ne faisaient pas ce qu'on n'exigeait pas d'eux, ils n'auraient pas pu le faire au besoin. Si par là on veut seulement nous apprendre qu'il est possible d'être un grand général sans savoir ces choses, il en est de même pour beaucoup d'autres qui sont très-utiles à de grands généraux. Alexandre le Grand n'avait jamais connu les règles de Vauban, et Jules César ne savait pas le français. On nous apprend ensuite que les *dévoreurs de livres*, terme qu'on croit pouvoir appliquer à quiconque se permet la plus légère connaissance des livres, ne réussissent pas aux exercices du corps, et n'ont point les habitudes de *gentlemen*. Ceci est une remarque faite souvent par les ignorants de condition ; mais quoi que puissent en penser les ignorants, ils n'ont le monopole ni des habitudes élégantes, ni de l'activité corporelle. Partout où celles-ci sont nécessaires, qu'on les exige outre les qualités intellectuelles, et non pas à la place de ces qualités. En même temps, je tiens de bonne source qu'à l'école militaire de Woolwich, les cadets admis par concours sont aussi supérieurs sous ce rapport que sous tous les autres, à ceux qui ont été admis d'après l'ancien système de nomination. On me dit qu'ils apprennent plus vite la manœuvre elle-même (ce à quoi on pouvait s'attendre, car une personne intelligente apprend tout plus vite qu'une personne stupide) et que comme conduite générale, ils sont tellement au-dessus de leurs prédécesseurs, que les chefs de l'institution attendent avec impatience le jour où les derniers restes du vieux levain auront disparu de l'école. Si la chose est vraie, et il est facile de s'en assurer, il faut espérer que bientôt nous n'entendrons plus dire que l'ignorance est une qualité préférable au savoir pour la profession militaire et *à fortiori* pour toute profession, ou que toute bonne qualité, encore qu'elle ne paraisse pas tenir à une éducation libérale, doit gagner à s'en passer.

Quoique l'admission première aux emplois du gouvernement soit décidée par un concours, il serait impossible la plupart du temps que l'avancement ultérieur fût décidé de la même façon, et il

semble convenable que l'avancement soit accordé,
comme cela se fait ordinairement aujourd'hui, d'a-
près un système mixte d'ancienneté et de choix.
Ceux dont les devoirs ne sont qu'une routine s'é-
lèveraient par droit d'ancienneté au plus haut
point où puissent les porter de semblables devoirs ;
tandis que ceux auxquels sont confiées des fonctions d'une importance particulière et exigeant une
capacité spéciale, seraient choisis dans le corps par
le chef du ministère. Et en général il fera ce choix
honnêtement, si les nominations premières ont eu
lieu par concours ; car avec ce système son ministère se composera en général d'individus qui sans
les relations officielles lui auraient été étrangers. S'il
se trouve parmi eux un homme auquel il porte
quelque intérêt, ce hasard ne se rencontrera que
dans des cas où une dose au moins égale de mérite réel s'ajoutera, autant que peut le prouver un
examen d'initiation, à cet avantage de liaison. Et
à moins qu'il n'y ait un motif très-puissant pour es-
camoter (*to job*) ces nominations, il y en a toujours
un puissant pour nommer la personne la plus capable : car c'est celle qui donne à son chef le concours le
plus utile, qui lui épargne le plus de peine et qui
l'aide le mieux à se faire ce renom d'habileté administrative qui ajoute nécessairement et justement
au crédit d'un ministre, quand même il serait mérité
plutôt par ses subordonnés que par lui-même.

CHAPITRE XV

Les autorités centrales ne peuvent bien accomplir ou entreprendre en toute sûreté qu'une petite portion de la besogne publique ; et même dans notre gouvernement, le moins centralisé de l'Europe, la portion législative (au moins du corps gouvernant) s'occupe beaucoup trop des affaires locales, employant le pouvoir suprême de l'État à couper de petits nœuds qu'on devrait pouvoir dénouer d'une meilleure façon. La somme énorme de besogne privée qui prend le temps du parlement, et qui remplit les pensées de ses membres individuels, au détriment des occupations propres du grand conseil de la nation, est regardée par tous ceux qui pensent et qui observent comme un mal sérieux, et ce qu'il y a de pire, comme un mal qui augmente.

Nous n'allons pas ici discuter à fond la grande question, qui n'est nullement particulière au gouvernement représentatif, des limites de l'action gouvernementale. J'ai dit ailleurs (1) ce qui me paraissait le plus essentiel, quant aux principes d'après lesquels l'étendue de cette action devrait être déterminée. Mais en ôtant des fonctions accomplies par la plupart des gouvernements européens, celles qui ne devraient être remplies par aucune autorité publique, il reste encore un ensemble de devoirs si nombreux et si variés, que ces devoirs doivent absolument, quand ce ne serait que d'après le principe de la division du travail, être divisés entre les autorités centrales et les autorités locales. Il faut des fonctionnaires exécutifs distincts pour les devoirs purement locaux (chose qui existe sous tous les gouvernements); j'ajoute que le contrôle populaire ne peut s'exercer avantageusement sur ses fonctionnaires qu'au moyen d'un organe distinct. Leur nomination première, la fonction de les surveiller et de les contenir, la liberté de se prêter ou de se refuser aux dépenses nécessaires pour leurs opérations, devraient appartenir non au parlement national ou à l'exécutif national, mais aux habitants de la localité. Que les habitants exercent ces fonctions directement et personnellement, c'est chose évidemment inadmissible. Le gouvernement du peuple assem-

_____

(1) Dans le dernier chapitre du *Traité sur la Liberté*, et d'une manière plus développée, dans le chapitre final des *Principes d'Économie politique*.

blé est un reste de barbarie, contraire à tout l'esprit de la vie moderne ; cependant la marche des
institutions anglaises a été tellement l'œuvre du
hasard, que ce mode primitif de gouvernement
local a subsisté en règle générale pour les affaires paroissiales jusqu'à la génération actuelle ; et
comme il n'a jamais été légalement aboli, il existe
probablement intact aujourd'hui encore dans un
grand nombre de paroisses rurales. Reste le système de sous-parlements pour les affaires locales,
ce qui doit être regardé désormais comme une
des institutions fondamentales d'un gouvernement libre. Ces parlements existent en Angleterre,
mais très-incomplétement et avec beaucoup d'irrégularité et de défauts de combinaison ; dans
d'autres contrées gouvernées d'une façon moins
populaire, leur constitution est beaucoup plus rationnelle. En Angleterre, il y a toujours eu plus
de liberté et une plus mauvaise organisation qu'ailleurs, tandis que dans d'autres pays, au contraire,
il y a moins de liberté et une meilleure organisation. Il est nécessaire donc qu'outre la représentation nationale, il y ait des représentations
municipales et provinciales : et les deux questions
qui restent à résoudre sont celles de la constitution des corps représentatifs locaux et de l'étendue
qu'il convient de donner à leurs fonctions. Dans
l'examen de ces questions, deux points deman-

dent une égale attention, à savoir : 1° Comment la besogne locale en elle-même sera-t-elle le mieux faite ? 2° Comment le maniement des affaires locales peut-il le mieux servir à l'entretien de l'esprit public et au développement de l'intelligence ?

Dans un des chapitres précédents, je me suis appesanti dans des termes très-énergiques, — il n'y en a guère d'assez énergiques pour exprimer l'énergie de ma conviction, — sur l'importance de cet effet particulier des institutions libres, qu'on peut appeler l'éducation publique des citoyens. — Or, cet effet s'opère principalement au moyen des institutions administratives locales. La part que les citoyens peuvent prendre, comme jurés, à l'administration de la justice, est presque la seule occasion qu'ait la masse de la population de se mêler personnellement à la direction des affaires générales de la communauté. Lire les journaux et peut-être y écrire, tenir des assemblées publiques et adresser des sollicitations de différentes sortes aux autorités politiques, voilà toute la part que peuvent prendre les citoyens privés à la politique générale, pendant l'intervalle qui s'écoule entre une élection parlementaire et l'autre. Quoiqu'il soit impossible d'exagérer l'importance de ces divers priviléges, et comme garanties de liberté et comme moyens de culture générale, ils enseignent plutôt à penser qu'à agir, et à penser sans les responsabilités de l'action, ce qui, chez bien des gens, n'est pas autre chose que recevoir passivement les idées d'autrui. Mais pour les assemblées locales, outre la fonction d'élire, beaucoup de citoyens ont chacun à leur tour la chance d'être élus, et beaucoup, soit par choix soit à tour de rôle, remplissent quelques-uns des nombreux emplois exécutifs locaux. Dans de pareilles positions, ils ont à agir pour l'intérêt public aussi bien qu'à penser et à parler, et ils ne peuvent pas toujours penser par procuration. On pourrait ajouter que ces fonctions locales n'étant pas recherchées par les classes élevées, apportent à une classe beaucoup plus humble de la société cette importante éducation politique qu'on reçoit en les remplissant. Cette éducation est le grand avantage à attendre des administrations locales, lesquelles aussi bien n'ont pas à traiter des intérêts du premier ordre : d'où il suit que cet avantage doit passer avant tout, et qu'on peut y sacrifier jusqu'à un certain point la valeur du personnel administratif, ce qui est hors de question lorsqu'il s'agit de la législation générale et de la conduite des affaires d'État.

La constitution propre des corps représentatifs locaux ne présente pas beaucoup de difficulté. On peut parfaitement y appliquer les principes de la représentation nationale. Il y a dans les deux cas

la même raison pour que les corps soient électifs,
et pour qu'ils aient une base largement démocratique ; raison plus puissante encore dans le cas
local, le danger y étant moindre, et les avantages
comme éducation et culture populaire y étant plus
grands sous certains rapports. Comme le principal
devoir des corps locaux consiste dans l'imposition
et la dépense des taxes locales, le droit électoral
devrait appartenir à tous ceux qui payent les taxes
locales, à l'exclusion de ceux qui ne les payent
pas. Je prétends qu'il n'y a pas d'impôts directs,
de droits d'octroi, ou que, s'il y en a, ils sont seulement supplémentaires, ceux qui en supportent le
fardeau étant également soumis à des contributions directes. On devrait assurer la représentation des minorités de la même manière qu'au parlement, et il y a les mêmes raisons en faveur de la
pluralité des votes. Seulement, il n'y a pas une objection aussi décisive dans le cas du corps local, à
ce que le vote plural dépende (ainsi que cela a lieu
dans quelques-unes de nos élections locales) de la
simple supériorité pécuniaire. En effet, la dispensation honnête et économe de l'argent formant
une part beaucoup plus considérable dans la besogne des corps locaux que dans celle de l'assemblée
nationale, il est juste aussi bien que politique d'accorder une influence supérieure proportionnelle, à ceux
qui ont en jeu des intérêts pécuniaires supérieurs.

Dans la plus récente de nos institutions locales représentatives, *les conseils d'administration (Boards of Guardians)*, les juges de paix du district siégent *ex officio* à côté des membres élus, dans une proportion limitée par la loi au tiers de l'ensemble. Avec la constitution particulière de la société anglaise, je ne doute point du bon effet de cette mesure. Elle garantit la présence dans ces corps d'une classe ayant reçu une éducation supérieure, et qu'il n'aurait peut-être pas été possible d'y attirer autrement : et tandis que le nombre limité des membres *ex officio* les empêche d'acquérir la prépondérance simplement par la force numérique, comme ils ont quelquefois, à titre de représentants virtuels d'une autre classe, un intérêt différent du reste, ils tiennent en échec les intérêts de classe des fermiers ou des petits boutiquiers qui forment la majorité des administrateurs élus. On ne peut pas faire un semblable éloge de la constitution des seuls conseils provinciaux que nous possédions : les sessions trimestrielles, qui se composent uniquement des juges de paix, lesquels, outre leurs devoirs judiciaires, ont à remplir les fonctions les plus importantes de la besogne administrative du pays. Le mode de formation de ces corps est des plus irréguliers ; ils ne sont pas élus ni nommés dans le sens propre du mot ; mais comme les seigneurs féodaux auxquels ils ont succédé, ils exercent virtuellement leurs fonctions importantes en vertu de leurs arpents, le droit de nomination qui appartient à la couronne, ou plutôt en fait à un de leurs membres (le lord lieutenant), ne servant qu'à exclure quiconque serait un déshonneur pour le corps, ou quiconque ne pense pas bien en politique. Cette institution est la plus aristocratique en principe, de toutes celles qui restent en Angleterre. Elle l'est bien autrement que la chambre des lords; car elle accorde l'argent public et dispose d'intérêts publics importants, non pas avec le concours d'une assemblée populaire, mais à elle seule. Aussi, nos classes aristocratiques s'y cramponnent-elles obstinément; mais l'institution est évidemment en désaccord avec tous les principes qui forment la base d'un gouvernement libre. Même un simple mélange de membres *ex officio* et de membres élus, n'est pas justifiable dans un conseil de Comté, comme dans des *conseils d'administration*, puisque les affaires d'un comté étant assez importantes pour être un objet d'intérêt et d'attraction pour les *gentlemen campagnards*, ils n'auraient pas plus de difficulté à se faire élire membres du conseil qu'à se faire nommer au parlement.

Quant à la circonscription propre des colléges électoraux qui nommeront les assemblées locales, le principe de la communauté d'intérêts locaux, qui est mauvais quand on l'applique comme une

règle exclusive et inflexible à la représentation
parlementaire, est ici le seul juste et le seul applicable. On veut avoir une représentation locale,
afin que tous ceux qui ont en commun un intérêt
quelconque, que ne partage pas le reste de leurs
concitoyens, puissent veiller eux-mêmes à cet intérêt. Or, le but est manqué, si la représentation
n'a point pour base le groupement de ces intérêts
communs. Il y a des intérêts locaux particuliers à
chaque ville, qu'elle soit grande ou petite, et communs à tous ses habitants ; donc, chaque ville sans
distinction d'étendue, devrait avoir son conseil
municipal. Il est également évident que chaque
ville ne devrait en avoir qu'un. L'intérêt local est
presque toujours le même pour les différents quartiers d'une ville ; pour tous il faut faire les mêmes choses et les mêmes dépenses, et à l'exception des églises qu'il est peut-être désirable de
laisser sous la direction de la paroisse, les mêmes
arrangements peuvent convenir à tous. Le pavage,
l'éclairage, l'approvisionnement des eaux, le drainage, les règlements de ports et de marchés ne
peuvent, sans de grands inconvénients et sans une
grande dépense en pure perte, être différents pour
les différents quartiers de la même ville. La subdivision de Londres en cinq ou six districts (dont
chacun a ses arrangements distincts pour les affaires locales, et dont plusieurs manquent d'unité

administrative dans l'intérieur même de leur propre sphère), fait obstacle à ce qu'il y ait d'une façon réglée et suivie, une coopération commune à
des objets communs, empêche l'existence d'un
principe uniforme pour l'accomplissement des devoirs locaux, contraint le gouvernement général à
se charger de choses qu'il vaudrait mieux laisser
aux autorités locales (s'il y en avait une qui gou-
vernât toute la métropole), et ne sert qu'à entretenir cet assemblage fantastique de roueries modernes et de vieilles friperies qu'on nomme la cor-
poration de la cité de Londres.

Un autre principe également important, c'est
que dans chaque localité il n'y ait qu'un corps
électif pour toute la besogne locale, et non point
différents corps pour les différentes parties de cette
besogne ; la division du travail ne veut pas dire
qu'il faut partager toute la besogne en menus mor-
ceaux, mais bien qu'il faut réunir les opérations
qui peuvent être faites par les mêmes personnes,
et séparer celles qui seraient mieux faites par des
personnes différentes. Les devoirs exécutifs de la
localité doivent à la vérité être divisés en plusieurs départements, pour la même raison que ceux de l'État,
parce qu'ils sont de différente sorte, parce que chacun d'eux exige un genre particulier de savoir et
demande, pour être bien accompli, toute l'attention
d'un fonctionnaire possédant les qualités voulues.

Mais, les raisons en faveur de la subdivision qui s'appliquent à l'exécution, ne s'appliquent pas au contrôle. La besogne du corps électif n'est pas de faire l'ouvrage, mais de veiller à ce qu'il soit convenablement fait, à ce que rien de nécessaire ne soit omis. Cette fonction peut être remplie pour tous les départements par le même corps, investi d'un contrôle supérieur ; le point de vue collectif et compréhensif est préférable ici aux procédés d'une analyse microscopique. Que chaque ouvrier soit surveillé par un surveillant pour lui seul, serait chose aussi absurde dans les affaires publiques que dans les affaires privées. Le gouvernement de la couronne consiste en un grand nombre de départements, et il y a un grand nombre de ministres pour les diriger ; mais chacun de ces ministres n'a pas pour lui tout seul un parlement destiné à le surveiller.

Le devoir propre du parlement local, tout comme du parlement national, c'est de considérer les intérêts de la localité comme un ensemble dont toutes les parties doivent s'harmoniser entre elles et exigent un soin proportionné à leur importance. Il y a une raison très-puissante pour réunir entre les mains d'un seul corps le contrôle de toutes les affaires d'une localité. La plus grande imperfection des institutions populaires locales et ce qui les ruine si souvent, c'est le calibre médiocre des hommes qui les dirigent en général. Qu'ils soient très-mélangés, c'est à vrai dire une partie des avantages de l'institution, cette circonstance est ce qui en fait une école d'aptitude politique et d'intelligence générale. Mais une école suppose des professeurs aussi bien que des élèves ; l'avantage de l'institution, c'est qu'elle met des esprits inférieurs en contact avec des esprits supérieurs ; un contact qui, en général, est chose rare, et dont l'absence contribue grandement à maintenir la majorité de l'espèce humaine à un niveau d'ignorance satisfaite. En outre l'école est sans valeur, elle est nuisible au lieu d'être utile, si, faute de la surveillance voulue et de la présence dans ses rangs d'un ordre de caractères plus élevés, l'action du corps peut dégénérer, comme elle le fait si souvent, en une poursuite également stupide et indélicate de l'intérêt personnel de ses membres.

Or, il faut désespérer d'amener des personnes d'un rang élevé, soit social, soit intellectuel, à prendre une part dans une administration locale toute morcelée, pour y être membres, soit d'un conseil de pavage, soit d'une commission de drainage. La perspective d'avoir à traiter toute la besogne locale de leur ville, n'est pas de trop pour décider des hommes propres aux affaires nationales par leurs goûts et leurs connaissances, à devenir membres d'un simple corps local, y consacrant le temps et

les soins nécessaires pour que leur présence serve
à autre chose qu'à couvrir de leur responsabilité
des tricheries subalternes. Un simple conseil des
travaux, quoiqu'il comprenne toute la métropole,
sera composé, on peut en être sûr, de la même
classe de personnes que les assemblées des paroisses de Londres. Il n'est pas possible ni même désirable que ces personnes n'en forment pas la majorité; mais il est important, quelque but qu'on se
propose d'atteindre au moyen des corps locaux —
que ce soit l'accomplissement honnête et éclairé
de leurs devoirs particuliers, ou bien la culture de
l'intelligence politique de la nation — il est important, dis-je, que chacun de ces corps contienne
une partie des meilleurs esprits de la localité, qui
de là sorte sont mis en contact perpétuel (contact
des plus utiles) avec des esprits inférieurs, rece-
vant de ces derniers le savoir local ou professionnel
que ceux-ci ont à donner, et en retour leur inspi-
rant quelque chose de leurs idées plus étendues et
de leurs vues plus élevées et plus éclairées.

Un simple village n'a aucun droit à une représentation municipale. En parlant du village, j'entends
un endroit dont les habitants ne se distinguent ni
par leurs occupations ni par leurs relations sociales, des districts ruraux adjacents : un endroit dont
les besoins peuvent trouver leur satisfaction dans
les arrangements pris pour le territoire environ-

nant. Ces petits groupes ont rarement une population suffisante pour fournir un conseil municipal
passable. S'ils renferment quelques talents ou quelques connaissances applicables anx affaires publiques, c'est le fait d'un seul homme, qui par là devient le despote de l'endroit : il vaut mieux que ces
villages viennent se fondre dans une circonscription
plus vaste. La représentation locale des districts
ruraux sera déterminée naturellement par des considérations géographiques, en tenant compte de
ces sympathies qui aident si bien les hommes à
agir de concert, et qui tiennent en partie aux limites historiques comme celles des comtés ou des
provinces, en partie à la communauté d'intérêts et
d'occupation, comme dans les districts d'agriculture, de marine, de manufactures, de mines.

Les différentes sortes de besogne locale peuvent
exiger différentes catégories de représentations. On
s'est arrêté aux *unions de paroisses* comme étant la
meilleure base pour les corps représentatifs préposés au soulagement de l'indigence ; tandis que pour
la réglementation convenable des grands chemins,
des prisons ou de la police, une plus grande étendue, celle d'un comté ordinaire, a paru préférable.
Par conséquent, à l'égard de ces grands districts, la
maxime qu'un corps électif constitué dans une localité doit régir toutes les affaires locales, veut être
modifiée par un autre principe aussi bien que par

cette considération, qu'il est important de se procurer pour l'accomplissement des devoirs locaux,
les qualités spéciales les plus élevées. Par exemple,
s'il est nécessaire, comme je le crois, pour la bonne
administration de la loi des pauvres, que le territoire imposable ne soit pas plus étendu que celui
de la plupart des *unions* actuelles (principe qui
exige un conseil d'administrateurs pour chaque
union), cependant, comme on peut apparemment
attirer dans un conseil de comté une classe de personnes beaucoup plus hautement cultivée que
celle qui compose un conseil ordinaire d'administrateurs, il serait peut-être avantageux pour cette
raison, de réserver aux conseils de comtés certaines branches élevées des affaires locales, que sans
cela chaque union aurait très-bien pu diriger dans
sa propre sphère.

Outre le conseil contrôlant ou le sous-parlement
local, la besogne locale a son département exécutif,
par rapport auquel s'élèvent les mêmes questions
que par rapport aux pouvoirs exécutifs de l'État, et
ces questions peuvent pour la plupart être résolues
de la même façon. Les principes applicables à
toutes les charges publiques, sont en substance les
mêmes. D'abord tout fonctionnaire exécutif doit
être unique, et responsable à lui seul de toute la
fonction dont il est chargé, ensuite il doit être
nommé et non élu. Il est ridicule qu'un inspecteur

des travaux publics, ou un officier de santé, ou
même un percepteur, soient nommés par le suffrage populaire. Le choix populaire dépend ordinairement de l'intérêt d'un petit nombre de meneurs
locaux, qui n'étant pas censés faire la nomination
n'en sont pas responsables, ou d'un appel à la
sympathie, fondé sur ce qu'un homme a douze enfants, ou sur ce que depuis trente ans il est un
contribuable de la paroisse. Si, en pareil cas, l'é-
lection populaire n'est qu'une farce, la nomination
par le corps représentatif local ne vaut guère mieux :
de semblables corps ont une tendance perpétuelle
à devenir des compagnies par actions, où les intérêts et les intrigues de chacun se donnent carrière.
Les nominations devraient être faites sous la responsabilité individuelle du président du corps, qu'il
s'intitule maire ou président des sessions trimestrielles ou tout autrement. Il occupe dans la localité
une position analogue à celle du premier ministre
dans l'État, et, sous un régime bien entendu, la nomination et la surveillance des fonctionnaires locaux
devront former la partie la plus importante de sa
fonction, lui-même étant choisi par le conseil entre
tous ses membres, et soumis, soit à une réélection
annuelle, soit à une destitution sur un vote du
corps.

De la constitution des corps locaux, je passe
maintenant à la question également importante et

plus difficile de leurs attributions propres. Cette
question se divise en deux parties : 1° Quelles doivent être les fonctions des corps locaux ? 2° Doivent-ils avoir pleine et entière autorité dans leur
sphère, ou bien le gouvernement central peut-il
intervenir, et de quelle façon ?

D'abord, il est évident que toute besogne purement locale — toute celle qui ne touche qu'une
seule localité — devrait regarder les autorités locales. Le pavage, l'éclairage, le nettoyage des rues
d'une ville et dans des circonstances ordinaires, le
drainage des maisons, n'ont guère d'importance
que pour les habitants de cette ville. La nation, en
général, n'y a d'autre intérêt que celui qu'elle prend
au bien-être privé de chacun de ses citoyens. Mais
parmi les fonctions classées comme locales, ou accomplies par des fonctionnaires locaux, il y en a
beaucoup qu'on pourrait tout aussi bien appeler
des fonctions nationales, puisqu'elles sont la part
de la localité dans quelque branche d'administration publique dont la conduite importe également
à toute la nation. Telles sont les prisons, qui, pour
la plupart chez nous, sont au nombre des attributions locales, la police locale et l'administration locale de la justice dont une grande partie, surtout
dans les villes à corporations, est accomplie par des
fonctionnaires élus par la localité et payés sur les
fonds locaux. On ne peut dire qu'aucune de ces

matières ait une importance locale, distincte de
son importance nationale. Ce ne serait point chose
personnellement indifférente au reste du pays, si
une ville devenait par la mauvaise administration
de sa police un nid de voleurs ou un foyer de dé-
moralisation, ou si par ses mauvais règlements à
l'égard de sa prison, la punition que les tribunaux
auraient voulu infliger aux criminels que cette prison renferme (lesquels pourraient être venus d'un
autre district ou avoir commis leurs crimes dans
un autre district) si cette punition, dis-je pouvait
être doublée en intensité, ou réduite jusqu'à l'im-
punité réelle. En outre, les conditions qui constituent la bonne direction de ces services, sont les
mêmes partout. Il n'y a pas de raison pour que la
police, ou les prisons ou l'administration de la
justice soient dirigées d'une manière différente
dans les différentes parties du royaume ; tandis
qu'il y a grand danger que pour des choses d'une
telle importance, où ne suffisent que tout juste
les meilleurs esprits que puisse trouver l'État, les
capacités locales toujours inférieures ne commet-
tent des erreurs assez graves pour jeter un véritable discrédit sur l'administration générale du
pays.

La sécurité des personnes et des propriétés, la
justice égale pour tous, sont les premiers besoins
de la société et les premières fins du gouverne-

ment. Si l'on peut abandonner ces choses à une autre responsabilité que la plus élevée de toutes, il n'existe rien, excepté la guerre et les traités, qui nécessite un gouvernement général. Sans préjuger quels sont les meilleurs arrangements pour assurer ces fins élémentaires, ils devraient être universellement obligatoires, et placés sous une surveillance centrale qui en garantisse l'exécution. Il est souvent utile, et même avec nos institutions il est souvent nécessaire, vu le petit nombre de fonctionnaires qui représentent dans les localités le gouvernement général, que l'accomplissement des fonctions imposées par l'autorité centrale, soit confiée à des fonctionnaires nommés par la localité pour des objets locaux. Mais le public peut se convaincre chaque jour, qu'il est nécessaire d'avoir au moins des inspecteurs nommés par le gouvernement général, pour veiller à ce que les fonctionnaires locaux fassent leur devoir. Si la direction des prisons est entre les mains des localités, le gouvernement central nomme des inspecteurs des prisons pour veiller à ce que les règles établies par le parlement soient observées et pour en suggérer d'autres, si l'état des prisons le nécessite : de même qu'il y a des inspecteurs des manufactures et des inspecteurs des écoles pour veiller dans les premières à l'observance des actes du parlement, et dans les secondes à l'accomplissement des condi-

tions auxquelles est subordonnée la subvention de
l'État.

Mais, si l'administration de la justice y compris
la police et les prisons, étant à la fois une affaire
universelle et une chose de science générale indépendante des particularités locales, peut et doit être
réglementée conformément dans tout le royaume ;
si cette réglementation doit être imposée par des
mains plus habiles et plus exercées que celles des
autorités purement locales, il y a aussi des choses
comme l'administration de la loi des pauvres, les
règlements sanitaires, etc., qui, tandis qu'elles intéressent en réalité tout le pays, ne peuvent être
dirigées d'une manière compatible avec les fins
essentielles de l'administration locale, que par
les localités. A cet égard, il s'agit de savoir jusqu'à quel point on peut laisser faire les autorités,
sans le contrôle ou l'approbation nécessaire de
l'État.

Pour résoudre cette question, il est essentiel de
comparer la position des autorités centrales et locales, quant à la capacité pour la besogne, et quant
aux garanties contre la négligence ou l'abus. D'a-
bord, on peut être presque sûr que l'intelligence et
le savoir des conseils locaux et de leurs fonctionnaires seront de beaucoup inférieurs à ceux du
parlement et de l'exécutif national. Ensuite, outre
que ces conseils et leurs fonctionnaires ont une

moindre valeur, l'opinion publique qui les surveille
et envers laquelle ils sont responsables, est elle-
même inférieure. Le public devant lequel ils agissent, par lequel ils sont critiqués, est à la fois
moins nombreux et beaucoup moins éclairé généralement que celui qui dans la capitale entoure et
reprend les plus hautes autorités, tandis que l'in-
signifiance comparative des intérêts engagés diminue en outre chez ce public inférieur l'attention et
la sollicitude. L'intervention exercée par la presse
et par la discussion publique est beaucoup moindre, et peut être bien plus facilement négligée dans
le cas des autorités locales, que dans le cas des autorités nationales. Jusqu'ici, tout est en faveur du
gouvernement central. Mais si nous y regardons de
plus près, nous nous apercevons que les motifs de
cette préférence sont balancés par d'autres d'une
importance égale. Si les autorités locales et le public local sont inférieurs aux autorités centrales et
au public central, comme science des principes
d'administration, ils ont cet avantage qui compense
tout, d'être plus directement intéressés au résultat. Les voisins d'un homme, le propriétaire dont
il est le tenancier, peuvent être beaucoup plus habiles que lui, avoir un intérêt indirect à sa prospérité ; mais malgré tout cela, ses intérêts seront
beaucoup mieux soignés par lui que par eux. En
outre, il faut se souvenir que, même en supposant

que le gouvernement central administre au moyen
de ses propres fonctionnaires, ses fonctionnaires
n'agissent pas au centre, mais dans la localité ; et
si inférieur que puisse être le public local au public
central, c'est le public local seul qui peut les surveiller, et c'est l'opinion locale seule qui peut, soit
agir directement sur leur conduite, soit appeler
l'attention du gouvernement sur ce que cette conduite a de répréhensible. Ce n'est que dans les cas
extrêmes, que l'opinion générale du pays peut peser sur les détails d'administration locale, et ce
n'est que plus rarement encore qu'elle peut prononcer là-dessus avec pleine connaissance de cause.
Or, l'opinion locale agit nécessairement avec beaucoup plus de force sur les administrateurs purement locaux. D'ordinaire ils résident dans la ville
d'une manière permanente, n'ont nul projet de la
quitter lorsqu'ils cesseront d'y exercer leur autorité : et cette autorité elle-même dépend, on peut
le supposer, de la volonté du public local. Je n'ai
pas besoin de m'appesantir sur ce que l'autorité centrale manque d'une connaissance détaillée des personnes et des choses locales, ni sur ce que d'autres
soins absorbent trop son temps et ses pensées, pour
qu'elle puisse acquérir la quantité et la qualité d'information locale nécessaire pour la mettre en état
de prononcer sur les plaintes qu'elle reçoit au sujet
d'un si grand nombre d'agents locaux, et de les ren-

dre responsables. Donc pour les détails d'administration, les corps locaux auront généralement l'a-
vantage ; mais pour l'intelligence des principes de
l'administration même purement locale, la supériorité du gouvernement central, quand il est bien
constitué, devrait être prodigieuse, non pas seulement à raison de la supériorité personnelle probablement très-grande des individus qui le composent
et de la multitude de penseurs et d'écrivains constamment occupés à suggérer aux hommes d'État
des idées utiles, mais aussi parce que le savoir et
l'expérience de toute autorité locale ne sont que
locaux, c'est-à-dire bornés à une portion du pays
et à ses modes particuliers d'administrations, tandis que le gouvernement central peut recueillir des
expériences faites dans le royaume, et même facilement dans les pays étrangers.

Il n'est pas difficile de tirer de ces prémices une
conclusion pratique. L'autorité qui en sait le plus
en fait de principes, devrait être l'autorité suprême
pour tout ce qui est principe, tandis qu'on devrait
abandonner les détails à l'autorité qui est la plus
compétente en fait de détails. La principale besogne
de l'autorité centrale devrait être de donner l'instruction, celle de l'autorité locale de l'appliquer. Le
pouvoir peut être localisé, mais le savoir, pour être
utile, doit être centralisé. Il faut qu'il y ait quelque
part un foyer où se réunissent tous ses rayons épars,

afin que les lumières imparfaites qui existent d'ailleurs, puissent trouver là ce qu'il faut pour se compléter et purifier. A chaque branche d'administration locale, qui affecte l'intérêt général, devrait correspondre un organe central, soit un ministre, soit un fonctionnaire tout spécial au-dessous de lui, quand même ce fonctionnaire ne ferait que recueillir partout des informations, et répandre dans une localité l'expérience acquise dans une autre. Mais l'autorité centrale a quelque chose de plus à faire que cela. Elle devrait être constamment en communication avec les localités, s'éclairant de leur expérience et les éclairant de la sienne propre, donnant volontiers son avis quand on le lui demande, l'offrant quand elle le juge nécessaire, exigeant partout procès-verbaux des délibérations, publicité de tout ce qui s'est passé, imposant la soumission aux lois générales que la législature a établies pour l'administration locale. Bien peu de gens contesteront l'utilité de pareilles lois. On peut permettre aux localités de mal diriger leurs propres intérêts, mais non pas de nuire aux intérêts des autres, ni de violer ces principes de justice entre une personne et une autre, dont l'État doit exiger la stricte observance. Si la majorité locale cherche à opprimer la minorité, ou si une classe cherche à en opprimer une autre, l'État doit intervenir. Par exemple, tous les impôts locaux devraient être votés exclusivement par le corps représentatif local; mais ce corps, quoique élu uniquement par les contribuables, peut avoir une manière d'établir et de percevoir les impôts qui fasse retomber la plus grande part du fardeau sur les pauvres, ou sur les riches, ou sur quelques classes particulières de la population. C'est donc le devoir de la législature, tout en laissant le chiffre des taxes locales à la disposition du corps local, d'établir des règles obligatoires pour l'assiette et la perception de l'impôt. De même, dans l'administration de la charité publique, l'activité et la moralité de toute la population ouvrière, dépendent à un très-haut degré du maintien de certains principes déterminés. Quoiqu'il appartienne essentiellement aux fonctionnaires locaux, de décider qui doit être secouru d'après ces principes, le parlement national est l'autorité qui doit fixer ces principes eux-mêmes, et il négligerait la portion la plus importante de son devoir, si, pour une chose qui intéresse aussi sérieusement la nation, il n'établissait pas des règles obligatoires, et ne prenait pas des précautions suffisantes pour que les règles fussent observées. Le degré d'intervention centrale qui peut être nécessaire pour la stricte observance de ces lois, est une question de détail qu'il serait superflu d'aborder. Naturellement, les lois elles-mêmes définiront les pénalités, et détermineront leur mode d'application. Il peut être nécessaire dans des cas extrêmes, que le pouvoir de l'autorité centrale aille jusqu'à dissoudre le conseil représentatif, ou à destituer l'*exécutif* local ; mais ce pouvoir ne doit pas aller jusqu'à faire des nouvelles nominations, ou jusqu'à suspendre les institutions locales. Là où le parlement n'est pas intervenu, aucune branche de l'*exécutif* ne devrait intervenir d'une façon impérative ; mais comme conseiller et comme critique, comme agent des lois et comme dénonciateur auprès du parlement ou des colléges électoraux de toute conduite répréhensible, les fonctions de l'*exécutif* sont des plus utiles. Mais, direz-vous peut-être, l'autorité centrale a beau surpasser l'autorité locale en connaissance des principes administratifs, le grand objet sur lequel on a tant insisté, l'éducation sociale et politique des citoyens, exige en ces matières la pleine souveraineté des citoyens quelque imparfaites que soient leurs lumières. A cela, on pourrait répondre que l'éducation des citoyens n'est pas la seule chose à considérer, si importante qu'elle soit : le gouvernement et l'administration n'existent pas uniquement à cette fin. Mais ceux qui parlent ainsi montrent qu'ils ne comprennent que très-imparfaitement la fonction des institutions populaires, comme moyen d'instruction politique. Pauvre éducation vraiment, que celle qui associe l'ignorance avec l'ignorance, et qui les laisse, si elles aspirent au savoir, le chercher en tâtonnant, sans aucun secours, ou bien s'en passer si elles n'y aspirent pas ! Ce qui importe, c'est d'éveiller chez l'ignorance la conscience de son état, et de la rendre capable de profiter du savoir ; c'est d'accoutumer des esprits qui ne connaissent que la routine, à agir d'après des principes et à en sentir la valeur ; c'est de leur apprendre à comparer différents modes d'actions, et à distinguer le meilleur en se servant de leur raison. Quand nos désirons avoir une bonne école, nous ne chassons pas le maître d'école. Le vieux proverbe : « Tant vaut le maître, tant vaut l'école, » est aussi vrai pour l'éducation indirecte des hommes par les affaires publiques, que pour l'éducation directe de la jeunesse dans les pensions et dans les colléges. Un gouvernement qui veut tout faire, est spirituellement comparé par M. Charles de Rémusat, à un maître d'école qui fait les devoirs de ses élèves à leur place ; il peut être très-populaire parmi ses élèves, mais il leur enseignera peu de chose. D'un autre côté, un gouvernement qui ne fait rien lui-même de ce qui peut à la rigueur être fait par d'autres, et qui n'apprend rien à personne, est comme une école où il n'y a pas de maître d'école, mais seulement des *moniteurs* qui n'ont jamais reçu eux-mêmes le moindre enseignement.

CHAPITRE XVI

On peut dire qu'il y a nationalité là où se trouvent des hommes unis par des sympathies communes qui n'existent pas entre eux et d'autres hommes, sympathies qui les portent à agir de concert beaucoup plus volontiers qu'ils ne le feraient avec d'autres, à désirer vivre sous le même gouvernement et à désirer que ce gouvernement soit exercé exclusivement par eux-mêmes ou par une portion d'entre eux. Le sentiment de nationalité peut avoir été engendré par diverses causes ; c'est quelquefois l'effet de l'identité de race et de souche ; souvent la communauté de langage et la communauté de religion contribuent à le faire naître, les limites géographiques également. Mais la cause la plus puissante de toutes, c'est l'identité d'antécédents politiques, la possession d'une histoire nationale et par conséquent la communauté de souvenirs, l'orgueil et l'humiliation, le plaisir et le regret collectifs se rattachant aux mêmes incidents du passé. Cependant aucune de ces circonstances n'est, ou indispensable, ou absolument suffisante à elle seule. La Suisse a un très-fort sentiment de nationalité, parmi des cantons différant de race, de langue et de religion. Jusqu'à présent, la Sicile s'est senti une nationalité distincte de celle de Naples, malgré l'identité de religion et presque de langue, et malgré une foule d'antécédents historiques communs. Les provinces flamandes et wallonnes de la Belgique, malgré la diversité de race et de langage, sont unies par un sentiment de nationalité commun beaucoup plus fort qu'il n'en existe entre les premières et la Hollande, ou entre les dernières et la France. Cependant en général le sentiment national est plus faible suivant qu'il manque une ou plusieurs des causes qui contribuent à le faire naître. L'identité de langage, de littérature et jusqu'à un certain point de race et de souvenirs, ont maintenu un sentiment de nationalité très-fort entre les diverses portions de l'Allemagne, quoique jamais elles n'aient été réellement unies sous le même gouvernement; mais ce sentiment n'a jamais été assez fort pour faire désirer aux divers États d'abdiquer leur autonomie. Chez les Italiens, une certaine identité de langue et de littérature combinée avec une position géographique qui les sépare bien distinctement des autres peuples, et plus que toutes choses peut-être, la possession d'un nom commun par où ils revendiquent tous la gloire artistique, militaire, politique, religieuse, scientifique, littéraire, de tous ceux qui ont porté ce nom, — tout cela, dis-je, éveille dans la population un élan de sentiment national, qui, quoique très-imparfait encore, a suffi pour produire les grands événements qui s'accomplissent aujourd'hui : malgré un véritable mélange de races, et bien que ce peuple n'ait jamais été sous le même gouvernement ni dans les temps anciens, ni dans les temps modernes, excepté peut-être pendant que ce gouvernement s'étendait ou était en voie de s'étendre, sur la plus grande partie du monde connu.

Lorsque le sentiment de nationalité existe quelque part, il y a une raison *prima facie* pour unir tous les membres de la nationalité sous le même gouvernement et sous un gouvernement à eux propre ; ceci revient à dire que la question du gouvernement devrait être décidée par les gouvernés. On ne voit guère ce qu'un groupe d'hommes devrait être libre de faire, si ce n'est de chercher avec lesquels des divers corps collectifs d'êtres humains il lui plaît de s'associer. Mais quand un peuple est mûr pour les institutions libres, il y a une considération encore plus vitale : les institutions libres sont presque impossibles dans un pays composé de nationalités différentes, chez un peuple où n'existe pas de lien sympathique, surtout si ce peuple lit et parle des langues différentes. L'opinion publique et générale, nécessaire à l'œuvre du gouvernement représentatif, ne peut exister. Les influences qui forment les opinions et qui décident des actes politiques sont différentes dans les différentes sections du pays. Les chefs de parti qui ont la confiance d'une portion du pays ne l'ont pas ailleurs. Les mêmes livres, les mêmes journaux, les mêmes brochures, les mêmes discours ne leur parviennent pas. Une section ignore les opinions ou les impulsions qui circulent dans une autre. Les mêmes incidents, les mêmes actes, le même système de gouvernement, les touchent d'une façon différente, et chacune d'entre elles a plus à craindre des autres sections que de leur arbitre commun, l'État. Leur haine naturelle est généralement beaucoup plus forte que leur jalousie du gouvernement. Qu'une des nationalités se sente blessée par la politique du gouvernant commun, cela suffit pour en décider une autre à soutenir cette politique. Fussent-elles toutes blessées, chacune sent qu'elle ne peut compter sur les autres pour appuyer sa résistance ; aucune n'est assez forte pour résister à elle seule, et chacune peut croire raisonnablement qu'il est de son avantage d'obtenir la faveur du gouvernement contre les autres.

Il manque par-dessus tout dans ce cas, le seule véritable garantie en dernier ressort, contre le despotisme du gouvernement : la sympathie de l'armée pour le peuple. L'armée est la portion de toute communauté qui par sa nature fait la distinction la plus forte et la plus profonde entre ses compatriotes et les autres peuples ; pour le reste de la nation, les autres peuples sont simplement des étrangers ; pour le soldat ce sont des hommes contre lesquels il peut être appelé d'ici à huit jours, à livrer un combat à mort. Pour lui, la différence est celle qu'il y a entre amis et ennemis, nous pourrions presque dire entre des hommes comme lui et une autre espèce d'animaux ; car en ce qui touche l'ennemi, la seule loi est celle de la force, et le seul adoucissement à cette loi tout comme dans le cas des animaux, c'est la simple humanité. Des soldats pour lesquels la moitié ou les trois quarts des sujets d'un même gouvernement sont étrangers, n'auront pas plus de scrupule à tirer dessus, ni plus d'envie de savoir pourquoi, qu'ils n'en auraient pour agir de même envers des ennemis déclarés. Une armée composée de nationalités différentes, n'a d'autre patriotisme que l'attachement au drapeau. De telles armées ont été les bourreaux de la liberté pendant toute l'histoire moderne. Le seul seul lien qui les retienne ensemble, ce sont leurs officiers et le gouvernement qu'elles servent : et leur seule idée de devoir public, si elles en ont une, c'est l'obéissance aux ordres. Un gouvernement qui se soutient ainsi, en mettant ses régiments hongrois en Italie, et ses régiments italiens en Hongrie, peut continuer longtemps à gouverner les deux pays avec le sceptre de fer des conquérants étrangers.

Si l'on dit qu'une distinction aussi tranchée entre ce qui est dû à un concitoyen et ce qui est dû simplement à un être humain, est plus digne d'un peuple de sauvages que d'un peuple civilisé et doit être énergiquement combattu, personne n'en est plus convaincu que moi. Mais dans l'état actuel de la civilisation, on n'atteindra jamais ce but, l'un des plus dignes que puisse se proposer l'effort humain, si l'on retient des nationalités différentes, de force à peu près égale, sous un même gouvernement. Dans un état barbare de société, le cas est quelquefois différent. Alors le gouvernement peut être intéressé à adoucir les antipathies de races, afin de maintenir la paix et de gouverner plus facilement. Mais quand il y a chez un de ces peuples artificiellement réunis, soit des institutions libres, soit le désir d'en avoir, l'intérêt du gouvernement est tout autre. Le gouvernement est alors intéressé à entretenir et à réchauffer leurs antipathies, afin de les empêcher de se fondre, et afin de pouvoir faire de quelques-uns les instruments de sa domination absolue sur les autres. La cour d'Autriche a fait de cette tactique, depuis toute une génération, son principal moyen de gouvernement : avec quel fatal succès au moment de l'insurrection de Vienne et de la lutte hongroise, le monde ne le sait que trop bien. Heureusement on s'aperçoit maintenant, à certains indices, que nous avons atteint un degré de progrès trop avancé pour que cette politique puisse désormais réussir.

Pour toutes les raisons que je viens d'énumérer, une condition généralement nécessaire des institutions libres, c'est que les limites des gouvernements coïncident à peu près avec celles des nationalités. Mais dans la pratique, plusieurs considérations peuvent s'opposer à ce principe général. D'abord son application rencontre souvent des obstacles géographiques. Il y a des portions de l'Europe même, où les différentes nationalités sont tellement entremêlées localement, qu'il ne leur est pas possible d'être sous des gouvernements séparés. La population de la Hongrie est composée de Magyares, de Slovaques, de Croates, de Serbes, de Roumans, et dans certains districts d'Allemands, si bien mélangés, qu'une séparation locale serait impossible pour eux, et qu'il ne leur reste qu'à faire de nécessité vertu, et à prendre leur parti de vivre ensemble sous les mêmes lois et avec des droits égaux. Leur communauté de servitude qui date seulement de la destruction de l'indépendance hongroise en 1849, semble les mûrir et les préparer pour une pareille union. La colonie allemande de la Prusse orientale est séparée de l'Allemagne par une portion de l'ancienne Pologne, et comme elle est trop faible pour garder son indépendance distincte, il faut, pour la continuité géographique, ou qu'elle soit sous un gouvernement non allemand, ou que le territoire polonais qui la sépare soit sous un gouvernement allemand. Une autre région considérable où l'élément dominant dans la population est allemand (les provinces de Courlande, d'Esthonie et de Livónie), est condamnée par sa position locale à faire partie d'un État slave. Dans l'est de l'Allemagne même, il y a une nombreuse population slave ; les habitants de la Bohême sont Slaves pour la plupart, ainsi qu'une portion de ceux de la Silésie et d'autres districts. Le pays le plus uni de l'Europe, la France, est loin d'être homogène; outre les fragments de nationalités étrangères qui se trouvent à ses limites extrêmes, elle se compose, comme le prouvent sa langue et son histoire, de deux portions : l'une occupée presque exclusivement par une population gallo-romaine, tandis que dans l'autre les Francs, les Bourguignons et les autres rares teutoniques jouent un rôle considérable.

Les exigences géographiques étant admises au-

tant qu'il est raisonnable de le faire, il se présente
une autre considération purement morale et sociale. L'expérience prouve qu'il est possible à une
nationalité de se fondre et d'être absorbée dans une
autre ; et quand cette nationalité était originairement une portion inférieure ou arriérée de l'espèce
humaine, l'absorption est grandement à son avantage. Personne ne peut supposer qu'il ne soit pas
plus avantageux pour un Breton ou pour un Basque
de la Navarre française, d'être entraîné dans le courant d'idées et de sentiments d'un peuple hautement civilisé et cultivé — d'être un membre de la
nationalité française, possédant sur le pied de l'é-
galité tous les priviléges d'un citoyen français, partageant les avantages de la protection française, et
la dignité et le prestige du pouvoir français — que
de bouder sur ses rochers, échantillon à moitié
sauvage des temps passés, tournant sans cesse
dans son étroit orbite intellectuel, sans participer
ni s'intéresser au mouvement général du monde.
La même remarque s'applique au Gallois ou à
l'Écossais des hautes terres, comme membre de
la nation anglaise.

Tout ce qui tend à mélanger les nationalités, à
fondre leurs qualités et leurs particularités dans
une union commune, est un bienfait pour la race
humaine. L'union ne détruit pas les types (on
peut être sûr qu'il en reste de nombreux échan-

tillons, dans les cas qu'on vient de citer), mais
elle les adoucit dans ce qu'ils ont d'extrême, et elle
comble le vide qui les sépare. Un peuple uni, tout
comme une race d'animaux croisés (mais à un degré beaucoup plus grand, parce que les influences
qui opèrent sont morales, aussi bien que physiques), hérite des aptitudes et des qualités spéciales de tous ses ancêtres, et le mélange le protége contre la tendance à exagérer ces aptitudes et
qualités, jusqu'aux vices qui en approchent. Mais,
pour rendre ce mélange possible, il faut des conditions particulières. Les combinaisons de circonstances qui peuvent se rencontrer et en affecter le
résultat, sont nombreuses.

Les nationalités réunies sous le même gouvernement peuvent être à peu près égales en nombre et
en force, ou bien très-inégales. Si elles sont inégales, la moins nombreuse des deux peut être ou supérieure ou inférieure en civilisation. Supposons
qu'elle soit supérieure, elle peut ou prendre grâce
à sa supériorité de l'ascendant sur le reste, ou être
subjuguée par la force brutale et asservie. Ceci est
un désastre s'il en fut pour la race humaine :
une de ces choses auxquelles l'humanité civilisée
tout entière devrait s'opposer les armes à la main.
L'absorption de la Grèce par la Macédoine a été un
des plus grands malheurs qui soient arrivés au
monde ; l'absorption de quelqu'un des principaux

pays de l'Europe par la Russie serait un aussi grand malheur.

Si la moindre des deux nationalités, qu'on suppose être la plus civilisée, peut subjuguer l'autre, comme firent pour l'Asie les Macédoniens aidés par les Grecs, ou comme firent les Anglais pour l'Inde, la civilisation y gagne souvent quelque chose ; mais dans ce cas, le peuple conquérant et le peuple conquis ne peuvent vivre sous les mêmes institutions libres. L'absorption des conquérants par le peuple le moins avancé serait un mal ; ce peuple doit être traité en sujet, et cet état de choses est pour lui, soit un bien, soit un mal, suivant qu'il a ou qu'il n'a pas atteint le point où l'on est blessé de ne pas se sentir sous un gouvernement libre, et aussi, suivant la manière dont les conquérants usent de leur supériorité. Ce sujet sera traité en particulier dans un des chapitres qui vont suivre.

Quand la nationalité qui réussit à subjuguer l'autre est à la fois la plus nombreuse et la plus civilisée, quand surtout la nationalité soumise est peu considérable et n'a aucun espoir de recouvrer son indépendance ; alors, si elle est gouvernée avec une justice tolérable, et que les membres de la nationalité la plus nombreuse ne lui soient pas odieux à cause de leurs priviléges exclusifs, la plus petite nationalité peut graduellement se faire à sa position et se fondre avec l'autre. Aujourd'hui, nul bas-Breton,

nul Alsacien, n'a le moindre désir d'être séparé
de la France. Si tous les Irlandais n'ont pas encore
les mêmes sentiments envers l'Angleterre, c'est en
partie parce qu'ils sont assez nombreux pour former
à eux seuls une nationalité respectable, mais surtout parce que jusqu'à une époque récente, ils ont
été gouvernés d'une manière si atroce, que chez
eux les meilleurs sentiments s'unissaient aux pires,
pour éveiller dans leur cœur la haine du gouvernement saxon.

Cette disgrâce pour l'Angleterre et cette calamité
pour tout le royaume, a complétement cessé, on
peut le dire avec vérité, depuis près d'une génération. Aujourd'hui, un Irlandais n'est pas moins libre qu'un Anglais, et sa part d'avantages, soit collectifs, soit individuels, n'est pas moindre que s'il
était né dans toute autre partie des possessions anglaises. Le seul grief réel que conserve l'Irlande,
celui d'une église d'État, elle le partage avec la moitié presque des habitants de l'Angleterre proprement dite. Aujourd'hui il n'y a presque rien (si ce
n'est le souvenir du passé et la différence, quant à
la religion dominante) qui sépare les deux races
les mieux faites entre toutes, pour se compléter
l'une par l'autre. La conscience qu'ils sont traités
non-seulement avec une justice égale, mais encore
avec une considération égale, se répand si bien chez
les Irlandais, qu'elle y détruit tous les sentiments

qui les rendaient insensibles aux avantages que le
peuple le moins nombreux et le moins riche recueille nécessairement, lorsqu'il vient à faire partie
d'un peuple, qui non-seulement est son proche voisin, mais encore qui est le plus riche, et un des
plus libres, des plus puissants et des plus civilisés
de la terre.

Le cas où il y a le plus d'obstacles à ce que les
nationalités se fondent, est celui où les nationalités
réunies ensemble sont égales, quant au nombre et
quant aux autres éléments du pouvoir. En pareil
cas, chacune d'elles se confiant en sa force et se
sentant capable de soutenir une lutte contre une
des autres, refuse de se fondre ; chacune d'elles cultive avec un entêtement de parti ses particularités
distinctives, ou fait revivre des coutumes surannées
et même les langages tombés en désuétude, pour
que la ligne de démarcation soit mieux tranchée ;
chaque race se trouve tyrannisée, si des fonctionnaires d'une race rivale exercent sur elle quelque
autorité, et tout ce qui est donné à une des nationalités est regardé comme autant de pris aux autres. Quand des nations ainsi divisées sont sous un
gouvernement despotique qui leur est étranger à
toutes, ou qui, bien que sorti de l'une d'elles, tient
encore plus à son pouvoir qu'à ses sympathies nationales et les traite sur le même pied, choisissant
indifféremment ses instruments dans l'une ou dans

l'autre, alors au bout de quelques générations, l'identité de situations produit souvent l'harmonie de sentiments, et les différentes races en viennent à se regarder comme des compatriotes, surtout si elles sont dispersées sur la même étendue de pays. Mais si l'ère de l'aspiration vers un gouvernement libre arrive, avant que cette fusion ait été effectuée, elle ne s'effectuera pas : l'occasion en est passée. A partir de ce moment, si les nationalités irréconciliables sont séparées géographiquement, et surtout si leur position locale est telle qu'il n'y ait ni à-propos ni convenance naturelle, à ce qu'elles soient sous le même gouvernement (comme dans le cas d'une province italienne sous le joug français ou allemand), non-seulement il serait convenable, mais encore il est nécessaire, si l'on tient à la liberté ou à la concorde, de rompre le lien complétement. Il y a certains cas où les provinces après une séparation, peuvent trouver avantage à rester unies par une fédération ; mais il arrive en général, que si elles sont disposées à renoncer à leur complète indépendance, et à faire partie d'une fédération, chacune d'elles a d'autres voisins auxquels elles préféreraient s'allier, ayant en commun avec eux plus de sympathies, si ce n'est plus d'intérêts.

CHAPITRE XVII

Des groupes d'hommes qui ne sont pas capables ni désireux de vivre sous le même gouvernement intérieur, peuvent trouver un avantage à être unis fédéralement, quant à leurs relations avec les étrangers, d'abord pour se mieux défendre contre l'agression d'États puissants, et ensuite pour empêcher des guerres entre eux-mêmes.

Pour qu'une fédération soit avantageuse, plusieurs conditions sont nécessaires. La première, c'est qu'il y ait une dose suffisante de sympathie mutuelle entre les populations. La fédération les oblige toujours à combattre ensemble, et si elles ont les unes envers les autres des sentiments tels, ou bien une telle diversité de sentiments à l'égard de leurs voisins, qu'elles préféreront en général combattre les unes contre les autres, le lien fédéral a peu de chance de durer longtemps, et d'être observé tandis qu'il existe. Les sympathies utiles à cet effet, sont celles de race, de langage, de religion et par-dessus tout d'institutions politiques comme conduisant le mieux à créer l'identité d'intérêts politiques. Quand un petit nombre d'États libres, incapables de se défendre chacun séparément, sont environnés de tous côtés par des monarques militaires ou féodaux qui haïssent et qui méprisent la liberté, même chez un voisin, ces États ne conserveront la liberté et ses bienfaits, que moyennant une union fédérale. En Suisse, la communauté d'intérêts produite par cette cause a suffi pendant plusieurs siècles pour maintenir le lien fédéral, en dépit non-seulement de la différence de religion, alors que la religion était la grande source d'inimitiés politiques irréconciliables dans toute l'Europe, mais encore en dépit d'une grande faiblesse dans la constitution de la fédération en elle-même. En Amérique, où existait au plus haut degré toutes les conditions nécessaires au maintien de l'Union, avec l'unique inconvénient de la différence d'institutions sur le seul mais important article de l'esclavage, cette différence a si bien éteint toute sympathie entre les deux parties de l'Union, qu'aujourd'hui c'est là ce qui rompt un lien si précieux pour l'une et l'autre.

La seconde condition de stabilité pour un gouvernement fédéral, c'est que les divers États ne soient pas assez puissants pour pouvoir se défendre à eux seuls, en cas d'invasion étrangère. S'ils ont cette puissance, ils seront portés à penser qu'ils ne gagnent pas à leur union avec les autres ce qu'ils perdent à sacrifier leur propre liberté d'action ; et en conséquence, partout où la politique de la confédération, dans des choses de sa compétence, différerait de celle qu'aurait suivie un de ses membres isolément, cette dissidence jointe au peu d'alarme qu'inspire l'étranger, serait peut-être capable de dissoudre complétement l'union.

Une troisième condition non moins importante que les deux autres, c'est qu'il n'y ait pas une inégalité de forces très-marquée entre les divers États contractants. A la vérité, ils ne peuvent pas être tous également puissants ; en toute fédération, il y aura toujours une gradation de pouvoir ; certains États seront plus populeux, plus riches et plus civilisés que d'autres. Il y a une immense différence en fait de richesse et de population entre New-York et Rhode-Island, entre Berne et Zug, ou Glaris. L'essentiel, c'est qu'il n'y ait pas un État tellement supérieur aux autres, qu'il puisse lutter contre plusieurs d'entre eux réunis. S'il y a un pareil État et qu'il n'y en ait qu'un, il voudra diriger les délibérations communes. S'il y en a deux, ils seront irrésistibles quand ils seront d'accord, et quand ils ne le seront pas, tout sera décidé par une lutte pour le pouvoir entre les deux rivaux. Cette cause suffit à elle seule pour réduire la Confédération germanique, indépendamment de sa détestable constitution intérieure, à l'état presque de nullité ; elle n'atteint aucun des buts véritables d'une confédération. Elle n'a jamais donné à l'Allemagne un système de coutumes uniformes, ni même une monnaie uniforme ; elle n'a servi qu'à donner le droit à l'Autriche et à la Prusse d'envoyer leurs troupes aider les souverains locaux à maintenir leur domination, tandis qu'en ce qui regarde les affaires extérieures, la confédération ferait de toute l'Allemagne une dépendance de la Prusse, s'il n'y avait pas d'Autriche, ou de l'Autriche, s'il n'y avait pas de Prusse. En même temps chaque petit prince ne peut guère être qu'un partisan de l'une ou de l'autre, ou bien intriguer avec les gouvernements étrangers contre toutes deux.

Il y a deux manières différentes d'organiser une fédération. Les autorités fédérales peuvent ne représenter que les gouvernements, et leurs actes peuvent n'être obligatoires que pour les gouvernements comme tels : ou bien elles peuvent avoir le droit de faire des lois et de donner des ordres qui s'adressent directement, dans chaque État, aux citoyens privés. Le premier mode a été adopté par la soi-disant Confédération germanique, et par la Suisse jusqu'en 1847. On en a essayé en Amérique pendant les premières années qui suivirent la guerre de l'Indépendance. L'autre principe est celui de la constitution actuelle des États-Unis, adopté il y a une douzaine d'années par la Confédération suisse. Le congrès fédéral de l'Union américaine prend une part réelle au gouvernement de chaque État individuel. Dans les limites de ses attributions, il fait des lois qui sont obéies par chaque citoyen individuellement ; il les exécute au moyen de ses propres fonctionnaires, et ses propres tribunaux en imposent l'observance. Voilà le seul principe qui ait jamais pu et qui pourra jamais produire un gouvernement fédéral puissant. Une union entre les gouvernements seulement est une simple alliance, et sujette à toutes les éventualités qui rendent les alliances précaires. Si des actes émanés du président et du congrès n'étaient obligatoires que pour les gouvernements de New-York, de la Virginie, de la Pensylvanie, etc., et ne pouvaient être exécutés que moyennant des ordres transmis par ces gouvernements à leurs propres fonctionnaires et sous la responsabilité de leurs propres tribunaux, nul décret du gouvernement fédéral qui déplairait à une majorité locale ne serait exécuté. Ce qu'on exige d'un gouvernement, on ne peut le lui imposer que par la guerre ; il faudrait donc qu'une armée fédérale fût toujours prête à imposer l'observance des décrets de la fédération à tout État récalcitrant : et il pourrait très-bien se faire que les autres États sympathisant avec l'État rebelle et partageant peut-être ses sentiments sur le point en question, retirassent

leurs contingents ou même les envoyassent grossir
l'armée de l'État récalcitrant.

Une pareille fédération susciterait plutôt qu'elle
n'empêcherait les guerres intérieures ; et si tel n'a
pas été son effet en Suisse, jusqu'aux événements
qui précédèrent immédiatement l'année 1847, c'est
uniquement parce que le gouvernement fédéral sentait si bien sa faiblesse, qu'il n'essayait presque jamais d'exercer aucune autorité réelle. En Amérique, une fédération constituée sur ce principe a
complétement échoué au bout de très-peu de temps ;
mais heureusement les hommes dont l'habileté et
la prépondérance avaient fondé la république, vivaient encore pour la guider dans cette transition
difficile. Le *Fédéraliste*, un journal écrit par trois
de ces hommes éminents, pour expliquer et défendre le nouveau projet de constitution fédérale
qui avait encore à se faire accepter de la nation, est
aujourd'hui même le traité le plus instructif que nous
possédions sur le gouvernement fédéral. La fédération allemande qui est la plus imparfaite de toutes,
n'a réussi à rien, pas même à maintenir une alliance.
Jamais, dans aucune guerre européenne, elle n'a
empêché des membres isolés de la confédération de
s'allier contre le reste, avec des puissances étrangères. Cependant, c'est la seule fédération qui semble possible entre des États monarchiques. Un roi
qui a hérité de son pouvoir, qui ne le possède pas

par délégation, et qui ne peut pas en être dépouillé ni être rendu responsable envers qui que ce
soit de l'usage qu'il en fait, ce roi ne renoncera probablement point à avoir une armée à lui ; et il ne
supportera pas que l'autorité suprême soit exercée
sur ses sujets, non par lui directement, mais par un
autre pouvoir : pour que deux ou trois pays sous le
gouvernement royal puissent former une fédération
puissante, il semble nécessaire qu'ils soient tous
sous le même roi ; l'Angleterre et l'Écosse formèrent une fédération semblable pendant l'intervalle
d'un siècle environ qui s'écoula entre l'union des
couronnes et celle des parlements. Mais cette fédération même devait sa force, non aux institutions
fédérales, car il n'en existait aucune, mais bien à
ce que le pouvoir royal dans les deux constitutions
a été pendant presque tout ce temps assez absolu
pour que la politique étrangère des deux pays fût
dirigée par une seule volonté.

Avec le système plus parfait de fédération, où tout
citoyen de chaque État particulier doit obéissance
à deux gouvernements, à celui de son propre État
et à celui de la fédération, il est évidemment nécessaire, non-seulement que les limites constitutionnelles de l'autorité de chacun de ces pouvoirs soient
précisées clairement, mais encore que le droit de
prononcer entre eux en cas de dispute, n'appartienne à aucun des gouvernements. ni à aucun fonc-

tionnaire qui leur soit soumis, mais bien à un
arbitre indépendant. Il faut qu'il y ait une cour suprême de justice et un système de cours subordon-
nées dans chaque État de l'Union pour juger de
semblables questions : et le jugement de ces cours,
en dernier ressort, doit être décisif. Il faut que chaque État de l'Union, le gouvernement fédéral lui-
même et leurs fonctionnaires à tous puissent être
poursuivis devant ces cours, s'ils dépassent les bornes de leurs pouvoirs ou s'ils n'accomplissent pas
leurs devoirs fédéraux ; et en général ils doivent
être obligés de se servir de ces cours pour appuyer
leurs droits fédéraux. Ceci implique cette conséquence remarquable réalisée aujourd'hui aux États-
Unis, qu'une cour de justice, le tribunal fédéral le
plus élevé, possède le pouvoir suprême sur tous les
gouvernements, gouvernement d'État et gouvernement fédéral, puisqu'elle a le droit de déclarer
que toute loi ou tout acte émané d'eux dépasse les
bornes du pouvoir que leur a départi la constitution
fédérale, et par conséquent n'a aucune valeur légale. Il était naturel, avant d'en avoir fait l'épreuve,
de douter fortement de l'effet d'une pareille institution ; il était naturel de se demander si le tribunal
aurait le courage d'exercer son pouvoir constitutionnel, si, ayant ce courage, il exercerait son pouvoir, et si les gouvernements consentiraient à exécuter paisiblement sa décision. Les disputes

soulevées par la constitution américaine, avant son adoption finale, prouvent qu'on ressentait vivement ces appréhensions toutes naturelles. Mais elles sont maintenant complétement calmées, puisque durant l'espace de deux générations et plus, rien ne les a justifiées, quoiqu'il y ait eu parfois des discussions très-acerbes et qui ont créé des partis, sur les limites de l'autorité du gouvernement fédéral et des gouvernements d'États.

L'effet éminemment avantageux d'une si singulière institution tient probablement, ainsi que le remarque M. de Tocqueville, à cette particularité qui distingue une cour de justice agissant comme telle, savoir: qu'elle n'impose pas la loi, *eo nomine*, d'une façon abstraite, mais qu'elle attend la survenance d'un cas judiciaire où la question se trouve comprise: par où il arrive que la cour ne se prononce pas dès le début d'une controverse, qu'une longue discussion populaire précède d'ordinaire ses jugements, qu'elle ne les émet qu'après avoir entendu discuter pleinement les deux côtés de la question par des avocats renommés, qu'elle ne prononce à la fois que sur cette partie de la question impliquée dans le cas dont il s'agit, et que sa décision, au lieu d'être offerte dans un but politique, lui est arrachée par l'obligation à laquelle elle ne peut manquer de faire justice à deux partis qui se présentent devant elle. Ces motifs de confiance eux-mêmes n'auraient

pas suffi à produire cette soumission respectueuse
avec laquelle toutes les autorités ont accepté les décisions de la cour suprême sur l'interprétation de la
constitution, si l'on n'avait senti qu'on pouvait se
fier entièrement, non-seulement à la supériorité
intellectuelle des juges qui composent ce tribunal,
mais encore à leur complète indépendance de tout
esprit de parti. La plupart du temps, cette confiance a été justifiée; mais rien n'est si important
pour les Américains que d'écarter avec le plus grand
soin tout ce qui aurait la moindre tendance à détériorer la valeur de cette grande institution nationale. La confiance d'où dépend la stabilité des institutions fédérales a été ébranlée pour la première
fois par le jugement qui déclarait que l'esclavage
était de droit commun et partant chose légitime,
dans les territoires qui n'étaient pas encore constitués en États ; et cela même contre la volonté de
la majorité de leurs habitants. Cette mémorable
décision a contribué probablement, plus que toute
autre chose, à amener la crise actuelle: la principale colonne du pacte américain est à peine assez
forte pour soutenir beaucoup de choses semblables.

Les tribunaux qui agissent comme arbitre entre
le gouvernement fédéral et les gouvernements
d'États, prononcent aussi naturellement sur toute
dispute entre deux États ou entre un citoyen d'un

État et le gouvernement d'un autre. Les remèdes ordinaires entre les nations, la guerre et la diplomatie, étant interdits par l'union fédérale, il est nécessaire qu'un remède judiciaire y supplée. La cour suprême applique la loi internationale ; elle est le premier grand exemple d'une véritable juridiction internationale, ce qui est aujourd'hui un besoin vivement senti dans les sociétés civilisées.

Naturellement les pouvoirs d'un gouvernement fédéral ne consistent pas seulement à prononcer sur la paix et la guerre, et sur toutes les questions qui s'élèvent entre le pays et les gouvernements étrangers ; ses pouvoirs vont jusqu'à faire tous les arrangements que les États estiment nécessaires pour jouir pleinement des avantages de l'union. Par exemple, c'est un grand avantage pour eux que leur commerce mutuel soit libre de tout obstacle de douanes. Mais cette liberté intérieure ne peut exister, si chacun des États a le pouvoir de fixer les droits sur l'échange des productions entre lui et les pays étrangers, puisque tout produit étranger qui entrerait dans un État, entrerait dans tous les autres. C'est pourquoi, aux États-Unis, tous les droits de douane et tous les règlements de commerce sont faits ou abrogés par le gouvernement fédéral exclusivement. De même c'est un grand avantage pour les États de n'avoir qu'une seule monnaie, un seul système de poids et mesures, et l'on ne peut y arriver qu'en confiant la réglementation de ces choses au gouvernement fédéral. La sûreté et la célérité de la poste aux lettres supporteront un obstacle et un renchérissement, si une lettre doit passer par une demi-douzaine de bureaux soumis à des autorités différentes : il est donc convenable que tous les bureaux de poste dépendent du gouvernement fédéral. Mais, sur de pareilles questions, les sentiments des différentes communautés peuvent différer. Sous la direction d'un homme qui a déployé comme penseur politique et spéculatif des talents supérieurs à ceux de tous les politiques américains, depuis les auteurs « du *Fédéraliste* » — c'est de M. Calhoun que nous voulons parler — un des États américains a réclamé le droit pour chaque État de mettre un veto aux lois de douanes du congrès général ; et dans une œuvre posthume d'un rare mérite (que la législature de la Caroline du Sud a fait imprimer et répandre largement), cet homme d'État base sa prétention sur le principe général qui veut qu'on limite la tyrannie de la majorité et qu'on protége les minorités en leur accordant une participation réelle au pouvoir politique. Un grand sujet de discussion chez les Américains, au commencement de notre siècle, a été la question de savoir si le pouvoir du gouvernement fédéral devait aller, et s'il allait, aux termes de la constitution, jusqu'à faire des routes et des canaux aux frais de l'Union. C'est seulement dans les négociations avec les pouvoirs étrangers que l'autorité du gouvernement fédéral est complétement nécessaire. Sur tout autre sujet, la question dépend de la manière dont les peuples en général aiment à sentir le lien fédéral, et de la portion de liberté d'action locale qu'ils consentent à sacrifier pour mieux jouir de l'avantage d'être une nation.

Quant à la constitution convenable pour le gouvernement fédéral en lui-même, il n'y pas grand'chose à dire : ce gouvernement se compose, cela va sans dire, d'un département législatif et d'un département exécutif ; et la constitution de chacun est soumise aux mêmes principes qui régissent les gouvernements représentatifs en général. Quant à ce qui regarde la manière d'adapter ces principes généraux à un gouvernement fédéral, la constitution américaine semble avoir agi très-judicieusement en établissant que le congrès se composerait de deux chambres ; que l'une serait instituée suivant la population, chaque État ayant droit à un nombre de représentants proportionné au nombre de ses habitants : tandis que l'autre représenterait, non les citoyens, mais les gouvernements d'États, et que dans celle-ci chaque État, grand ou petit, serait représenté par le même nombre de membres.

Par cette précaution, on empêche les États les plus puissants d'exercer sur les autres un pouvoir

excessif, et l'on garantit les droits réservés aux gouvernements d'États, en rendant impossible par ce
mode de représentation, autant que faire se peut,
qu'une mesure passe au congrès sans être approu-
vée, non-seulement par une majorité de citoyens,
mais encore par une majorité des États. J'ai déjà
fait allusion à l'avantage accessoire que l'on recueille en outre, lorsqu'on élève les conditions,
les titres qui donnent le droit de siéger dans une
des chambres. Le sénat des États-Unis — étant
nommé par des corps d'élite, par les législatures
des divers États, dont le choix pour des raisons
déjà indiquées a plus de chance que celui du peuple
de tomber sur des hommes éminents, et qui ont
non-seulement le pouvoir d'élire de semblables
hommes, mais un puissant motif pour le faire,
puisque l'influence de leur État à chacun dans les
délibérations générales doit dépendre beaucoup
de la valeur et des talents personnels de leurs représentants. — le sénat des États-Unis, dis-je, a
toujours renfermé tous les hommes politiques dont
la réputation était grande et établie dans l'Union,
tandis que la chambre basse du congrès, suivant
l'opinion d'observateurs compétents, a toujours été
aussi pauvre en hommes de mérite que la chambre
haute en était riche.

Lorsque se rencontrent les conditions nécessaires
à l'existence d'unions fédérales durables et puis-

santes, leur formation est toujours un avantage pour le monde. Elle a le même effet salutaire que toute extension de la pratique d'association, grâce à laquelle les faibles, en s'associant, se trouvent sur un pied d'égalité avec les forts. Diminuer le nombre de ces petits États, c'est affaiblir partout la tentation d'user d'une politique agressive, soit par les armes directement, soit par le prestige d'un pouvoir supérieur.))Une fédération met fin naturellement aux guerres, aux querelles diplomatiques, et même ordinairement aux restrictions de commerce entre les divers États qui la composent, tandis qu'à l'égard des nations voisines, l'accroissement de force militaire obtenue par ces États, grâce à leur union, ne peut guère leur rendre que des services défensifs.

Un gouvernement fédéral ne possède pas une autorité assez concentrée pour bien diriger une guerre qui ne serait pas une guerre défensive où il peut compter sur la coopération volontaire de chaque citoyen : et il n'y a rien non plus de bien flatteur pour la vanité ou pour l'ambition nationale dans l'idée d'acquérir par une guerre heureuse, non pas des sujets, non pas même des concitoyens, mais de nouveaux membres de la confédération, membres indépendants et peut-être fort gênants. La guerre des États-Unis contre le Mexique était purement exceptionnelle, faite par des volontaires,

sous l'influence de la tendance émigrante qui pousse
tout Américain à s'emparer d'un territoire inoc-
cupé : et si elle était dictée par quelque motif public, ce n'était pas par celui de l'agrandissement national, mais bien par une idée de parti, celle d'une
extension de l'esclavage. On n'aperçoit guère dans
les procédés des Américains, soit dans ceux de la
nation, soit dans ceux des individus, que le désir
d'agrandir le territoire de leur pays, comme tel, ait
eu une grande influence. Leur vif désir d'avoir Cuba
est également une affaire de parti, et les États du
Nord, opposés à l'esclavage, ne l'éprouvent nullement.

On peut se demander (comme on l'a fait pour
l'Italie au moment de son réveil) si un pays qui est
déterminé à s'unir, devrait former une union complète, ou simplement une union fédérale. La
question est quelquefois résolue nécessairement
par l'étendue territoriale du pays. Il y a des limites
à l'étendue de territoire qui peut être avantageusement gouvernée, ou même dont le gouvernement
peut être convenablement surveillé par un seul
pouvoir central. De vastes pays sont gouvernés de
la sorte ; mais en général leurs provinces, du moins
leurs provinces éloignées, sont administrées d'une
façon déplorable, et il faudrait que les habitants
fussent presque des sauvages, pour ne pas pouvoir
diriger mieux leurs affaires à eux seuls. Cet obs-

tacle n'existe pas pour l'Italie, dont l'étendue n'égale pas celle de plusieurs royaumes centralisés très-bien gouvernés dans les temps passés et modernes. Il s'agit de savoir alors si les différentes parties de la nation veulent être gouvernées d'une manière trop différente pour que la même législation et le même ministère, ou le même corps administratif ait aucune chance de les satisfaire toutes. A moins qu'il n'en soit ainsi, ce qui est une question de fait, il vaut mieux pour elles être complétement unies. Deux portions d'un même pays peuvent avoir un système de lois totalement différent et des institutions administratives, très-différentes, sans que cela mette obstacle à l'unité législative : l'Angleterre et l'Écosse l'ont prouvé. Cependant, cette coexistence paisible de deux systèmes légaux, sous une même législature faisant pour les deux sections du pays des lois différentes adaptées à leurs différences préalables, pourrait peut-être ne pas se maintenir si bien, ou l'on pourrait ne pas être si sûr de son maintien, dans un pays dont les législateurs seraient plus sujets (ce qui arrive souvent sur le continent) à la manie de l'uniformité. Un peuple ayant cette tolérance sans bornes qui est un de nos traits caractéristiques, pour toute anomalie, aussi longtemps que ceux qu'elle touche ne s'en trouvent pas blessés, offrait un champ exceptionnellement avantageux pour tenter cette épreuve difficile. Dans la plupart des pays, si l'on voulait garder des systèmes de lois différentes, il serait sans doute nécessaire de garder pour leur protection des législatures distinctes, chose parfaitement compatible avec un parlement national et un roi, ou même sans roi, avec un parlement qui gouvernerait d'une manière suprême les relations extérieures de tous les membres du corps.

Lorsqu'on n'estime pas nécessaire de conserver à perpétuité, dans les différentes provinces, différents systèmes de jurisprudence et des institutions fondamentales basées sur des principes différents, il est toujours possible de concilier des diversités moins importantes avec l'unité de gouvernement. Tout ce qu'il faut, c'est de donner une sphère d'action suffisamment vaste aux autorités locales. Sous le même gouvernement central, il peut y avoir des gouverneurs locaux et des assemblées provinciales pour les affaires locales. Il pourrait arriver, par exemple, que les habitants des différentes provinces eussent des préférences en faveur de modes d'impôts différents. Si l'on ne peut compter que la législature générale se laissera guider par les représentants de chaque province, pour modifier le système général d'impôts suivant le goût de chacune des provinces, la constitution doit établir que toutes les dépenses du gouvernement qui peuvent être locales seront défrayées par des impôts locaux fixés par les assemblées provinciales, et que les dépenses qui devront nécessairement être générales, comme l'entretien de l'armée et de la marine, seront, dans le budget de l'année, répartis entre les diverses provinces, suivant quelque estimation générale de leurs ressources ; la somme assignée à chacune étant levée par l'assemblée locale, d'après les principes qui plaisent le mieux à la localité, et payée en bloc au trésor national. Ceci ressemble à ce qui se faisait sous l'ancienne monarchie française par rapport aux pays d'États. Chacun d'eux ayant consenti ou étant obligé à fournir une somme fixe, était libre de la lever sur les habitants au moyen de ses propres fonctionnaires; l'on échappait ainsi au despotisme atroce des intendants et des subdélégués royaux, et ce privilége est toujours cité comme un des avantages qui contribuaient à faire des pays d'États les provinces les plus florissantes de la France.

L'identité du gouvernement central est compatible avec des degrés de centralisation très-différents, non-seulement quant à l'administration, mais encore quant à la législation. Un peuple peut être désireux et capable d'une union plus étroite qu'une simple fédération, et néanmoins il se peut que mainte particularité, maint antécédent local, lui impose une certaine diversité dans les détails de son gouvernement. Mais si de tous côtés on désire

réellement que l'expérience réussisse, il n'y aura
pas de grandes difficultés, non-seulement à maintenir ces diversités, mais encore à leur donner une
garantie constitutionnelle contre toute tentative de
nivellement, à moins que la tentative ne soit volontaire de la part de ceux qu'affecterait le changement.

CHAPITRE XVIII

DU GOUVERNEMENT DES COLONIES PAR UN ÉTAT LIBRE.

Les États libres, comme tous les autres, peuvent posséder des dépendances acquises soit par conquête, soit par colonisation; nous en offrons le plus grand exemple dans le monde moderne. La question de savoir comment ces colonies devraient être gouvernées est très-importante.

Il n'est pas nécessaire d'examiner cette question pour de petits postes comme Gibraltar, Aden ou Héligoland qui ne sont que des positions militaires ou navales. Dans ce cas, l'objet militaire ou naval est le principal, et on ne peut alors raisonnablement admettre les habitants au gouvernement de la ville; mais on devrait leur accorder toutes les libertés et tous les priviléges compatibles avec cette restriction, y compris la libre direction des affaires municipales: et pour les dédommager d'être sacrifiés localement à l'avantage de l'État gouvernant, ils devraient jouir, dans toutes les autres parties de l'empire, de droits égaux à ceux des propres citoyens de cet État.

Les territoires éloignés d'une étendue et d'une population un peu importantes qu'un pays possède à titre de colonies, c'est-à-dire sur lesquels ce pays exerce un pouvoir plus ou moins absolu, sans qu'ils soient également représentés (si même ils le sont) dans sa législature, — ces territoires peuvent être divisés en deux classes.

Les uns sont composés de peuples dont la civilisation est semblable à celle du pays gouvernant, qui sont mûrs pour le gouvernement représentatif et digne d'en jouir, comme les possessions anglaises en Amérique et en Australie ; d'autres, comme l'Inde, sont encore fort loin de cet état.

Pour les colonies de la première classe, notre pays en est venu à agir complétement d'après les véritables principes de gouvernement. L'Angleterre s'est toujours crue obligée, jusqu'à un certain point, de donner à celles de ses populations extérieures qui descendaient d'elle, et même à quelques-unes de celles qui n'en descendaient pas, des institutions représentatives modelées sur les siennes propres. Mais jusqu'à la génération actuelle, elle avait été aussi fautive que les autres pays, en ce qui touche la somme de gouvernement qu'elle leur permettait d'exercer au moyen des institutions libres qu'elle leur accordait. Elle voulait être l'arbitre suprême de leurs affaires, même purement intérieures, et les régler suivant sa propre idée de ce qui était le plus avantageux, et non suivant l'idée des populations. Cette habitude était un corollaire naturel de cette théorie fausse de politique coloniale, — adoptée autrefois par toute l'Europe, et que tous les autres peuples n'ont pas encore abandonnée complétement, — qui regardait les colonies comme précieuses, — parce qu'elles nous fournissaient pour nos productions des marchés que nous pourrions garder pour nous seuls : un privilége si hautement estimé, que nous ne pensions pas le payer trop cher, en accordant de notre côté aux colonies le monopole de notre marché pour leurs productions. On a renoncé, depuis quelque temps, à cette manière de s'enrichir les uns les autres, qui consistait à se payer mutuellement des sommes énormes dont la plus grande partie se perdait en route. Mais la mauvaise habitude de se mêler du gouvernement des colonies, n'a pas cessé dès l'instant où nous avons abandonné l'idée d'en tirer aucun profit. Nous avons continué à les tourmenter, non dans notre intérêt à nous, mais dans celui d'une coterie ou d'une faction des colons ; et cette persistance dans la tyrannie nous a coûté une rébellion canadienne, avant que nous ayons eu l'heureuse idée d'y renoncer. L'Angleterre était comme un frère aîné mal élevé, qui persiste uniquement par l'habitude à tyranniser ses cadets, jusqu'à ce que l'un d'eux, par une résistance éner-

gique, quoique avec des forces inégales, l'avertisse
qu'il est temps de cesser ; nous avons été assez sages
pour n'avoir pas eu besoin d'un second avertisse-
ment. Une nouvelle époque dans la politique coloniale des nations a commencé avec le rapport de
lord Durham : témoignage impérissable du courage,
du patriotisme et du libéralisme éclairé de ce noble
personnage, et de l'intelligence, de la sagacité pratique des deux collègues qui ont mis la main à
l'œuvre, M. Wakefield, et le regrettable Charles
Buller [1].

Maintenant, c'est un principe établi dans la politique britannique (principe professé en théorie et
mis en pratique fidèlement) de laisser les colonies
de race européenne se gouverner elles-mêmes, tout
comme la mère patrie. On leur a permis de faire
elles-mêmes leurs constitutions représentatives
libres, en changeant selon qu'elles le jugeaient convenable les constitutions déjà très-populaires que
nous leur avions données. Chacune d'elles est gouvernée par sa propre législature et par son propre
pouvoir exécutif, constitués d'après des principes
hautement démocratiques. Quoique le parlement et
la couronne se soient réservé le droit de veto, ils

(1) Je parle ici de cette politique améliorée telle qu'on l'a
adoptée, et non telle qu'on la proposait d'abord. L'honneur
d'en avoir été le premier champion, appartient véritablement
à M. Roebuck.

ne l'exercent que très-rarement, et uniquement
sur des questions qui intéressent tout l'empire en
général, et pas seulement la colonie en particulier.
Il est aisé de voir à quel point on comprend d'une
manière libérale la distinction entre les questions
coloniales et les questions supérieures, par ce fait
que toutes les terres en friche au delà de nos colonies américaines et australiennes ont été abandonnées complétement à la disposition des communautés coloniales, quoique le gouvernement mé-
tropolitain eût pu sans injustice se réserver de les
administrer suivant l'intérêt des émigrants futurs
de toutes les parties de l'empire.

De cette façon, chaque colonie est aussi libre
quant à ses propres affaires, qu'elle pourrait l'être
si elle faisait partie de la confédération la plus
élastique, et beaucoup plus libre qu'elle ne le serait
avec la constitution des États-Unis, étant libre
même de taxer, selon son bon plaisir, les articles
importés par la mère patrie. L'union de nos colonies avec la Grande-Bretagne ressemble à la moins
étroite de toutes les unions fédérales ; mais ce n'est
pas une fédération parfaitement égale, puisque la
mère patrie garde pour elle les pouvoirs d'un gouvernement fédéral, quoiqu'elle ne les exerce en fait
que de la façon la plus restreinte. Naturellement,
cette inégalité est un désavantage, en ce qui la constitue, pour les colonies qui n'ont aucune voix dans

la politique étrangère, et qui souvent néanmoins
obéissent aux décisions du pays supérieur. Elles
sont obligées de seconder l'Angleterre dans ses
guerres, sans qu'on les ait consultées avant d'engager la guerre.

Ceux (et heureusement ils ne sont pas en petit
nombre) qui pensent que la justice est une chose
aussi nécessaire aux communautés qu'aux individus, et que les hommes n'ont pas le droit de faire à
d'autres pays pour l'intérêt supposé de leur propre
pays, ce qu'ils n'auraient pas le droit de faire à
d'autres hommes pour leur propre intérêt, ceux-là
trouvent que même cette légère dose de subordi-
nation constitutionnelle de la part des colonies est
une violation de principes, et ils ont souvent cherché les moyens d'y remédier. C'est pourquoi les
uns ont proposé que les colonies nommassent des
représentants dans la législature britannique, et
d'autres ont demandé que les pouvoirs de notre
parlement aussi bien que des leurs, fussent bornés
à la politique intérieure et qu'on créât pour les affaires impériales et étrangères un autre corps représentatif, où les colonies de la Grande-Bretagne
seraient représentées de la même façon, et aussi
complétement que la Grande-Bretagne elle-même.
Avec ce système, il y aurait une fédération parfaitement égale entre la mère patrie et ses colonies
qui désormais ne seraient plus des dépendances.

Les sentiments d'équité et les idées de moralité
publique d'où émanent ces vues sont dignes d'é-
loges, mais les vues elles-mêmes sont tellement
incompatibles avec tous les principes rationnels de
gouvernement, qu'il est douteux qu'aucun penseur
raisonnable les ait jamais regardées comme admissibles. Des pays séparés par la moitié du globe ne
se trouvent pas dans les conditions naturelles pour
être sous le même gouvernement, ou même pour
faire partie d'une confédération. Quand même ils
auraient à un degré suffisant les mêmes intérêts, ils
n'ont pas et ils ne peuvent jamais avoir une habitude suffisante de délibérer ensemble. Ils ne font
pas partie du même public ; ils discutent et ils dé-
libèrent non point dans la même arène, mais séparément, et chacun d'eux n'a qu'une connaissance
très-imparfaite de ce qui se passe dans l'esprit des
autres. Aucun ne sait où tendent les autres, et n'a
pleine confiance dans les principes de leur conduite. Qu'un Anglais se demande s'il aimerait que
ses destinées dépendissent d'une assemblée où l'A-
mérique anglaise nommerait un tiers des représentants, et l'Afrique du Sud et l'Australie un autre
tiers.

C'est là cependant qu'on en viendrait, s'il existait
quelque chose comme une représentation juste et
égale. Or, est-ce que chacun ne sentirait pas que les
représentants du Canada et de l'Australie ne sau-

raient, même pour des affaires d'un caractère impérial, être suffisamment touchés par les intérêts,
les opinions ou les désirs des Anglais, des Irlandais
et des Écossais? Même pour des objets purement
fédéraux, il n'existe pas là les conditions que nous
avons reconnues comme étant nécessaires à une
fédération. L'Angleterre suffirait à sa dépense sans
ses colonies, et séparée d'avec elles, elle se trouverait dans une position à la fois beaucoup plus forte
et beaucoup plus digne que si elle en était réduite
à faire partie d'une confédération américaine, afri-
caine et australienne. Excepté les avantages de
commerce dont elle pourrait jouir également après
la séparation, l'Angleterre ne tire guère de ses colonies d'autre profit que le *prestige* qu'elles lui donnent, et ce qu'elle en tire là est plus que contre-
balancé par l'argent qu'elles lui coûtent et par la
dissémination des forces militaires et navales
qu'elles exigent, ce qui fait qu'en cas de guerre, les
forces britanniques doivent être deux ou trois fois
plus nombreuses qu'il ne le faudrait pour la défense
de la seule Angleterre.

Mais quoique la Grande-Bretagne pût parfaitement se passer de ses colonies, et quoique, d'après
tous les principes de moralité et de justice, elle fût
obligée de consentir à leur séparation, si le temps
arrivait où après avoir dûment essayé de la meilleure forme d'union, les colonies de propos délibéré

revendiquaient leur liberté, il y a de puissantes raisons pour conserver le lien actuel aussi longtemps
qu'il ne blesse les sentiments d'aucune des deux
parties. La chose, partout où elle existe, est un pas
vers la paix universelle et vers une association, vers
une amitié générale entre les peuples. Elle rend la
guerre impossible entre un grand nombre de communautés qui sans cela seraient indépendantes, et
en outre elle les empêche d'être absorbées par un
État étranger, et de constituer une source nouvelle
de force agressive entre les mains de quelque pouvoir rival, soit plus despotique, soit plus voisin, et
qui pourrait n'être pas aussi peu ambitieux et aussi
pacifique que la Grande-Bretagne. Elle maintient
les marchés des différents pays ouverts les uns aux
autres, et elle empêche cette exclusion mutuelle
pratiquée par des tarifs hostiles, à laquelle aucune
des grandes communautés humaines, excepté l'Angleterre, n'a complétement renoncé : et, dans le cas
des possessions britanniques, elle a l'avantage bien
précieux à l'époque actuelle de fortifier en influence morale et en prépondérance dans les conseils
du monde, le pouvoir qui comprend le mieux la liberté et qui s'est élevé (sans rien méconnaître de
ses erreurs dans le passé) à un degré de conscience
et de moralité internationale qu'aucun autre grand
peuple n'a l'air de trouver possible ou désirable.
Donc puisque l'union ne peut continuer à exister,

tant qu'elle existe, que sur le pied de fédération inégale, il est important d'examiner par quels moyens on peut empêcher cette légère dose d'inégalité d'être onéreuse ou humiliante pour les communautés qui occupent la position la moins élevée.

La seule infériorité nécessairement inhérente à la situation, c'est que la mère patrie décide et pour les colonies et pour elle-même des questions de paix et de guerre. En revanche, les colonies ont cette obligation à la mère patrie, qu'elle repousse les agressions dirigées contre elles; mais excepté lorsque la moindre des deux communautés est si faible, que la protection d'un pouvoir plus puissant lui est absolument nécessaire, c'est une obligation qui ne compense pas, pour la colonie, sa non-admission aux délibérations. Il est donc essentiel que lorsqu'il s'élève quelque guerre, à moins qu'elle ne soit entreprise uniquement à cause de la colonie, comme la guerre des Cafres ou comme celle de la Nouvelle-Zélande, les colons ne contribuent point (si ce n'est sur leur demande volontaire) à en payer les dépenses; on ne doit mettre à leur charge que les frais de la défense locale de leurs ports, de leurs côtes et de leurs frontières contre l'invasion. De plus, comme la mère patrie réclame le droit de pouvoir, selon son bon plaisir, prendre des mesures ou poursuivre une politique qui exposera peut-être les colonies à des attaques, il est juste qu'elle supporte une portion considérable des frais de leur défense militaire, et même le total en tant qu'il s'agit d'une armée permanente.

Mais il y a un moyen encore plus efficace, — le seul peut-être, — pour dédommager pleinement la plus petite communauté d'avoir fondu son individualité comme pouvoir réel parmi les nations, dans l'individualité plus grande d'un empire vaste et puissant. Cet expédient indispensable et en même temps suffisant, qui répond à la fois aux besoins de la justice et aux exigences croissantes de la politique, c'est d'ouvrir aux habitants des colonies, sur un pied d'égalité parfaite, la carrière des emplois dans toutes les branches du gouvernement et dans toutes les parties de l'empire. Pourquoi n'entend-on jamais un souffle d'infidélité dans les îles de la Manche ? Par leur race, par leur religion et par leur position géographique, elles appartiennent moins à l'Angleterre qu'à la France. Mais en même temps qu'elles jouissent, comme le Canada et comme la Nouvelle-Galles du Sud, du pouvoir de régler leurs affaires intérieures et leur mode d'impôt, tout emploi, toute dignité dont la couronne peut disposer, est accessible au natif de Guernesey ou de Jersey. On a pris dans ces îles insignifiantes des généraux, des amiraux, des pairs du Royaume-Uni, et il n'y a rien qui empêche d'y prendre des premiers ministres. Le

même système avait été adopté, à l'égard des colonies en général, par un secrétaire des colonies très-
éclairé et trop tôt perdu, sir William Molesworth,
lorsqu'il nomma M. Hinckes, un personnage politique canadien, à un gouvernement dans les Indes
occidentales.

Il faut avoir une idée très-superficielle des ressorts
de l'action politique dans une communauté pour
croire que de pareilles choses sont sans importance,
parce que le nombre de ceux qui sont réellement en
état de profiter de la concession serait peu considérable. Ce petit nombre d'individus serait composé
précisément de ceux qui ont le plus d'influence morale sur le reste, et les hommes ne sont pas assez
dépourvus du sentiment de la dégradation collective pour ne pas s'apercevoir que refuser un avantage même à une seule personne, pour une chose
qu'ils ont tous en commun avec cette personne,
c'est leur faire affront à tous. Si nous empêchons
les principaux personnages d'une communauté de
se présenter devant le monde comme ses chefs et
ses représentants, nous devons et à leur légitime
ambition et au juste orgueil de la communauté, de
leur donner, comme dédommagement, une chance
égale d'occuper la même position éminente dans
une nation d'une puissance et d'une importance
supérieures. Si la carrière des emplois dans l'empire britannique était ouverte aux habitants des îles

Ioniennes, nous n'entendrions plus parler de leur désir de s'unir à la Grèce. Une pareille union n'est pas désirable pour ce peuple, qui ferait là un pas en arrière dans la civilisation ; mais il n'est pas étonnant que Corfou, qui a donné à la Russie un ministre d'une réputation européenne et un président à la Grèce avant l'arrivée des Bavarois, se sente blessée de ce que ses habitants ne sont point admis aux postes les plus élevés d'un gouvernement quelconque.

Voilà ce que nous avons à dire des colonies dont la population est assez avancée pour comporter le gouvernement représentatif. Mais il y en a d'autres qui n'en sont point arrivées là, et qui doivent être gouvernées par le pays dominant ou par les délégués de ce pays. Ce mode de gouvernement est aussi légitime qu'un autre, si c'est celui qui dans l'état de civilisation du peuple soumis, lui facilite le mieux son élévation à un état supérieur. Il y a, comme nous l'avons déjà vu, des conditions de société où un despotisme vigoureux est en soi le mode de gouvernement le plus propre à inculquer au peuple les qualités particulières qui lui manquent pour être capable d'une civilisation supérieure. Il y en a d'autres où, à la vérité, le simple fait du despotisme n'a aucun effet avantageux, les leçons qu'il enseigne n'ayant été déjà que trop bien apprises, mais où, faute d'un mobile de progrès spontané chez le peu-

ple, sa seule chance d'avancer dépend d'un bon despote. Sous un despotisme indigène, un bon despote
est un accident rare et transitoire ; mais quand un
pays est sous la domination d'un peuple plus civilisé, ce peuple devrait pouvoir lui en fournir constamment. Le pays dominant devrait être capable de
faire pour ses sujets tout ce qui pourrait être fait
par une succession de monarques absolus, dont le
despotisme appuyé sur une force irrésistible n'aurait point le caractère précaire et incertain des despotismes barbares, et qui auraient la supériorité
voulue pour les gratifier tout d'abord de tout ce que
l'expérience a enseigné à la nation la plus avancée.
Voilà la règle idéale du gouvernement d'un peuple
barbare ou semi-barbare par un peuple libre. Il ne
faut pas s'attendre à voir réaliser cet idéal ; mais si
l'on n'en approche quelque peu, les gouvernants
sont coupables d'avoir manqué au devoir moral
le plus élevé qui puisse échoir à une nation : et
s'ils n'essayent même pas d'en approcher, ce sont
des usurpateurs égoïstes, tout aussi criminels qu'aucun de ceux dont l'ambition et la rapacité se sont
jouées, pendant des siècles, du destin des masses.

Comme la condition ordinaire (et qui sera bientôt
universelle) des populations les plus arriérées est
d'être sous le despotisme direct des peuples avancés, ou sous leur ascendant politique absolu, il n'y a
guère aujourd'hui de question plus importante que

d'organiser cette domination de façon à ce qu'elle devienne un bien et non un mal pour le peuple soumis, en lui assurant le meilleur gouvernement actuel possible, et les conditions les plus favorables au progrès futur. Mais la manière d'adapter le gouvernement à cet objet n'est pas à beaucoup près aussi bien comprise que les conditions de bon gouvernement chez un peuple capable de se gouverner lui-même. Nous pouvons même dire qu'elle n'est pas comprise du tout.

La chose paraît très-facile aux observateurs superficiels. Si l'Inde par exemple n'est pas capable de se gouverner elle-même, tout ce qui leur semble nécessaire, c'est qu'il y ait un ministre pour la gouverner, et que ce ministre, comme les autres ministres anglais, soit responsable envers le parlement anglais. Malheureusement, cette manière de gouverner une colonie, quoique la plus simple, est presque la pire et trahit chez ceux qui la défendent une totale inintelligence des conditions d'un bon gouvernement. Gouverner un pays, sauf responsabilité envers le peuple de ce pays, et gouverner un pays, sauf responsabilité envers le peuple d'un autre pays, sont deux choses très-différentes. Ce qui fait l'excellence de la première, c'est que la liberté est préférable au despotisme ; mais la dernière, c'est le despotisme. Dans ce cas, le seul choix possible, c'est le choix entre les despotismes : or, il

n'est pas certain que le despotisme de 20 millions
d'hommes vaille nécessairement mieux que celui
d'un petit nombre ou d'un seul. Mais il est tout à
fait certain que le despotisme de ceux qui ne voient,
n'entendent et ne savent rien touchant leurs sujets,
a beaucoup de chance d'être pire que celui de gouvernants mieux informés. On ne croit pas ordinairement que les agents immédiats de l'autorité gouvernent mieux, parce qu'ils gouvernent au nom
d'un maître absent et d'un maître qui a mille autres sujets de sollicitude. Le maître peut leur imposer une stricte responsabilité, appuyée sur des
pénalités très-sévères ; mais il est très-douteux que
les pénalités tombent souvent à propos.

C'est toujours avec de grandes difficultés et très-
imparfaitement qu'un pays peut être gouverné par
des étrangers, même quand il n'y a pas une dispa-
rité extrême d'habitudes et d'idées entre gouvernants et gouvernés. Les étrangers ne sentent pas
comme le peuple gouverné. Ils ne peuvent pas juger, d'après le jour sous lequel leur apparaît une
chose ou d'après la manière dont elle touche leurs
sentiments, de la façon dont elle touchera les sentiments ou dont elle apparaîtra aux yeux de la population soumise. Ce qu'un indigène d'une intelligence ordinaire sait comme par instinct, ils ont à
l'apprendre lentement par l'étude et l'expérience,
et encore ne le savent-ils qu'imparfaitement. Les

lois, les coutumes, les relations sociales sur lesquelles ils ont à légiférer, au lieu de leur être familières dès l'enfance, leur sont étrangères ; leur connaissance des détails repose sur les informations des indigènes, et il leur est difficile de savoir à qui se fier ; ils sont craints, soupçonnés, probablement détestés par la population ; on ne les recherche que pour des motifs intéressés. Leur penchant naturel est d'accorder leur confiance aux plus servilement soumis. Ce qu'il y a à craindre, c'est qu'ils ne méprisent les indigènes, et l'obstacle du côté des indigènes, c'est qu'ils ne refusent de croire que quelque chose de fait par les étrangers puisse être fait pour leur bien. Ce n'est là qu'une partie des difficultés avec lesquelles les gouvernants ont à lutter lorsqu'ils essayent honnêtement de bien gouverner un pays où ils sont étrangers. Vaincre ces difficultés sera toujours une œuvre qui exige beaucoup de travail et un degré de capacité très-considérable chez les principaux administrateurs, et assez élevé chez leurs subordonnés. La meilleure organisation d'un pareil gouvernement est celle qui saura le mieux obtenir le travail et développer la capacité, et choisir les plus forts pour les responsabilités les plus pesantes. Il est peu probable qu'on en arrive là, en rendant les fonctionnaires responsables envers une autorité qui n'a pris aucune part au travail, qui n'a rien acquis de la capacité voulue, et qui même, la plupart du temps, ne soupçonne point que l'un et l'autre soient nécessaires.

. Le gouvernement d'un peuple par lui-même est une chose qui a un sens et une réalité ; mais le gouvernement d'un peuple par un autre peuple est une chose qui n'existe pas et qui ne saurait exister. Un peuple peut en posséder un autre comme une garenne pour y faire fortune, pour y battre monnaie : une ferme de bestiaux humains destinés à son service. Mais si le bien des gouvernés est l'affaire propre d'un gouvernement, il est complétement impossible qu'un peuple s'en occupe directement : le mieux qu'il puisse faire, c'est de charger quelques-uns de ses hommes les meilleurs d'y veiller, et pour ces hommes l'opinion de leur propre pays ne saurait être ni un guide dans l'accomplissement de leur devoir, ni un juge compétent de la manière dont ce devoir a été accompli. Que l'on réfléchisse à la manière dont les Anglais seraient gouvernés, s'ils ne connaissaient pas mieux leurs propres affaires et s'ils ne s'en inquiétaient pas plus, qu'ils ne connaissent les affaires des Hindous et qu'ils ne s'en inquiètent. Cette comparaison même ne donne pas une idée juste de l'état des choses ; car un peuple aussi complétement indifférent à la politique se bornerait sans doute à acquiescer et laisserait agir le gouvernement, tandis que, dans le cas de l'Inde, un peuple politiquement actif comme les Anglais, quoiqu'il acquiesce la plupart du temps, intervient par ci par là et presque toujours à tort. Les causes réelles qui déterminent la prospérité ou la misère, le progrès ou la détérioration des Hindous, sont trop éloignées pour que le peuple anglais puisse les apercevoir. Il n'a pas le savoir nécessaire pour soupçonner l'existence de ces causes, encore moins pour juger de leurs effets. Les intérêts les plus essentiels du pays peuvent être bien administrés, sans obtenir son approbation, comme aussi on peut les diriger fort mal, sans que cela attire son attention.

Les fins pour lesquelles il est tenté d'intervenir et de contrôler les procédés de ses délégués sont de deux sortes : l'une est d'imposer aux naturels les idées anglaises par des mesures de prosélytisme, ou bien par des actes offensifs prémédités ou non, pour les sentiments religieux du peuple. Cette fausse direction de l'opinion dans le pays dominant se révèle d'une façon instructive dans la demande, aujourd'hui si générale en Angleterre, de faire enseigner la Bible, avec l'assentiment des élèves ou de leurs parents, dans les écoles du gouvernement.

Cet exemple est d'autant plus frappant que tout y est justice et droiture, avec autant d'impartialité qu'on peut en attendre de personnes réellement convaincues.

Au point de vue européen, rien ne peut paraître

plus loyal et moins sujet à objection, touchant
la liberté religieuse. Au point de vue asiatique,
c'est tout autre chose. Aucun peuple asiatique ne
croira qu'un gouvernement va mettre en branle ses
fonctionnaires salariés et son mécanisme officiel,
sans avoir une idée arrêtée : et aucun Asiatique ne
croira qu'un gouvernement ayant une idée arrêtée
ne la poursuivra qu'à moitié, à moins que ce ne
soit un gouvernement faible et méprisable. Si les
écoles et les maîtres d'écoles du gouvernement en-
seignaient le christianisme, on aurait beau donner
toutes les garanties possibles qu'on ne l'enseignera qu'à ceux qui le demanderont, aucune preuve
ne pourrait convaincre les parents qu'on n'em-
ploiera pas des moyens déloyaux pour faire de leurs
enfants des chrétiens, ou tout au moins des rené-
gats de l'*hindouïsme*. Si à la fin ils pouvaient être
convaincus du contraire, ce serait seulement par le
complet insuccès des écoles à opérer des conver-
sions. Que si l'enseignement atteignait son but, il
compromettrait non-seulement l'utilité et même
l'existence de l'éducation donnée par le gouvernement, mais peut-être le salut du gouvernement lui-
même. Tout en désavouant le prosélytisme, on ne
persuaderait guère à un protestant anglais de placer
ses enfants dans un séminaire catholique romain ;
des catholiques irlandais n'enverront pas leurs enfants à des écoles où l'on peut en faire des protes-

tants, et nous supposons que les Indous, qui croient
qu'on peut perdre, par un acte purement physique,
les priviléges de l'*hindouïsme*, exposeront les leurs
au danger d'être convertis au christianisme !

Voilà un des modes par où l'opinion du pays dominant tend à agir d'une façon plutôt nuisible
qu'utile, sur la conduite des gouvernants délégués
par ce pays. Sous d'autres rapports, elle n'intervient
la plupart du temps que pour les choses où elle en
est obstinément sollicitée, c'est-à-dire pour protéger
les intérêts des Anglais. Les colons anglais ont des
amis dans leur pays, ils ont des organes, ils ont accès auprès du public. Leur langage, leurs sentiments
sont les mêmes que ceux de leurs compatriotes :
toute plainte proférée par un Anglais sera écoutée
avec plus de sympathie, même sans qu'on ait aucun dessein de lui accorder une préférence injuste.
Maintenant, s'il est un fait prouvé par l'expérience,
c'est que, lorsqu'un pays en gouverne un autre, les
individus du peuple gouvernant qui vont dans le
pays étrang.. pour faire fortune sont, entre tous,
ceux qu'il faut contenir le plus fortement. Ils sont
toujours une des principales difficultés du gouvernement. Armés du prestige et pleins de l'arrogance
de la nation conquérante, ils ont tous les sentiments
inspirés par le pouvoir absolu, moins le sens de la
responsabilité. Chez un peuple comme celui de
l'Inde, les plus grands efforts des autorités publi-

ques ne suffisent pas à protéger le faible contre le
fort, et entre les forts les colons européens sont
les plus forts de tous.

Toutes les fois que l'effet démoralisant de la situation n'est pas modifié à un degré très-remarquable
par le caractère personnel de l'individu, les colons
regardent le peuple du pays comme de la boue sous
leurs pieds ; il leur semble monstrueux que les
droits des indigènes barrent le chemin à leurs
moindres prétentions ; le plus léger acte de protection envers les habitants, contre tout acte de pouvoir de leur part qu'ils peuvent regarder comme
utile à leurs intérêts commerciaux, ils l'appellent et
l'estiment réellement une injustice. Cette manière
de sentir est si naturelle dans leur situation, qu'il
est impossible qu'il n'en perce pas constamment
quelque chose, même lorsqu'elle est réprimée
comme elle l'a été jusqu'à présent par les autorités
dominantes. Le gouvernement qui, lui, ne partage
pas cette manière de sentir, ne parvient jamais à la
réprimer suffisamment, même chez ses propres
fonctionnaires civils et militaires, lorsqu'ils sont
jeunes et inexpérimentés, quoiqu'il puisse contrôler
leur conduite bien mieux que celle des résidents indépendants. Ce que font les Anglais dans l'Inde,
les Français le font en Algérie, suivant des témoignages dignes de foi, et les Américains le font dans
les pays conquis sur le Mexique.

Il semble en être de même pour les Européens dans la Chine, et même déjà dans le Japon. Il est inutile de rappeler ce que faisaient les Espagnols dans l'Amérique du Sud. Dans tous les cas que voilà, le gouvernement auquel sont soumis ces aventuriers privés vaut mieux qu'eux, et fait ce qu'il peut pour protéger les indigènes contre eux. Le gouvernement espagnol lui-même agissait ainsi, sérieusement et sincèrement, quoique sans aucun effet, comme le savent tous ceux qui ont lu l'histoire instructive de M. Help. Si le gouvernement espagnol avait été directement responsable envers l'opinion espagnole, il est douteux qu'il eût fait cette tentative ; car les Espagnols auraient pris le parti de leurs amis et de leurs parents chrétiens, plutôt que celui des païens.

Ce sont les colons et nullement les indigènes qui sont écoutés par le public du pays dominant; ce sont eux dont les représentations ont le plus de chance de passer pour la vérité, parce qu'eux seuls ont des moyens et un motif de les renouveler avec insistance auprès de l'opinion publique distraite et indifférente. Cet esprit de méfiance avec lequel le peuple anglais, entre tous les peuples, contrôle la conduite de son pays envers les étrangers, il le réserve uniquement pour l'examen des procédés du pouvoir exécutif. Dans tout démêlé entre un gouvernement et un individu, un Anglais est con-

vaincu d'avance que le gouvernement a tort. Et
quand les résidents anglais dirigent les batteries
de l'action politique anglaise contre un des ouvrages élevés pour mettre les indigènes à l'abri de
leurs empiétements, l'exécutif, avec ses velléités
réelles mais faibles d'agir mieux, trouve en général qu'il est plus sûr pour son intérêt parlementaire, et en tous cas plus commode, d'abandonner
la position disputée que de la défendre.

Ce qui aggrave les choses, c'est que, lorsqu'on
invoque, au nom de la justice et de la philosophie,
l'esprit public (comme on invoque très-souvent
l'esprit anglais, disons-le, à son honneur) en faveur
de la communauté ou de la race soumise, il y a
tout lieu de croire que, lui aussi, prendra le
change. Car, dans la communauté soumise, il y
a aussi des oppresseurs et des opprimés, des classes
ou des individus puissants et des esclaves pros-
ternés devant eux, et ce sont les premiers, et non
point les derniers, qui ont accès auprès du public
anglais. Un tyran, ou un homme sensuel, qui a
été dépouillé du pouvoir dont il abusait, et qui,
au lieu d'être puni, jouit d'une fortune et d'un
luxe aussi grands que jamais ; un groupe de propriétaires privilégiés qui demandent que l'État
abandonne la rente qu'il s'est réservée sur leurs
terres et qui ressentent comme un grief toute tentative pour protéger les masses contre leurs exac-

tions ; ceux-là n'auront aucune difficulté à se faire défendre d'une manière, soit intéressée, soit sympathique, dans le parlement et dans la presse anglaise. Les multitudes silencieuses ne seront point défendues.

Dans tout ce qui précède, on voit à l'œuvre un principe qu'on pourrait appeler évident, si ce n'est que presque personne ne semble le soupçonner, — ce principe, c'est que, tandis que la responsabilité envers les gouvernés est la meilleure garantie de bon gouvernement, la responsabilité envers quelqu'un autre, non-seulement n'a pas la même tendance, mais produira plutôt du mal que du bien. La responsabilité des gouverneurs anglais de l'Inde envers la nation anglaise n'est utile que parce qu'elle assure, lorsqu'un acte du gouvernement est mis en question, la publicité et la discussion. Il n'est pas nécessaire pour cela que le public en général comprenne le sujet du débat: il suffit qu'il y ait deux ou trois personnes le comprenant. Car une responsabilité simplement morale n'étant pas une responsabilité envers le peuple collectivement, mais bien envers toute personne isolée qui émet un jugement, les opinions peuvent être pesées aussi bien que comptées, et l'approbation ou la désapprobation d'une personne qui connaît bien le sujet en question peut l'emporter sur celle de plusieurs milliers qui n'y connaissent rien.

Sans aucun doute, il est très-bon que la conduite des gouvernants immédiats soit modérée par la chance qu'ils courent de pouvoir être accusés, et cela devant un jury dont un membre ou deux émettront sur leur conduite une opinion digne d'être écoutée, quand même l'opinion de tous les autres membres vaudrait moins que rien, ce qui est infiniment probable. Voilà toute la somme de profit, ni plus ni moins, que retire l'Inde du contrôle exercé sur le gouvernement indien par le parlement et par le peuple anglais.

Ce n'est pas en essayant de gouverner directement un pays comme l'Inde, mais bien en lui donnant de bons gouverneurs, que le peuple anglais peut remplir son devoir envers ce pays ; et il ne peut guère lui donner un pire gouverneur qu'un ministre du cabinet anglais, qui pense toujours, non à la politique indienne, mais à la politique anglaise, et qui garde rarement sa place assez longtemps pour prendre un intérêt intelligent à un sujet si compliqué. En outre, sur ce ministre, l'opinion publique factice, exprimée au parlement par deux ou trois orateurs éloquents, agit avec autant de force que si c'était là véritablement l'opinion publique, tandis qu'il n'est sous aucune des influences d'éducation et de position qui le mèneraient ou qui le rendraient propre à se former une opinion honnête à lui seul. Un pays libre qui essaye de gouver-

ner une colonie éloignée, habitée par un peuple
dissemblable, au moyen d'une branche de son
propre exécutif, échouera presque infailliblement.
Le seul procédé qui ait une chance de réussite,
c'est de gouverner au moyen d'un corps délégué,
dont le caractère serait permanent, comparativement parlant, et de n'accorder qu'un droit d'ins-
pection ou une voix négative à l'administration
changeante de l'État. Un corps semblable existait
pour l'Inde, et j'ai bien peur que l'Inde et l'Angleterre n'aient à payer cher la politique imprévoyante
qui a détruit cet instrument intermédiaire de gouvernement.

Il ne sert de rien de dire qu'un corps délégué
ne peut remplir toutes les conditions voulues de
bon gouvernement, et que par-dessus tout il ne
peut avoir cette complète et permanente identité
d'intérêts avec les gouvernés, où il est si difficile
d'arriver, même lorsque le peuple à gouverner est
capable, jusqu'à un certain point, de surveiller ses
propres affaires. Un gouvernement réellement bon
n'est pas compatible avec les conditions dont il s'a-
git ici. Il n'y a ici que le choix des imperfections.
Le problème c'est de constituer le corps gouvernant de manière à ce que, malgré les difficultés de
sa position, il ait autant d'intérêt que possible à
bien gouverner et aussi peu que possible à mal
gouverner. Or, c'est un corps intermédiaire qui

remplit le mieux ces conditions. Une administration déléguée a toujours cet avantage sur une administration directe, qu'à tous événements elle n'a d'autres devoirs à remplir que ses devoirs envers les gouvernés. Elle n'a d'autres intérêts à considérer que les leurs. Sa propre faculté de tirer profit d'un mauvais gouvernement peut être réduite, comme elle l'était dans la dernière constitution de la Compagnie des Indes, à quelque chose de singulièrement insignifiant, et on peut la préserver de toute influence d'intérêts de classes ou d'individus. Quand le gouvernement et le parlement de la mère patrie sont dirigés par ces influences partiales dans l'exercice du pouvoir qui leur est réservé, on peut être sûr que le corps intermédiaire se fera l'avocat et le champion de la colonie devant le tribunal impérial. En outre, par la marche naturelle des choses, le corps intermédiaire est composé principalement de personnes qui ont acquis une connaissance professionnelle de cette portion des affaires de leur pays, qui ont été élevées dans la colonie même, et qui ont fait de son administration la principale occupation de leur vie ; pourvues de ces qualités, indépendantes en leur emploi des accidents politiques de la mère patrie, ces personnes identifient leur honneur et leur réputation avec leur charge spéciale, et prennent un intérêt permanent au succès de leur administration et à la prospérité du pays qu'elles administrent. Sous ce rapport, du moins, elles sont infiniment supérieures à un membre de cabinet dont tout l'intérêt, toute la pensée appartiennent, sous un gouvernement représentatif, au bon gouvernement de la mère patrie.

Lorsque le choix des fonctionnaires qui doivent diriger les affaires sur place appartient au corps délégué, les nominations sont faites en dehors des entraînements du parti et des complaisances parlementaires. Récompenser des adhérents, acheter et désarmer des opposants, n'est pas une nécessité pour le corps intermédiaire; il échappe à ces influences que subit un homme d'État de moyenne honnêteté, et qui lui font oublier son devoir envers les candidats les plus capables.

Préserver autant que possible les nominations de toute mauvaise influence, est plus important ici que partout ailleurs. Car ailleurs, si le fonctionnaire ne possède pas les qualités voulues, il a au-dessus de lui l'opinion générale de la communauté pour le diriger jusqu'à un certain point dans ce qu'il a à faire; mais s'agit-il des administrateurs d'une colonie dont le peuple n'est capable d'exercer aucun contrôle? alors la valeur du gouvernement est tout entière dans le fonctionnaire individuel, dans ses qualités morales et intellectuelles.

On ne peut répéter trop souvent que dans un

pays comme l'Inde, tout dépend des qualités et des
aptitudes personnelles des agents du gouvernement.
Cette vérité est le principe fondamental de l'administration indienne. Le jour où on en viendra à
croire que la coutume, déjà si criminelle en Angleterre, de nommer à des postes de confiance certaines personnes, d'après des motifs de convenance
personnelle, peut être pratiquée impunément dans
l'Inde ; de ce jour dateront le déclin et la chute de
notre empire dans l'Indoustan. Même en supposant
une intention sincère de préférer le meilleur candidat, il ne suffit point de s'en rapporter au hasard
pour fournir des personnes convenables. Il faut que
le système soit organisé pour les former. C'est ce
qu'il a fait jusqu'à présent, et c'est parce qu'il l'a
fait, que notre gouvernement dans l'Inde a duré et
a fait des progrès constants, sinon très-rapides, en
prospérité et en bonne administration. Aujourd'hui,
on traite ce système avec malveillance, et l'on montre une grande ardeur à le détruire, comme si préparer et dresser les fonctionnaires du gouvernement
à leur besogne était chose totalement déraisonnable et inadmissible ; un empiétement inexcu-
sable sur les droits de l'ignorance et de l'inexpérience.

Il y a une conspiration tacite entre ceux qui voudraient trafiquer des principales fonctions de l'Inde,
au profit de leurs relations en Angleterre, et ceux

qui, étant déjà dans l'Inde, veulent quitter la facto-
rerie de l'indigo ou leur bureau de procureur, pour
aller rendre la justice à des millions de sujets ou
fixer les impôts que ceux-ci doivent payer au gouvernement. « Le monopole » du service civil, cet objet de tant d'invectives, est comme le monopole des
emplois judiciaires pour le barreau; et l'abolir serait
la même chose que d'ouvrir les siéges de West-
minster-Hall au premier venu dont les amis certi-
fieraient qu'il a de temps en temps jeté les yeux sur
Blackstone.

Si l'on prenait l'habitude d'envoyer des hommes
de ce pays-ci ou de les encourager à s'en aller —
pour tâcher de se faire nommer à des fonctions
élevées sans avoir appris leur besogne en commen-
çant par remplir des fonctions plus humbles — les
emplois les plus importants seraient prodigués à
des cousins écossais et à des aventuriers qu'aucun
sentiment professionnel n'attacherait au pays ou à
la besogne, qui ne seraient tenus à aucun apprentis-
sage préalable, et qui ne désireraient qu'une chose :
faire fortune rapidement et retourner chez eux.

Ce qui sauve ce pays, c'est que ceux qui l'administrent y sont envoyés tout jeunes encore et seulement comme des candidats qui sont destinés à commencer tout en bas de l'échelle et à s'élever plus ou
moins haut après un laps de temps convenable, suivant la manière dont ils se sont montrés. Le défaut

du système de la Compagnie des Indes était que, bien qu'elle recherchât soigneusement ses meilleurs fonctionnaires pour leur confier les emplois les plus importants, néanmoins si un homme restait à son service, l'avancement, quoiqu'il pût être retardé, arrivait enfin d'une façon ou d'une autre à l'individu le moins compétent, tout comme à celui qui l'était le plus.

Il faut se souvenir que, dans un semblable corps de fonctionnaires, les individus inférieurs eux-mêmes étaient des hommes qui avaient été élevés pour leur besogne et qui l'avaient accomplie pendant nombre d'années sous l'autorité et sous les yeux d'un supérieur, sans démériter, pour le moins.

Mais le mal, pour être diminué par là, n'en était pas moins considérable. Un homme qui n'est propre à remplir que l'emploi d'assesseur devrait rester assesseur toute sa vie, et ses cadets devraient passer par-dessus lui. A cette exception près, je ne connais point de défaut réel dans l'ancien système des nominations indiennes. Ce système avait déjà reçu d'ailleurs la plus grande amélioration dont il fût susceptible, par l'institution du concours pour le choix des candidats à leur début, combinaison qui recrute des talents et des aptitudes d'un degré plus élevé, avec cet autre avantage que de cette façon il est rare qu'il y ait des liaisons personnelles entre

les candidats pour les emplois, et ceux qui ont le
droit de nommer à ces emplois.

Des fonctionnaires publics ainsi dressés doivent
être les seuls candidats pour les fonctions qui exigent une connaissance et une expérience de l'Inde
toutes spéciales ; il n'y a rien là d'injuste. Si, même
pour des besoins de circonstance, on laisse ouverte
une porte menant aux fonctions les plus élevées,
sans passer par les plus humbles, les personnes influentes y frappent si incessamment, qu'il sera impossible de la tenir jamais fermée. La seule nomination exemptée de cette règle devrait être la plus
élevée de toutes. Le vice-roi de l'Inde anglaise devrait être un personnage choisi entre tous les Anglais, pour ses aptitudes d'homme d'État. S'il a ces
qualités, il sera capable de les découvrir chez les
autres et de tourner à son profit cette connaissance
spéciale et cette intelligence des affaires locales
qu'il n'a pas eu lui-même l'occasion d'acquérir.

Il y a de bonnes raisons pour que le vice-roi ne
soit pas un membre du service régulier. Tous les
services ont plus ou moins leurs préjugés de classe,
dont le chef suprême devrait être exempt. En outre,
des hommes qui ont passé toute leur vie en Asie, si
capables et si expérimentés qu'ils soient, n'ont
guère de chance de posséder les idées européennes
les plus avancées sur la politique en général, que le
chef suprême devrait avoir et mêler aux fruits de

l'expérience de l'Inde. De plus, le vice-roi étant d'une classe différente ne sera entraîné par aucun penchant personnel à faire de mauvaises nominations, surtout s'il est choisi par une autorité différente. Ces garanties existaient dans une rare perfection sous le gouvernement mélangé de la Couronne et de la Compagnie des Indes.

Les dispensateurs suprêmes des fonctions, le gouverneur général et les gouverneurs étaient nommés en fait, quoiqu'ils ne le fussent point formellement, par la Couronne, c'est-à-dire par le gouvernement général et non par le corps intermédiaire : ce grand fonctionnaire de la Couronne n'avait probablement pas une seule relation personnelle ou politique dans le service local, tandis que les membres du corps délégué, qui avaient servi pour la plupart dans le pays, avaient et auraient pu avoir de semblables relations. Cette garantie d'impartialité serait bien affaiblie, si les fonctionnaires civils du gouvernement, quoique envoyés tout jeunes comme de simples candidats aux emplois, en venaient à être fournis pour la plupart par la classe qui donne des vice-rois et des gouverneurs. Le concours même, qui est à l'entrée de la carrière, ne serait plus alors une garantie suffisante. Il excluerait simplement l'ignorance et l'incapacité ; il contraindrait les jeunes gens de famille à commencer leur carrière avec le même degré d'instruction et de talent que les

autres ; le fils le plus stupide ne pourrait pas entrer
dans le service de l'Inde comme il entre dans l'Église ; mais ensuite rien n'empêcherait d'injustes préférences. Désormais, les fonctionnaires ne seraient
plus tous également inconnus de l'arbitre de leur
sort ; une portion d'entre eux serait personnellement, et un plus grand nombre encore serait politiquement, en relations intimes avec lui. Les membres de certaines familles, et généralement ceux
qui appartiendraient aux classes les plus élevées et
les plus influentes, s'élèveraient bien plus rapidement que leurs rivaux, et seraient souvent mainte-
nus dans des situations trop élevées pour leurs capacités, ou placés dans des situations que d'autres
seraient plus propres à remplir. Les mêmes influences qui agissent sur l'avancement dans l'armée agiraient là aussi, et ceux-là seuls, s'il existe
de pareils miracles de simplicité, qui croient à l'impartialité de l'avancement dans l'armée, pourraient s'attendre à de l'impartialité dans l'avancement des fonctionnaires de l'Inde. Avec le système
actuel, aucune mesure générale ne saurait, je le
crains, remédier au mal ; aucune ne fournira une
garantie comparable à celle qui découlait spontanément du double gouvernement, comme on l'ap-
pelait.

Ce qu'on estime dans le gouvernement anglais,
c'est qu'il n'est pas le fruit d'un dessein préconçu,

c'est qu'il s'est formé de lui-même par des expédients successifs et par l'adaptation d'un mécanisme créé originairement dans un but différent. Mais
ce qui est un avantage pour le gouvernement de
l'Angleterre est toute autre chose pour celui de
l'Inde. Comme le pays d'où dépendait l'existence
du gouvernement indien n'était pas celui dont les
besoins l'avaient engendré, les bienfaits pratiques
de ce gouvernement ne touchaient pas l'esprit public
en Angleterre, et il aurait fallu des titres théoriques
pour le rendre acceptable. Par malheur, c'est précisément ce dont il semblait dépourvu ; et, d'un autre
côté, les théories ordinaires du gouvernement n'é-
taient pas pour lui en fournir, arrangées comme
elles ont été pour des circonstances qui, dans leurs
traits principaux, n'avaient rien de commun avec le
sujet des colonies.

Mais dans le gouvernement, comme dans les autres domaines de l'activité humaine, presque tous
les principes qui ont été durables furent suggérés
d'abord par l'observation de quelque cas particulier
où les lois générales de la nature agissaient avec
une combinaison de circonstances nouvelles ou ina-
perçues.

Les institutions de la Grande-Bretagne et celles
des États-Unis ont eu l'honneur de suggérer la plupart des théories de gouvernement qui, après des
fortunes diverses, sont arrivées aujourd'hui avec le

temps à réveiller la vie politique chez les nations de l'Europe. Ça été la destinée de la Compagnie des Indes de suggérer la véritable théorie du gouvernement d'une colonie semi-barbare par un peuple civilisé, et cela fait, de périr. Ce serait une singulière fortune si, au bout de quelques générations, ce résultat spéculatif était le seul fruit qui restât de notre domination dans l'Inde ; si la postérité devait dire de nous qu'étant tombés par hasard sur de meilleurs arrangements que notre sagesse n'en aurait jamais su trouver, nous nous sommes mis, pour premier usage de notre raison éveillée et consciente, à détruire ces arrangements et à laisser échapper tout le bien qui allait se réaliser, faute de connaître les principes d'où ce bien dépendait. *Di meliora ;* mais si l'Angleterre et la civilisation peuvent conjurer une destinée si fâcheuse, elles le devront à des conceptions politiques autrement larges que celles de la pratique anglaise ou européenne, et à une étude profonde de l'expérience indienne et des conditions du gouvernement indien, ce qui n'a pas été le fait jusqu'à présent, soit des hommes politiques de l'Angleterre, soit des écrivains qui défraient d'opinions le public anglais.

FIN.

TABLE DES MATIÈRES

FIN DE LA TABLE DES MATIÈRES.

2239-76. — CORBEIL, TYP. DE CRÉTÉ.

Œuvres complètes de Fréd. Bastiat, mises
en ordre, revues et annotées par MM. R. de
Fontenay et Paillottet. 7 vol. 24 fr. 50

Études de philosophie morale et d'Économie politique, par M. H. Baudrillart,
de l'Institut. 2 vol...... 7 fr.

Manuel d'Économie politique, couronné
par l'Académie française, par le même.
8e édition. 1 vol.......... 4 fr.

Des délits et des peines, par Beccaria.
2e édition, avec Introduction et Com-
mentaire par M. Faustin Hélie, de l'Institut, cons. à la Cour de cass. 1 v. 3 fr. 50

Tout par le travail, Manuel de Morale et
d'Économie politique, par M. Laymarie.
(Mention honor. de l'Académie.) 1 vol. 3 fr.

Le Droit de la guerre et de la paix, par
Hugo Grotius; nouv. trad., accomp. de
notes de Barbeyrac, Gronovius, etc., par
M. Pradier-Fodéré. 3 vol........ 15 fr.

Essai sur l'économie rurale de l'Angleterre, de l'Écosse et de l'Irlande, par
M. Léonce de Lavergne, membre de
l'Institut. 4e édition. 1 vol....... 3 fr. 50

L'Agriculture et la Population, par le
même. 2e édition. 1 vol.,... 3 fr. 50

Économie rurale de la France depuis 1789,
par le même. 3e édit. 1 vol... 3 fr. 50

Le Gouvernement représentatif, par
J. Stuart Mill; traduit par M. Dupont-
White. 2e édition. 1 vol.... 3 fr. 50

La Liberté, par le même; traduit par
M. Dupont-White. 2e édit. 1 vol. 3 fr.

Droit des Gens moderne de l'Europe, par
J.-L. Klüber. Nouv. éd.; rev., an. et compl.
par M. A. Ott, doct. en droit. 1 vol. 5 fr.

Philosophie du Commerce, etc. par J.-P.
Stirling. 1 vol.

Études sur l'Angleterre, par Léon Fau-
cher, de l'Institut. 2e édit. 2 vol. 7 fr.

Mélanges d'Économie politique et de
finances, par le même. 2 vol... 7 fr.

La France avant ses premiers habitants, etc., par M. A. Moreau de Jonnès,
membre de l'Institut. 1 vol.... 3 fr. 50

Statistique de l'industrie de la France,
par le même. 1 vol........ 3 fr. 50

Éléments de statistique, par le même.
2e édit., revue et augm. 1 vol. 3 fr. 50

L'Abbé de Saint-Pierre, sa vie et ses œuvres, par M. G. de Molinari. 1 v. 3 fr. 50

Études sur les réformateurs ou Socia-
listes modernes, par M. L. Reybaud, de
l'Institut. 7e édition. 2 beaux vol. 7 fr.
Couronné par l'Académie française.

Histoire du communisme, par M. Alf.
Sudre. 5e édition. 1 fort vol... 3 fr. 50
Couronné par l'Académie française.

Manuel de Morale et d'Économie politique, par M. J.-J. Rapet. 3e édit. 1 fort
vol............... 3 fr. 50
Couronné par l'Académie française.

Études administratives, par Vivien, membre de l'Institut. 3e édit. 2 vol.. 7 fr.

Histoire de l'Économie politique, par
Blanqui, de l'Institut. 3e édit. 3 v. 6 fr.

Précis élémentaire de l'Économie politique, suivi du Résumé de l'Histoire
du Commerce, par le même. 2e édition.
1 vol................. 2 fr. 50

Précis du Droit des Gens moderne de
l'Europe, par Martens. Nouvelle édition,
accompagnée des notes de Pinheiro-Fer-
reira, avec une Introduction et l'exposi-
tion des doctrines des publicistes contemporains, par M. Ch. Vergé. 2 vol. 8 fr.

Saint-Simon, sa vie et ses œuvres, par
M. Hubbard, suivi de fragments des plus
célèbres écrits de Saint-Simon. 1 v. 3 fr.

Du Crédit et des Banques, par Ch. Coque-
lin. 3e édition, revue et annotée par
M. Courcelle-Seneuil. 1 vol.... 4 fr.

Recherches sur la nature et les causes
de la richesse des nations, par Adam
Smith. Traduction de G. Garnier, avec les
notes de tous les commentateurs, une no-
tice biographique par A. Blanqui et de
nouvelles notes par M. Joseph Garnier.
3 volumes............... 10 fr. 50

Théorie des sentiments moraux, par le
même; trad. de l'angl. par Mme Sophie de
Condorcet. Nouv. édit., revue et annotée
par M. Baudrillart. 1 vol. 3 fr. 50

Voyages en France pendant les années 1787,
1788 et 1789, par Arthur Young. Trad.
par M. Lesage, précédés d'une Introduction par M. L. de Lavergne. 2 v. 7 fr.

Voyages en Italie et en Espagne pendant les années 1787 et 1789, par Arthur
Young. Trad. par M. Lesage, avec une in-
trod. de M. L. de Lavergne. 1 v. 3 fr. 50

Essai sur l'histoire du droit français
depuis les temps anciens jusqu'à nos
jours, par M. F. Laferrière. 2 vol. 7 fr.

Traité d'Économie politique, par M. Joseph
Garnier. 7e édit. 1 fort vol... 7 fr. 50

Notes et petits traités, contenant les
Éléments de Statistique et des Opuscules
divers, par le même. 1 vol..... 4 fr. 50

Premières notions d'Économie politique,
etc., par le même. 1 vol.... 2 fr. 50

Traité d'Économie politique, par J.-B.
Say. 8e édit. 1 fort vol........ 5 fr.

Des rapports de l'économie publique
avec la morale et le droit, par
M. Minghetti, anc. président du Conseil et
anc. min. des finan. d'Italie. 1 v. 4 fr. 50

Le Droit des Gens, par Vattel. Nouv. édit.
avec les notes de tous les commentateurs,
par M. Pradier-Fodéré. 3 vol.. 15 fr.